부산 시민의제사전 2014

부산 시민의제사전 2014

민주시민 교육원 나락한알 편저

부산 시민의제사전 2014
2013년 12월 18일초판 1쇄 펴냄

편저 ㅣ 민주시민교육원 '나락한알'
펴낸이 ㅣ 박윤희
펴낸곳 ㅣ 도서출판 소요-You
디자인 ㅣ 윤경디자인 070-7716-9249
등록 ㅣ 2013년 11월 12일(제2013-000009호)
주소 ㅣ 부산시 중구 복병산길 7번길 6-22
전화 ㅣ 070-7716-9249
팩스 ㅣ 0505-115-3044
전자우편 ㅣ pyh5619@naver.com

ⓒ 2013, 나락한알
ISBN 979-11-951705-0-0
값 15,000원

*잘못된 책은 구입하신 곳에서 바꿔드립니다.

국립중앙도서관 출판시도서목록(CIP)

부산 시민의제사전 2014 / 지은이 : 나락한알. — 부산 :
소요유, 2013
    p. ; cm

ISBN 979-11-951705-0-0 13060 : ₩15000

민주 시민[民主市民]
정책[政策]

346,9-KDC5
324,2519-DDC21   CIP2013027405

시민의 입장에서 시민의 정책을

　　지방자치가 실시된 지도 꽤 오래 되었습니다. 그러나 지역 현실은 여전히 시민자치, 지방분권과 같은 것은 먼 나라 이야기입니다. 보수정권의 연속 집권으로 인해 극심한 수도권 중앙집중체제는 개선되기는커녕 오히려 악화되고 있습니다. 그러다 보니, 우리가 사는 부산은 중앙정부에 종속된 상태에서 지역사회를 혁신할 기회가 봉쇄되고 활기 잃은 도시가 되어버렸습니다. 여기에다 저출산, 고령화의 급속한 진전으로 인구감소시대가 도래하면서, 지역의 미래는 안개 속입니다. 상황이 이럴 진데, 앞으로 지역사회에 큰 변화를 초래할 축소사회 지향, 산업과 생활양식의 변화, 지역관리의 필요성 등 새로이 대두되는 과제를 어떻게 따라잡을 수 있을 지 우려됩니다. 설상가상으로 시민사회의 힘 역시 너무 허약해, 보수세력의 일방적인 주도에 대항할 수 있는 세력과 비전을 갖고 있지 못한 게 또한 현실입니다.

　　부산의 미래를 위해 이제라도 시민의 입장에서 시민자치, 지역자치, 경제자치 관점에서 그려보자는 게 시민의제 활동의 취지이고 이 책을 발간하는 의미입니다. 그동안 뒷전에 머물 수밖에 없었던 시민을 주역으로 다시 불러내고, 시민들의 연대를 통한 행복한 도시, 부산을 만들어가자는 것입니다. 그동안 시민들의 의견은 행정이나 정당이 개최하는 간담회나 공청회 등에서 부분적인 의견으로 제시되거나, 행정이 작성하는 정책의 들러리에 머물렀습니다. 그러나 시민이 사회의 주역이 된 시대가 되었고, 주민자치를 표방하는 시대가 되었음에도 불구하고 여전히 정책을 만드는 주체는 행정이나 정당에 맡겨져 있습니다. 이는 그동안 시민 스스로를 정책의 주체로 생각할 수 없었던 탓입니다. 이런 상황에서 시민이 만들어가는 시민의 정책을 시민운동으로 전개하여 시민주권 · 지역주권의 정책을 수립하는 것은 대단히 중요한 의미를 갖습니다. 건강한 지역사회를 위해서는 행정정책과 시민정책이 상호 대등한 입장에서 정책과정에서의 일정한 긴장관계를 유지하는 것이 필요하기 때문입니다.

민주시민교육원 '나락한알'이 주축이 되어 시민의제 활동을 시작한지 1년이 되었습니다. 작년 12월 1일부터 2일까지 부산 시민의제컨퍼런스를 시발점으로 2013년 6월 정책학교 개설, 7월부터 10월까지 분야별 의제 세미나 개최, 10월 하순 시민의제 오픈컨퍼런스를 개최하는 등 숨가쁘게 달려왔습니다. 이러한 활동의 결과로 엮어낸 것이 바로 이『부산 시민의제사전 2014』입니다. 시민의 입장에서 시민의 목소리로 지역사회를 바꾸어낼 대안과 정책을 담아낸 제안들입니다. 앞으로도 2년마다 한 번씩 시민의제사전을 발행할 것입니다. 이 글들에는 하나같이 가볍지 않은 부피와 과정들이 담겨 있습니다. 그러나 이제 처음 가는 길인만큼 완성도나 전문성에서 적지 않은 문제들이 있을 것입니다. 앞으로 부산의 미래를 위한 시민정책운동의 더욱 면밀한 기획을 통해 보완해나갈 수 있을 것입니다. 시민이 주도하는 의제 작성 프로세스를 높여나가는 것과 시민의제의 충실성과 완성도를 높이기 위한 전문가·활동가의 개입이 적절하게 결합되어야 할 것으로 보입니다. 이 시민정책 활동을 통해 무엇보다 기쁘게 생각하는 것은 분야별 코디네이터들의 헌신적인 활동과 수십 명에 이르는 시민들의 적극적인 참여를 직접 눈으로 볼 수 있었던 것입니다. 이는 무엇보다 값진 성과로 생각합니다. 특히 정책학교가 개설된 7월부터는 분야별 의제를 작성하는 모임들이 하루가 멀다 하고 연속 진행되었습니다. 분야별로 적게는 3명에서 많게는 20여 명 정도가 모이는 시민들의 모임이 매일 같이 이어졌습니다. 이 모임들은 토론과 협의를 통해 상호 이해와 문제 해결을 추구하는 '숙의형 민주주의'를 실험하는 장이었다고 해도 과언이 아닙니다.

> "학습하는 사회의 출현으로 인한 인문·사회학적 강좌를 중심으로 민주주의 가치를 전달함으로써 참여와 실천을 담아내는 평생교육기관으로서의 역할이 필요하고, 민주주의가 시민의 일상에 자리 잡기 위해서는 민주적인 의식과 역량 및 기능과 태도를 함양하는 건전한 시민사회의 형성이 매우 필요하다."

위 글은 민주시민교육원 '나락한알'이 태동할 때 표방했던 언명입니다. 시민의제 활동과 『부산 시민의제사전 2014』가 건전한 시민사회 형성을 위한 자그만 디딤돌이 되었으면 합니다. 그동안 이 시민의제 활동과 책 발간을 위해 노고를 아끼지 않았던 많은 이들, 특히 김종세 부원장, 전중근 전문위원께 깊이 감사드립니다.

민주시민교육원 '나락한알' 원장 신 홍철

글 싣는 순서

부산 시민의제 코디네이터 집담회

시민학습으로 열어가는 시민정책 만들기

때 : 2013년 11월 18일 하오 6시 30분~8시 10분
곳 : 민주시민교육원 '나락한알' 들숨

사　회 : 김종세(민주시민교육원 '나락한알' 부원장)
참석자 : 김정숙(교육의제 코디네이터), 유동철(복지의제 코디네이터),
　　　윤태호(보건의료의제 코디네이터), 이인규(분권자치의제 코디네이터)
　　　이창우(지방정치의제 코디네이터), 전중근(시민사회 활성화 코디네이터)
기록과 정리 : 이보름(민주시민교육원 '나락한알' 사무국장)'

● 김종세 : 오늘 이 자리에서는 일련의 시민의제 사업 전체를 추진하면서 경과와 평가, 전망 등을 이야기하고자 합니다. 현재는 '내가만드는정책 학교', '9개 분야별 세미나', '시민의제 오픈컨퍼런스'를 거쳐 '부산 시민의제 사전 2013'에 실을 의제를 아홉 개의 분야별로 각자 작성 중인데, 오늘 코디네이터 아홉 분 중 세 분이 사정으로 참석하지 못하고 여섯 분이 참석하셨습니다. 이야기에 앞서 먼저 일련의 시민의제 사업 전체 추진 현황을 말씀드리겠습니다. 지난 6월에 열흘간 진행한 '내가만드는정책 학교'에는 홍보도 하고 코디네이터를 비롯한 많은 이들의 활동과 노력을 했는데도 노력에 비해 시민 수강자가 적었습니다. 구체적으로 분석하면 시민 수강자 44명, 그 중 수료자는 32명, 코디네이터 9명, 외부 강사 및 출연자 15명, 나락한알 관계자 5명 등 총 73명이 참여하였습니다. 그 뒤 7월부터 10월 중순까지 1백 일 가량 '9개 분야별 세미나를 진행하였는데 분야에 따라 적게는 세 차례에서 많게는 여섯 차례 세미나가 열렸습니다. 그리고 최근 10월 하순에 십여 일간 개최한 '부산 시민의제 오픈컨퍼런스 2013'에는 총 36회 의제 제안 모임 중 중복된 하나를 제외하면 총 35가지 의제인데, 발표하신 분들은 복수로 참여하신 분들도 있지만 단수로 계산해서 32명이 참여하였습니다. 다행스러운 것은 이 모든 의제가 날짜가 조금 변경된 것이 있을 뿐 하나를 빼고 모두 발표가 되었다는 것입니다.

김종세 : 이제 '내가만드는정책 학교' 이후 의제작성 과정에 관한 이야기를 해주시면 고맙겠습니다. 분야별 세미나 참여자 조직화 과정이나 참여자들의 태도 및 진행상의 문제점, 그리고 그 외 여러 가지 이야기로부터 시작하겠습니다. 아홉 개 분야가 모임이 원활하게 진행된 팀도 있고 생각만큼 잘 안 된 팀도 있습니다. 그 이야기를 지금 짧게 이야기를 나누었으면 합니다.

시민의제 작성 과정과 평가

● 김정숙 : 교육분과는 처음 간담회(세미나)를 하면서부터 엄청나게 많은 의제들이 쏟아져 나왔습니다. 그런데 그것을 다시 묶는 과정에서 조금 서로간의 원활한 소통이 잘 안 되었고, 간담회(세미나) 과정에서는 모두 합심해서 의제를 만들어보자는 의지들이 다들 있었는데 오픈컨퍼런스 진행하면서 조금 힘들었습니다. 처음 시도하는 사업이다 보니 어느 정도까지 진행되어야 하는지 잘 몰랐습니다. 그러나 다행스러운 것은 컨퍼런스를 진행하면서 대부분의 원고들이 컨퍼런스에서 이야기 나눈 내용을 바탕으로 수정되었다는 것입니다. 그러나 컨퍼런스를 거친 의제나 그렇지 않은 의제나 모두 숙성 기간을 거치고 교육 팀 간에 좀더 의논하고 다듬어 나가는 시간을 가져야 했는데 그런 시간을 갖지 못했습니다. 전체 내용을 메일로 분과원들에게 보내주고 사전에 실리기 전까지 조금 더 수정할 부분에 대해서 이야기를 듣기로 하였지만 모두들 많이 바쁘고 시간에 쫓기는 상황이라 어느 정도 수정이 될지는 확신할 수 없습니다. 물론 모두가 이 일이 어떤 개인을 위한 일이 아니고 필요한 일이라는 것에 대한 공감은 있었습니다. 하지만 모두의 바쁜 일정으로 컨퍼런스를 진행하면서 일

정 변경 등이 사전에 통보가 안 되기도 하고 약간의 논쟁이 있기도 하였습니다.

이번에 원고는 받았지만 의제로 제출되지 못한 의제도 하나 있습니다. 그것은 내부적으로 충분히 의논되지 못하고 검증되지 못했기 때문에 이번에는 제출하지 않고 의제사전은 계속 사업으로 발간하고 진행할 것이니 내년에 충분히 그 주제에 대해서 의논할 시간을 가지고 그 의제를 사전에 실을 수 있도록 하겠습니다.

● 이창우 : 지방정치혁신 영역 관련해서 시민사회운동의 주체가 있는 것도 아니어서 팀을 구성하는 것부터 쉽지 않았습니다. 다행히 현역 기초의원들이 참여해주셔서 소박하게 모임을 했고, 나름대로 정치개혁의 의지를 가지고 계신 활동가들도 참여하셔서 어느 정도 구색을 갖출 수 있었습니다. 그런 구성상의 문제를 비롯해서 전문가의 조언을 얻기도 어려웠습니다. 분과 주제인 지방정치 혁신은 지역적 문제를 가지고 시민정책 의제를 만들어 가야 하는데 부산지역에 있는 연구자들이나 그런 분들 중에서 지역적 문제를 연구하시는 분들을 찾기도 쉽지 않았습니다. 그러다보니 아마추어적인 접근이 이루어졌습니다. 그렇지만 지방정치 분야를 다양한 측면에서 이야기하고 열 개 정도의 의제를 도출해내는 과정은 의미 있는 시간이었다고 생각합니다. 기존에 학술적으로 연구된 것을 넘어서 시민의식을 반영하고자 노력했습니다.

● 전중근 : 시민사회 활성화 분야에서 의제를 만들고자 했던 것은 총 열네 개의 의제였으나 오픈컨퍼런스에서는 네 개의 의제를 발표했습니다. 컨퍼런스에서는 발표하지 않았지만 다섯 개는 이미 만들어진 의제가 있었

습니다. 시민사회 활성화 분야에서 이번에 컨퍼런스에 발표한 제안들은 아직 많이 손을 봐야하지만, 약 열 개 정도 의제가 도출될 것으로 보입니다. 팀원들은 코디네이터 포함 여섯 명인데, 모두 적극적으로 참여하여 여섯 번의 모임 동안 거의 빠짐없이 모두 참석하였습니다. 그러나 아쉬운 점이라면 마을만들기, 시민사회 활성화나 사회적 경제 분과의 최초 기획이 그러한 활동을 할 수 있도록 제도나 조직을 만드는 것이 중요한 의제로 설정이 되어 있어서 실제로 의제를 작성하는데 일반 시민들이 경험적으로 느끼거나 하는 것이 아니어서 토론을 충분히 하지 못했습니다. 가장 어려웠던 부분은 마을만들기 분야가 생활 속에서 늘 접하는 분야가 아니라서 그것을 구체화시키기 어려웠습니다. 모임을 하면서 학습하고 외부 인사를 초청하여 세미나를 진행하기도 하였지만 전문성에서는 약간의 어려움이 있었습니다. 당초 시민들이 쉽게 접근할 수 있었던 부분으로 접근하였다면 더 좋았을 것이라는 아쉬움이 남습니다. 그러나 팀원 다섯 명이 모두 같은 지역(사하구)에서 생활하시는 분들이라 단순히 의제컨퍼런스 참여하고 세미나 하는 것에 그치지 않고 지역에 사람들을 조직하고 활동하는 계기가 될 수 있겠다는 생각을 합니다.

● 이인규 : '내가만드는정책 학교'에서 수강생들도 좀 적었고 분권과 자치에 참여하고자 하시는 분들이 유감스럽게도 없어 새롭게 분과 팀을 조직하였습니다. 코디네이터 포함해서 활동가, 학교에 계신 분, 기초의회에 계신 분 등 다양한 분들로 총 여섯 명의 팀을 구성하였으나 분권자치에 대해서 시민들이 당위성에 대해서는 공감하나 구체적인 의제로 들어갔을 때 어렵게 생각하고 생소하게 생각하였습니다. 여섯 명 중 세 명이 전문성을 가지고 계시고 나머지 세 명은 그에 따라가는 경향을 보이게 되었고

다른 분과보다도 아이디어 차원에서 의제를 제안하는 것조차 어렵게 생각하였습니다. 그래서 의제를 구체화하는 작업뿐 아니라 의제를 제안하는 것까지 전문가 세 명에게 의지하게 되었다. 하지만 여섯 명이 다양한 분야에서 활동하시는 분들이라 분권과 자치에 대해서 다양한 시각의 의견을 들을 수 있었던 것과, 동의대 학보사에 일하시는 분이 참여를 했는데 분과 세미나에 참여하면서 학교 신문에 분권과자치에 대한 기사도 내게 되고 학생들과 분권과자치를 공론화 하는 계기를 마련하였다는 점은 좋았다고 평가합니다. 또한 아직 제안된 의제들이 완벽하지는 않으나 제안하신 분들이 전문성을 갖춘 분들이라 집필에 들어가면 완성도 면에서는 충분하다고 생각합니다. 그러나 다양한 시민들이 참여 하는 데는 한계가 있었다는 아쉬움이 남습니다.

● 윤태호 : 보건의료 분야는 정보의 불균형이 심한 분야입니다. 시민들이 잘 모르겠다 생각하면 전문가의 의견으로 쏠리는 분야라서 인적 구성을 어떻게 하느냐가 가장 큰 고민이었습니다. 처음 '내가만드는정책 학교'를 했을 때 별로 사람이 모이지 않아서 주변의 다양한 분야의 사람들을 모아서 팀을 구성하였습니다. 팀원은 보건소 소장, 학교에 계신 분, 기자, 치과 의사, 약사, 간호사, 시민활동가로 코디네이터 포함 열 명을 구성하였습니다. 처음에 어떻게 이것을 진행할지 막막했는데, 시민들의 눈높이에서 의제를 도출하려고 하면 너무 무겁게 다가가서는 안 되는 것이고, 보건의료의 전문가의 의견은 최소화하여 다른 분들이 자신 있게 자신의 의견을 이야기할 수 있도록 하였습니다. 그리고 브레인스토밍(brain-storming)과 모든 사람들의 의견을 동등하게 생각하는 방법으로 세미나를 진행하였습니다. 아무리 보건의료 분야에 대해서 모르고 있다고 하더

라도 평상시 생각하고 있던 의견을 그냥 이야기하는 시간을 거쳐 사람들의 이야기와 본인의 생각을 종합하여 각각 열 개씩의 의제를 의무적으로 해오기로 하였습니다. 물론 중복되는 것도 있겠지만, 개인이 생각하는 의제 열 개를 열거해서 가져와서 비슷한 주제를 묶어 세 명 이상 비슷한 생각을 가진 주제를 선별했을 때 열여섯 개 정도의 의제로 축약되었습니다. 그 중에서 합의를 거쳐 열 개를 다시 선정하고 그것을 구체화하여 발표하고 토론한 후, 그 중에서 의미가 있다고 판단이 되었던 네 개의 의제를 오픈컨퍼런스에서 발표하였습니다.

진행을 하면서 처음에는 '이것이 잘 될까?' 하는 생각이었는데, 사람들이 가벼운 마음으로 다가가고 사람들이 의견을 내는 것을 계속 장려하는 분위기가 되니까 참여자들이 처음 기대했던 것보다는 분위기도 좋아지고 참여율도 계속 유지가 되는 부분이 있었습니다. 그래서 처음 보통의 사람들의 눈높이에서 보건의료 부문을 바라보는 것이 가능하겠다는 생각을 하게 되었습니다. 이러한 과정들이 민주주의를 경험하고 민주주의의 토론의 장이 되었다는 부분에서 나름대로 의미가 있지 않았나 합니다.

● 유동철 : 작년 금정산성에서 열 개 의제를 발표할 때만해도 사회복지가 가장 완성된 분과였는데, 다 날아가고 '내가만드는정책 학교'를 수료하는 과정에서 여섯 명의 수강생들로 완전히 그전과 다른 새로운 팀을 구성하였습니다. 활동가 중심의 구성보다 완전히 시민들로서 구성된 팀도 의미가 있겠다고 생각하여 그렇게 구성을 하였는데, 다들 바쁘시고 일정이 맞지 않아 회의 진행도 안 되고 공부도 안 되고 하는 그런 상황들이 몇 번 진행되다 보니 거의 의제 구성을 할 수 없었습니다. 마지막에 내부 토론 없이 오픈컨퍼런스를 거쳐 지금 올라와 있는 것이 사회복지 의제입니다. 내

부적인 검토가 안 되어 의제라기보다는, 아직 내놓기 어려운 의제도 보입니다. 여러 가지 총체적으로 어려운 상황이라 이것을 어떻게 처리해야 할지 난감한 상황입니다. 그래서 이렇게 일반시민들이 참여하여 팀을 구성하는 것이 좋기는 하지만 장기적으로 갈 수 있는 구성이 될 수 있는지는 의문이 듭니다.

● 김종세 : 오늘 참석하지 못하신 세 개 영역은 환경 · 재해분야와 지역경제분야는 전중근 선생이 주로 참석을 다 하셨으니까 짧게 이야기해주시면 좋겠습니다. 문화분야는 제가 보고 드리겠습니다.

● 전중근 : 지역경제 분야는 부산대 안영철 교수가 코디네이터로서 네 분 정도 참여했습니다. 안영철 코디네이터를 비롯하여 모두가 많이 바빠서 모임이 원활하게 이루어지지 않았습니다. 일단 오픈컨퍼런스는 두 개의 의제를 가지고 진행하기는 하였지만 시민의제 중 가장 중요한 비중을 차지할 수 있는 지역경제 분야가 조금은 소홀히 다루어진 것 같아 안타까웠습니다. 코디네이터도 너무 바빠서 이 분야를 적극적으로 챙기기 힘들었던 것으로 보입니다. 일단 올해는 지역경제 분야는 관련 자료를 재조합하는 수준이고 지역경제의 대안을 가지고 논의하는 차원은 아니었다고 봅니다. 내년에는 이 분야를 좀더 잘 될 수 있도록 조직적으로 준비를 해야 할 것 같습니다.

환경 · 재해분야는 십 회 정도 모임이 열렸던 것 같습니다. 주로 환경단체 실무자들이 삼분의 이 정도이고 나머지는 그 회원들로 구성되어 있습니다. 환경 · 생태분야는 시민사회에서 시민의 가치나 또 비전을 가지고 이야기를 해온 것이 많이 있기 때문에 원래부터 시민들이 해야 할 방향 등에 입각한 의제들이 많이 집적이 되어 있었습니다. 그래서 열 개 의제는 무난하게 도출되어질 것 같고 이번 의제컨퍼런스에서도 다양한 장소에서, 피스&그린보트 선상에서까지 함께 참여하신 분들과 발표도 하고 재미있게 진행된 것 같습니다. 의제 완성은 시간이 걸릴지는 모르겠지만 이 분들이 워낙 해놓은 것이 있기 때문에 작업을 하면 잘 될 것이라고 기대를 하고 있습니다.

● 김종세 : 문화분야는 김태만 교수님이 코디네이터를 하셨고, 보좌역을 김동규 박사가 맡아서 같이 진행하였습니다. 이 팀도 오륙 회 정도 모였고, 오픈 컨퍼런스에서 발표한 한 분은 초등학교 교사인데 아마추어 오케스트라에서 활동하면서 거기서 느낀 점들을 의제에 반영하고 싶어 하였고, 또 다른 한 분은 복지 쪽에서 일하시는 분인데 문화와 복지를 연결하고 싶어서 문화분과에 들어와서 발표도 하시고 하는, 이런 좋은 사례들이 여기서는 발굴이 되었습니다. 대여섯 번의 모임 중에 저는 의제가 더 다양할 수 있을 수 있다고 생각했었는데, 모인 분들이 생각하는 정도에서 할 수밖에 없었는데, 도서관 정책 같은 것이 들어갔으면 좋겠다고 제 개인적으로 생각했었지만, 그 대신에 아주 독특하게 문화포털을 의제로 내겠다고 했습니다. 내년에 이 분과에서는 청년창업프로그램을, 창업 강좌를, 문화포털에 많은 게릴라들이 참여해야 하는데 사회적기업을 꿈꾸면서 강좌를 한번 개설해 보자는 실천적 논의까지 지금 이야기가 되고 있습니다. 또 하나 이 분야의 특징은 김동규 선생이 의제를 풀어놓고 그것을 김태만 선생이 정리를 하는 것입니다. 막바지에 코디네이터 김태만 선생이 팀원들이 발표할 의제와 제안자, 비제안자에 대한 구분을 하였고 팀원들의 역할을 잘 나누신 것 같아 보기에 참고가 되었습니다. 코디네이터가

참석하지 못한 분과에 대해서는 대신해서 이렇게 말씀을 드립니다. 그리고 이번에 오픈컨퍼런스 할 때는 제가 여러 제안 모임에 많이 다녔고 분과별 세미나를 할 때는 전중근 선생이 여러 분야 세미나에 많이 다녔습니다. 각각의 분야 이야기는 이제 하셨으니, 넘나들면서 보고 느낀 점들을 이야기하는 것도 필요할 것입니다. 전중근 선생이 전체 총괄해서 이야기를 해줬으면 합니다.

시민정책운동으로서의 시민의제 사업의 가능성

● 전중근 : 여러 분야에 모임을 할 때 다들 시간이 안 맞아서 모임이 잘 안 되는 경우를 제외하고 일단 모임을 하면 다들 적극적으로 참여하였습니다. 그동안 시민사회에서 소모임 활동이 활성화되지 못해서 그런지 이런 의제를 가지고 토론을 하는 것이 형식을 갖추니까 나름대로 재미를 가지고 다들 하려고 하였다는 점에서 토의, 토론문화를 갈구하는 바가 있었고, 적극적으로 틀만 잘 갖추면 토의민주주의를 위한 계기가 될 수 있다고 생각합니다. 모임의 분위기도 좋았고 마치고 뒷풀이도 역시 있기 마련이라 나름의 의제에 따른 커뮤니티가 다들 형성이 되었습니다. 제가 코디네이터를 했던 시민사회 활성화 분야도 의제를 만드는 모임은 종료가 되었지만 한 번씩 만나게 될 것 같고, 그런 점에서 향후 이렇게 형성된 그룹을 어떻게 지속해 나갈 것인지 나중에 좀더 말씀드릴 수 있으면 좋겠습니다.

● 김종세 : 저는 오픈컨퍼런스에서 보건의료분야 의제 제안 모임 현장에서 본 것을 이야기를 해보자면 '담배소비세의 건강부문 투자 방안'에 대해서 서진혜 씨가 서면 토즈에서 발표를 하였습니다. 이 분은 약사인데 재

정 관계나 예산 관계는 몰랐던 분이었으나 실제로 그것을 많이 조사해서 발표를 하면서 열 명 정도 모인 사람들과 불을 뿜듯이 서로 이야기를 하셨습니다. 그때 참석하신 분들 중에 세무사인 분도 한 분 오셨고, 아마 노무현재단 부산위원회의 멤버인 것 같았습니다. 굉장히 재미있게 진행을 했었고 발표하셨던 서진혜 씨 본인도 즐기는 것 같은 느낌이었습니다. 그리고 안병선 소장님이 '시민건강 지원을 위한 콜센터 운영'에 대해서 발표를 하셨는데 여기는 사람이 거의 오지 않으셨습니다. 그러나 워낙 안 소장님이 그 분야에 대해서 많이 알고 계시기도 하고, 저는 거기에 참석을 하면서 제가 몰랐던 분야에 대해서 알게 되어서 좋았습니다. 보건의료 분야의 학습과정도 한 달에 한 번 정도 했는데 기다려질 정도로 그 분위기가 좋았고 그런 것이 만들어지는 과정이 참 좋았습니다.

복지분야 의제 제안 모임을 부산내일포럼 사무실에서 진행한 박동범, 조황익 씨 두 사람 연속해서 발표하는 곳에 갔는데, 부산내일포럼 관계하시는 십여 분이 함께 참여하셨습니다. 내용에 대해서는 참석한 그 분들도 잘 알지는 못했지만 표피적으로 느끼는 부분에 대해서 많이 이야기하시고, 결과에서 마지막 정리하는 발언을 모두 하시는데 정책이 대단히 중요하다는 것에 모두 공감하시면서 내일포럼도 정책을 연구하는 모임을 빨리 해야겠다는 말씀을 이 분들 스스로 하셨습니다. 이 분들 방향성에 대해서는 제가 이야기 할 것은 아니지만 '우리가 이렇게 발표하는 행위들이 이렇게 영향을 미치구나!' 하는 생각을 하였습니다. 그 자리에서 저는 잘 몰랐는데 어떤 분이 새누리당에서도 정책학교처럼 수강생을 모집하더라는 이야기를 하셨습니다. 아마 내년 선거를 대비해서 하는 것일 텐데, 이렇게 우리 지역에서 정책에 대해서 논의하는 것에 가치를 느낀다는 생각이 들어서 애기치 않은 '번짐 효과'가 있다는 생각을 하였습니다.

그 외에도 여러 개가 있었는데, 교육 쪽은 야외에서 진행을 했는데 울산과 부산쪽의 참교육학부모회의 회원 스무 여명 모여서 이야기를 하였고, 전교조 운영위원회에서 20분 정도 교양 시간에 정한철 선생이 발표하고 이야기하는 형태로 진행하였습니다. 진행하는 방식은 굉장히 다양하였습니다. 그런데 오픈컨퍼런스의 어려운 점은 사람들을 우선 모으기도 하고 제안도 해야 하는 것을 상당히 어려워하셨는데, 사람들을 모으는 것은 앞으로 홍보 기능을 강화해서 모임을 형식을 만들어서 진행을 하면 제안자는 제안에만 집중할 수 있을 것이라 생각합니다.

시민정책운동으로서의 시민의제 사업의 가능성

● 김종세 : 각 분과별로 그동안 진행의 과정에서 느낀 점들, 또 경험하신 것에 대해서 이야기를 하셨고, 오픈컨퍼런스에 대해서도 이야기를 나누었습니다. 이제 나락한알이 계속 이 사업을 어떻게 할 것인가에 대한 판단도 필요하기 때문에, 시민의제 활동의 의미와 평가, 특히 시민정책운동으로서의 시민의제 사업의 가능성에 대해서 여러 가지 말씀을 해주시면 좋겠고, 겸해서 이후 활동 방향에 대한 제언을 합쳐서 말씀을 부탁드립니다. 최근 오픈컨퍼런스를 진행하는 중에 부산참여자치시민연대에서 정책 연구소인 '정책공방'이 설립이 되었습니다. 참여자치 내부에서 2년 전부터 고민하던 내용들이 내년 정세도 있고 주변 시민사회에서도 이런 논의들이 이야기가 많이 나와서 이번에 제대로 시작하게 된 것 같다는 느낌을 받았습니다.

● 김정숙 : 시민의제라는 것의 의미는 참 크다고 하는데 실제로 이런 의제

들이 시민의 의견으로 모아내기에는 많은 힘도 들 것이고, 우리가 해야 될 방향에 있어서 조금 다른 방향도 필요하지 않을까 하는 생각을 하였습니다. 정책학교를 통해서 다양하게 모아진 사람들을 분과로 나누는 작업에 있어서 그다지 그것이 시민들의 모임으로 되기는 힘들었다고 보아집니다. 저희 교육 분야는 다른 분야보다 시민들이 보기에 명확한 분야기도 한데, 학교 현장의 학부모 입장에서 학교 입장에서 실질적으로 필요한 의제들의 발표를 기대했는데 그 정책학교를 통해서 오신 분들이 거의 없었습니다. 조금 기대를 걸었던 예비 교사 한 명이 있었는데 그 예비 교사가 진정한 의미에서 시민의제를 이야기 할 수 있을 것이라 기대하였지만, 그분이 임용고사 준비로 인해서 참여가 되지 않았습니다. 그래서 우리가 갖는 의미는 우리가 새로운 것에 도전해본다는 것은 있었지만 여전히 진정한 의미에서의 시민의제를 발굴해 내는 것에는 조금 미흡하지 않았나 하는 평가를 해봅니다. 하지만 제가 이것을 참교육학부모회에 '전국에 많이 확대되었으면 좋겠다'는 생각에, 얘기를 많이 했습니다. 사전이 발간되어 나오면 또 한번 회의에 가서 발표할 기회가 있다면 이런 활동에 대해서 이야기할 것인데, 이것을 다른 지역에서도 받아들이고 그랬으면 좋겠다는 뜻에서 제안을 해볼 생각입니다. 그리고 이번에 나온 의제들이 이번 선거, 내년 선거, 혹은 그 다음 선거에라도 공약으로 채택된다든지 그것이 활용될 수 있도록 관심을 가져달라고도 이야기를 해두었습니다. 그것이 잘 되면 이것이 여러 방면으로 확대되는 사업으로 잘 되지 않을까 기대를 해보고 있습니다. 하지만 우리가 보완해야 하는 것은 우리들만의 리그가 아닌 시민들을 많이 참여시킬 수 있는, 아마 이번에 오픈컨퍼런스를 통해서 그것을 해보자고 했는데 그것도 그다지 많이 확대되지는 않은 것 같습니다. 그리고 언제나 바쁘지만 10월에 특히 바쁜 행사들이 많아서 많이 힘들었습니다.

가끔은 이것저것 정신없이 바쁠 때 코디네이터로서 챙길 것도 많아 '이 일을 내가 왜 해야 하나?' 하는 생각도 할 때도 있었지만, 올해 의제사전의 활용의 가치도 있고 앞으로 꼭 해야 할 사업으로 만들어야 한다는 생각을 하고, 내년의 코디네이터가 될지는 모르겠지만 이런 문제들을 개선할 수 있는 코디네이터가 함께 할 수 있기를 바랍니다.

● 이인규 : '내가만드는정책 학교'부터 오픈컨퍼런스까지 시민이 참여한다는 취지에도 공감하고 그런 취지에 맞게 형식은 구성이 된 것 같습니다. 그런데 예산이라든지 여러 가지 한계 때문에 그 속을 조금 들여다보면 광범위한 시민들의 참여는 이루어지지 못했다는 한계는 있었던 것 같습니다. 만약 이런 예산 범위 내에서라면 홍보라든지 이런 것에 한계가 있다 보니까 좋은 취지에도 불구하고 앞으로도 전개하는데 한계가 있지 않을까 싶습니다. 물론 이러한 경험이 축적되어 있기 때문에 노하우는 있겠지만 예산상의 한계 때문에 우리가 하고자 하는 취지에 도달하는 데는 어려움이 있을 것입니다. 그럼에도 불구하고 방금 새누리당에서도 내년 선거를 대비해서 정책학교도 만들고 한다는데, 아마 다른 정당에서도 하고 있을 것입니다. 그 이전에도 했고 우리 단체(부산분권운동본부)에서도 선거 시기마다 정책의제 그런 사업을 진행했습니다. 그런 의미에서 가능성을 떠나서 앞으로의 시민운동에 있어서 정책 발굴 사업이라는 것은 반드시 해야 할 사업이라 생각합니다. 가능성이 있다 여부를 판단하기를 떠나서 반드시 해나가야 한다고 생각합니다.

● 이창우 : 저는 아까 윤태호 선생이 이야기 한 부분 중에서 '가볍게 논의'

라는 부분이 시민정책의제를 발굴하는데 굉장히 중요한 것이라 생각합니다. 가볍게 논의하면서도 그것을 깊이 있게 정리하게 되는 것이 필요합니다. 그래서 모임의 구성 형식도 다양할 수 있고, 이 과정에서 시민정책 네트워크를 만들어내자는 것이고, 시민정책 네트워크를 형성해가는 과정에서 이번에는 코디네이터 몇 명이 진행하였는데, 할 수 있는 사람들을 추가로 발굴하고 풍부하게 발굴되는 과정에 있는 것입니다. 그리고 시민들로 하여금 가벼운 논의를 충분히 할 수 있도록 만들고 오늘 정리된 것을 다음에 발표도 해보고 그 발표된 내용을 가지고 다시 한번 논의하고 그런 가벼운 논의들을 잘 정리해서 제출하는 과정이 필요합니다. 이런 논의에 사람들이 꼭 같아야 할 필요도 없고, 우리가 발굴한 사람은 제한된 범위 내에서 밖에 보지 못하는 것이니까, 그래서 센터가 있고 가볍게 논의할 수 있는 구성원을 폭넓게 구성하면 시민들도 어렵게 생각하지 않고 잘 오실 것 같습니다. 저 같은 경우도 이런저런 일들이 많이 겹쳐있어 이 시민의제를 시작하다 보니 일이 많아 부하가 많이 걸리기도 하여 코디네이터의 역할을 제대로 하지 못하였습니다. 그런 의미에서 시민정책 네트워크를 풍부하게 가지고 가서 활동가들을 키워내고 정리하는 과정에서 그 내용을 균질하게 할 수 있는 전문가 네트워크를 만들어 내는 이런 식의 구조를 형성하면 좋을 것 같습니다.

● 윤태호 : 저는 이번에 이번 시민의제에 참여하면서 시민사회 진영에서 정책을 하면 어떤 단체라든지 단체의 정책을 낸다든지 아니면 정당에서 정책을 낸다든지 하는데, 시민사회를 조금 더 폭넓게 생각해 볼 필요가 있다고 생각했습니다. 방금 시민정책 네트워크라고 말씀하셨는데, 한 기관에 소속되어 있는 사람이 의견을 내는 것이 아니라 여러 사람들이 같이

모여서 각 부문별로 이야기를 하고 그것이 정책으로 이어지는, 그러한 것이 필요하겠다는 생각을 이번에 활동에 함께 참여하면서 많이 느꼈습니다. 우리가 여러 가지 많은 위원회가 있지만 그것은 대부분 관료화되어 있고, 그것이 사실 시민들의 밑에서부터의 의견이 올라온다기보다는 거기에 참여하는 훈련된 시민들이 의견을 내다보니까 독창성이라든지 시민사회가 성숙하는 방향으로 되기보다는 여러 가지 관료사회의 뒷받침을 해주는 그러한 방식으로 많이 진행이 되었습니다. 그 분들을 어떻게 정책네트워크라든지 시민정책운동으로 발전시켜낼 수 있을까 하는 것이 지금 제가 가지고 있는 고민이었고, 이번 기회에 보건의료 분야를 진행하면서 좀더 생각해 볼 수 있었습니다. 아직까지 보건의료 분야에 참여하신 분들과 구체적으로 이야기를 해본 적은 없지만 다른 경로를 통해서, 예컨데 부산의 건강도시를 제대로 하기 위해서 100인 위원회를 100인의 시민들을 모아서 구성하고 부산시가 하지 못하는 이야기들을 우리가 해보자라든지 그런 이야기들도 있고 해서, 일단은 그러한 자발적이고 다양한 의견들이 자연스럽게 나오는 공간이 필요한 것 같습니다. 문제는 그것이 너무 자율적으로 하면 이것이 어디로 튈지 모르기 때문에 어느 정도 정형화된 형식이 필요할 것 같은데, 이러한 툴(tool)로 하지만 나중에 이것이 좀더 성숙되면 다시 또 제도화라는 부분들이 고민이 될 수밖에 없고, 그 제도화라는 부분에서 이러한 장점들을 고스란히 담으면서 제도화 시킬 것인가라는 부분들이 사실상 고민이긴 합니다. 하지만 그러한 과정들을 우리가 밟아나가는 것이 필요하다는 생각입니다. 많은 사람들이 같이 와서 이야기를 하고, 어떤 한 사람이 이야기를 하더라도 그것을 듣는 사람이 많아 그 이야기를 많은 사람들이 전하고 해서 그것이 또 정리가 되는 무엇인가가 필요합니다. 그렇게 해야 제가 볼 때는 토의민주주의도 제대로 실현되고 정말 생동감이 느껴질 것 같습니다. 제가 수많은 토론회를 다녔지만 대부분 형식화되고 거의 죽어있는 이야기들이 대부분인 반면에, 이번에 시민의제에서는 무언가 살아있다는 느낌들을 많이 받아서 살아있다는 느낌들을 어떻게 시민사회 영역으로 확대를 시킬 것인가라는 것 생각해보며 그러한 의미에서 시민이 만들어가는 시민의제가 상당히 중요한 첫 출발점을 제시를 해주었다는 의미가 있습니다.

● 전중근 : 시민사회의 현재 현실과 시민사회의 현재의 문제를 극복할 수 있는 방향으로 이 시민의제와 정책활동을 이어가야한다는 것이 제 개인적인 문제의식입니다. 시민단체들도 어느 정도 틀이 잡혀버리면 관료화되어 의제가 실제 생활과 무관하게 소외되어버리는 현상이 많이 나타납니다. 시민사회 역시 시민들과 동떨어져 있는 것이기도 한데, 이러한 상황을 극복할 수 있는 방향의 한 축으로 시민정책, 학습을 통해 자신이 살고 있는 문제들을 시민 스스로 해결해나가는 과정이고, 다른 한 축으로는 시민토의, 토의민주주의를 활성화하는 이 두 가지 축으로 되어 있는 것 같습니다. 이상적인 방향은 시민의제 활동이 지역사회에서 새롭게 제기되는 고령화 문제나 고용 문제 등 새로 생겨나는 문제를 시민들이 자기 생활로 느끼면서 시민들이 직접 거기에 대한 해결책도 내고 대응하는 것을, 시민들 스스로 활발하게 만들어 나가는 방향으로 가야한다는 것입니다. 그러나 이상적 방향보다 이번 과정을 통해서 느낀 것은 의제를 어떻게 어떤 과정으로 선정하고 만들어 내는 것이 바람직한가에 대한 과제와 여기 참여하는 참여자를 어떻게 정하고, 무작위로 일반시민들을 모두 모을 수는 없는 것이니까 약간의 전문가와 시민단체와 일반 시민들이 의견을 교환하는 방식으로 할 것인지, 아니면 지금처럼 아주 소박하게 활동가들이

중심이 되고 시민들을 엮어서 할 것인지에 대해서, 의제 선정하는 과정과 참여자를 선정하는 과정을 잘 들여다 볼 필요가 있습니다. 그런 의미에서 이런 활동을 통해서 활동 방향을 어떻게 가져갈 것인가, 다시 말해서 의제를 어떤 쓰임새로 할 것인가에 관하여 사전에 이미 기획될 필요가 있고, 그렇게 해야만 사업 추진에 힘을 받을 수 있다고 생각합니다. 그래서 이 활동의 방향을 어떻게 잘 잡을 것인가에 따라서 여기에 실리는 힘이나 참여자들의 네트워크나 그런 것들이 달라질 수 있을 것이라 생각합니다. 그래서 하나는 김종세 부원장의 아이디어인데, 일반 시민이나 활동가나 참여자 한 사람이 한 의제를 가지고 일 년 동안 의제를 만들어내고 그것을 실현하는 활동이 있을 수 있습니다. 그리고 다른 하나는 외국의 자료에서 찾은 것인데, 정책학교를 중심으로 하는 시민 캐비넷(cabinet)을 형성해서 각 분야별로 의제를 시민단체들과 개인들과 많은 정책을 둘러싼 많은 모임들이 하나하나 모임을 해가면서 요구할 것은 요구하고, 행정과 협의를 하는 캐비넷 방식을 채택할 수 있을 것 같습니다. 이것이 시민들이 정책을 제안하고 형성하고 하는데 도움도 되고, 실제로 사회경제나 시민사업들을 맡아서 실현하는 사업에도 시민사회가 일정 정도 분담해서 하는 것도 가능할 것 같습니다. 또 하나는 이러한 활동에 필요한 사업을 위해 스스로 기금을 조성하면, 앞으로 시민사회의 재구축이나 지역사회의 대안을 모으고 정책으로 제안하는 활동이 시민사회의 중심적인 활동이 될 수 있을 거라고 봅니다. 자연스럽게 정책 활동과 다양한 시민 토론회, 이런 것들이 결합되어서 그러한 대안을 만들어 내었으면 좋겠습니다. 이것이 꼭 필요하고 생각하는 것은 부산에는 시민사회를 대변하는 미디어가 없기 때문입니다. 지금 현재 인터넷이나 SNS의 발달 정도를 보았을 때, 이러한 다양한 정책이나 시민들의 이야기가 다른 대안적인 매체를 통해서 많이 실리고 정보들이 많이 흘러 다니면 결국은 시민사회의 공론장, 그것을 시민적 공공 공간이라고 부릅니다만, 이 토론과 정책 형성 이런 것이 결국은 우리가 이야기하고자 하는 스토리가 되어서 이야기가 이루어지는 공공 공간을 형성하고, 결국은 언론이나 지역사회도 그런 것을 수용하게 되는 이런 효과가 나타나지 않을까 기대합니다. 시민적 공공 공간의 형성이 되어야 시민사회도 활성화될 수 있다고 봅니다.

● 유동철 : 시민의제가 가지고 있는 의미에 대해서는 전체적으로 공감하고, 시민단체들이 선거 때나 그 외에도 의제를, 공약을 개발해내는 방식이 단체의 전문가들 중심으로 만들어내기 때문에 그런 한계를 이제 극복을 해야 하는 것이 사실입니다. 만약 기존의 시민단체들이 전문가 중심의 정책관료주의에 빠져있는 것이라면 그 단체 내부에서 그런 것을 깰 수 있는 방법도 있을 것입니다. 그런데 우리가 굳이 새로운 방법으로 각각의 단체들이 다 있음에도 불구하고 새로운 방법을 시도하는 이유가 무엇인가? 이것이 정책 네트워크의 확장인지, 아니면 단체가, 일단 다른 단체는 운동성이 있는 단체로 규정되어지지만, 나락한알 같은 경우는 그렇지 않으니까 그런 장점을 살리고 접근성을 높이기 위해서 하는 것인지, 그런 부분에 대해서 좀더 분명하게 정리가 되었으면 좋겠다고 생각합니다. 지금 상황에서 우리가 시민들을 포함시켜서 정책 의제를 개발하는 방식은 두 가지인 것 같습니다. 정말 '일반' 시민들을 모아서 하기는 복지분과 쪽의 사례를 보아 어렵고, 보건의료 쪽은 기존의 전문가들과 정책 전문가는 아니지만 그 분야의 생활에서 직업으로 활동하고 있는 사람들로, 전문가는 아니지만 그렇다고 관심이 없는 것도 아닌 사람들로 구성해서 그나마 정말 정책 전문가를 넘어서 있는, 그러면서도 정책과 연계성을 가질 수

있도록 할 수 있었습니다. 이런 방식이거나 아니면 자기 생활상에서 생활 의제들을 지속적으로 고민할 수 있는 현장을 통한 정책의제 개발 방식이어야 합니다. 만약 우리 마을이나 이런 지역에서 그 문제를 가지고 깊이 고민하고 있는 지역들이 있다면 그 지역에서 그 일을 하고 있는 사람들을 우리가 찾아서 만나서 정책의제들을 개발하는 방식의, 마을의 토론 장소나 계기, 계획 등을 마련해주고 그 안에서 정책을 만들어내는 방식, 이런 방식들이 저는 유효하지 않을까 합니다. 정책학교를 개설해서 아무것도 모르는 사람들을 모아서 그런 방법을 통해서 정책의제를 개발하는 것은 무리가 있을 수 있겠다는 생각을 하였습니다. 그래서 생활상에 관심을 가지고 있는 사람들을 중심으로 정책 전문가라는 것을 넘어서서 생활 속에서 관심을 가지고 있는 사람들을 찾아서 하는데 그것을 하려면 지금 방식으로는 조금 어렵다 생각합니다. 지금은 코디네이터들이 너무 바빠서 사람들에게 연락하고 신경 쓰기가 너무 어렵습니다. 그런 사람들을 조직하려면 그냥 불러서 오는 사람들을 조직하면 안 되고, 좀더 코디네이터가 꼼꼼하게 챙기고 시간을 그 쪽으로 쓸 수 있으면서 자기 시간을 낼 수 있는 사람들로 코디네이터를 정해야 합니다. 저 같은 경우는 코디네이터가 아니라 자문 역할밖에 이번에 할 수 없었습니다. 그러므로 앞으로는 진짜 코디네이터 역할을 할 수 있는 사람들로 시스템을 구축할 필요가 있습니다.

● 김종세 : '나락한알에서 왜 이것을 할까?' 하는 것은 나락한알은 교육원이니까 이 시민의제 활동 과정을 시민학습의 한 모형으로 자리매김 하고 있는 것입니다. 그러면 의제화 되어서 그것이 정책에 영향을 끼칠 수 있는 아젠다가 되려면 말씀하신대로 그 분야의 준전문가 혹은 활동가, 각 풀뿌리 단체에서 관심이 있는, 마을만들기 이런 단위에서 관심이 있는 사

람들과 연결해서 실행 가능한 것들을 만들어 내고 사회적으로 같이 한번 힘을 실을 수 있는 그런 의제 생산 과정들이 필요하다는 그런 이야기에서 현재의 경험으로 보아서는 그럴 수 있겠다는 생각이 듭니다. 그런데 이것이 정책학교에 많은 사람들이 왔으면 조금 달라졌을 것이라는 생각이 들고, 그리고 이런 형식의 정책학교 외에 다른 형태의 다양한 정책학교 방식이 있을 수 있을 것입니다. 분야별 정책학교도 있을 수 있을 것이고. 또 다르게 한번 전개할 수 있는 방식이 없을까? 전체 학사관리는 여기서 하더라도 그것을 여러 단체들이 공동으로 하는 것도 한번 꿈꿔볼 수 있을 것입니다. 혹은 부산지역 시민사회에 제가 제안해 보고 싶은 것인데 '1인 활동가 100명 만들기', 지역에서 각자 자기 직장도 있고 근거지도 있으면서 한 의제(one point agenda)로 꾸준히 활동하는, 이런 활동 방식에 대해서 여러 사람들의 의견을 묻고 토론하고 싶습니다. 이것이 생활정치 활동의 한 형태라 생각합니다만, 그래서 결과가 긍정적으로 정리가 되고 또 그것을 하기 위해 필요한 조건이 무엇인지 물어서 정리가 된다면 나락한알 운영위원회에서 이런 활동을 주요 사업으로 할 수 있는지 의논하고 결정할 수 있을 것입니다. 오늘 코디네이터 집담회는 이렇게 마치도록 하겠습니다. 참석해 주셔서 고맙습니다.

시민정책운동과 시민사회의 재생

1. 중요한 결정은 시민이 해야 한다

뒷전으로 밀려난 시민

도시의 주인은 당연히 시민이다. 그렇지만 이제까지 시민들은 도시의 주인 대접을 제대로 받은 적이 없다. 국가가 주도하는 급속한 산업화, 도시화의 격랑 속에서 마을과 도시의 주인인 시민들은 늘 동원과 관리의 대상으로 취급받았다. 시민을 위해 뒷바라지해야 할 국가와 행정, 그 대리인인 관료들이 오히려 상석에 앉아 시민들을 이리저리 내몰았다. 공공의 이름으로 자행된 수많은 도시개발의 역사를 보라!

지방자치제가 실시된 이후 부산의 도시계획은 공공성보다는 개발 중심으로 토건업체의 수익을 보장해주는 사업으로 변질되거나 왜곡되었다. 멀리 돌아볼 필요도 없다. 지금 벌어지고 있는 해운대관광리조트 개발사업은 부산시가 공공개발이라는 명목으로 시작했지만, 사실상 민간 부동산 개발사업이다. 해운대해수욕장이라는 공공의 자산을 민간 개발사업자의 부동산 수익을 위해 망치고 있는 것이다.

어쩌다 시민들이 대접받을 때가 있기는 하다. 선거철이면 표를 얻기 위해 정치인들이 화려한 장밋빛 청사진을 내보이며 주인 대접을 한다. 그러나 그것은 잠시 그때뿐이다. 1991년 지방자치제도가 전면 시행된 이후 시민의 손으로 단체장을 뽑고 시의원, 구의원도 숱하게 뽑았지만, 시민들이 바라는 도시와는 멀기만 하다. 더욱이 자본의 전지구화와 신자유주의의 거센 파도는 도시의 주인인 많은 부산시민을 불행에 빠뜨리고 있다. 시민들은 현재의 삶마저 불안한 미래에 저당잡힌 채 표류하고 있는 것이다. 이처럼 부산은 쇠락하는 도시의 전형을 보여주고 있다. 정치, 경제적으로 활력이 없는 도시가 되었음은 말할 필요조차 없고, 청년실업률이 가장 높은 도시, 사람들이 떠나는 도시가 이미 되어버린 것이다.

시민주권과 지역주권 시대의 지역사회 재구성

그러나 언제까지 국가와 행정, 자본탓만 할 수는 없는 일이다. 도시의 주인인 시민들이 깨어나서 바꾸어야 할 것이다. 시민들이 머리를 맞대고 무엇이 잘못되었는지 바로잡아야 하고, 마을과 도시를 바꾸어내면서, 오늘보다 나은 대안적 미래를 만들어갈 수 있는지를 고민하고 토론해야 한다. 중요한 일은 이제 시민이 결정해야 할 것이다. 도시의 주요 정책을 둘러싼 논의과정에 시민이 주도적으로 참여하면, 도시정책에 대한 시민의 이해를 높일 수 있을뿐 아니라 다양한 지역사회 이해당사자 사이의 갈등을 사전에 예방하거나 타협을 촉진시킬 수 있을 것이다. 또 시민의 지역사회에 대한 책임성을 높여, 지속가능한 지역사회의 기반을 다질 수 있는 계기로도 삼을 수 있을 것이다. 이러한 방향이 시민주권 · 지역주권의 시대에 맞을 터이다.

　이제 지역관료와 토건에 의존해왔던 낡은 체제를 바꾸고, 이와 전적으로 다른 대안적인 새로운 가치와 도덕, 생활양식이 충만한 지역사회로 바꾸어가는 것이 필요하다. 부산의 미래를 위해서는 공공성과 시민주권, 지역성, 주체성, 비영리성에 입각한, 시민에 의한 시민을 위한 시민의 정책이 필요하다. 시민 스스로 시민의제를 만들어가는 시민정책운동이 전개되어야 하는 것이다. 시민의제는 앞으로 진보적인 지역사회의 재구성을 위한 정책과 비전을 제시하고, 진보의 지역기반 구축과 시민사회의 도전, 광범한 시민이 참여하는 지역진보의 새로운 모델을 창조할 수 있는 기반을 만들어내어야 할 것이다. 이를 위해서는 사회권력 강화*를 담아내는 시민의제가 시민운동으로 전개되어 국가 · 행정과 기업으로부터 독립적인 시민사회의 정책 생산 능력을 갖추어야 할 것이다.

　예를 들어 지역경제를 위해서는 시민자치, 지역자치, 경제자치 관점에 입각한 정책이 필요하다. 시민사회의 관점에서 구상하는 지역사회의 미래는 아마 그동안 중앙정부 및 관료 주도 하에 형성된 경제 및 재정계획, 거대 권익과 예산을 장악한 국가와 자본에 의한 대형 토목사업, 글로벌화에 따른 지역경제의 독자성 상실과 같은 문제를 직시하여, 경제자치라는 사회경제의 관점에서 내발적 지역경제, 경쟁우위 산업의 집적화, 사회적 경제 기반 확충 및 비중 제고, 새로운 전략사업 창출 등의 시민적 공공에 입각한 방향으로 구상될 수 있을 것이다.

* 국가와 경제, 시민사회라는 사회적 상호작용의 세 영역에서 사회권력을 강화하는 방향으로 나아가야 한다. 사회권력이란 상호작용하는 세 영역인 국가, 생산과 분배의 사회영역인 경제 및 결사체의 사회영역인 시민사회 사이에서 다투는 주도권 관계로 보아야 할 것이다.

빈약한 시민사회의 정책 역량

그러나 그동안 부산은 시민·진보세력이 허약해, 보수 일방적인 주도에 대항할 수 있는 세력과 비전을 갖고 있지 못하다. 그동안 시민단체나 진보정당이 간혹 지역 비전이나 정책을 제시하는 경우가 더러 있었으나, 체계적이지 못하거나 선거 앞두고 급조한 탓에 지역진보주의라고 할만한 참신한 내용이 많지 않다. 또한 부산의 싱크탱크라 할 수 있는 부산발전연구원은 부산시민의 세금으로 운영되는 연구기관이지만, 시민적 공공성에 부합하는 정책을 생산하기보다는 지역의 지배 엘리트인 부산시청의 관료, 지역언론, 관변 전문가 등의 통제 하에 있다고 보아야 한다. 또 시민사회의 폭이 비교적 넓은 서울과 달리 부산은 시민사회의 가치를 담아내는 기관이나 움직임이 거의 없다고 보아야 할 것이다. 서울의 경우, 희망제작소를 비롯한 시민사회 싱크탱크, 더 체인지를 비롯한 시민사회 플랫폼 형성 등의 참신한 시도가 이루어지고 있다.

2. 시민정책 형성과 2013년 시민의제 활동

시민정책 대 행정정책

시민이 만드는 시민정책을 시민운동으로 전개하여 행정정책에 맞서는 시민정책을 형성해야 할 것이다. 건강한 지역사회를 위해서는 행정정책과 시민정책이 상호 대등한 입장에서 정책과정에서의 일정한 긴장관계를 유지하는 것이 필요하다. 그동안 행정정책은 관료제적인 행정국가의 산물이고, 공공정책이라는 것도 관료에 의한 국가관리 차원에서 기획되어 왔음을 상기해야 한다. 이에 반해, 시민이 만드는 시민정책은 국가관리 차원의 공공정책이 아니라, 시민적·공공적 관점에 서야 할 것이다. 그동안 정책의 대상이었던 시민이 현재의 주체인 행정과 똑같은 수준의 정책 활동을 수행하는 것은 쉽지 않을 것이다. 그러나 장기적으로 정책의 아마추어인 시민이 정책 형성 과정에 참여할 수 있도록 일정한 정책 형성 모델을 제안하여 시민 차원의 정책활동이 가능한 시스템을 만드는 것이 중요하다. 예를 들어, 지역사회 문제 파악 및 정책과제 인식 → 정책 분석 → 정책 입안 → 정책 현실화 참여 → 정책 제언 활동 → 정책 평가 활동 등의 프로세스를 만들고, 이러한 활동이 체계화될 수 있도록 '시민정책학교' 개설 등을 통해 시민 참여의 접점을 구축하는 것이 필요할 것이다.

시민사회의 관점과 시민정책의 형성

시민사회의 관점에서 되짚어 보는 시각이 중요하다. 하나의 정책이 국가(행정) 편향과 시장 원리에 입각했던 것은 아닌지 되짚어 보고, 시민주권과 지역주권에 기반한 대안이 무엇인지 고민하는 것이 중요하다. 무엇보다 대안적인 새로운 가치와 생활양식으로 충만한 지역사회로 바꾸어내는 관점이 중요하다.

또 시민의제는 시민사회에서 바라보는 지역사회의 비전을 제시하는 것이므로 국가와 행정, 시장의 제도 개혁과 동시에 시민사회의 재생이라는 주체적인 과제도 함께 포함해야 할 것이다. 그러므로 함께 보완성의 원리에 입각해, 시민사회가 중심이 되어 추진할 수 있는 정책, 시민들의 생활 속에서 실천할 수 있는 것들을 포함하는 것이 필요하다. 행정에 요구하는 정책으로는 제도 마련, 기구 및 조직화, 행정적 지원, 생태계 조성, 중간지원활동, 정책, 연구, 교육, 인재 양성 등 다양한 방법이 있을 수 있다.

2013년 시민정책운동의 전개

2013년 시민의제 활동은 2012년 12월 시민의제컨퍼런스 개최 경험을 바탕으로 2013년 초부터 준비를 하게 되었다. 9개 분야, 100개 의제를 목표로 9인의 코디네이터들이 수시로 사업 기획을 위해 모임을 가졌다. 2013년 시민정책 활동은 6월 '내가만드는정책 학교', 분야별 시민의제 세미나, 10월 하순 시민의제 오픈컨퍼런스, 부산 시민의제사전 발간 등을 추진했다. 이를 간단하게 소개하면 다음과 같다.

6월 '내가만드는정책 학교' 진행

정책학교는 2013년 6월 10일 10회 행사를 진행하였다. 수강 신청자는 50여 명, 이중 수료자는 40여 명이다. 정책학교를 통해 지역사회에 대한 문제에 관심을 갖게 되는 경우도 많아, 개인학습을 넘어서 사회적인 학습 공동체로서의 의미를 부여할 수 있었다. 그러나 코디를 비롯한 많은 사람들의 헌신적인 활동과 집중적인 교육서비스 제공에도 불구하고, 시민 참여자 수가 많지 않고, 그들과의 연결망 역시 튼튼하지 않다는 문제 또한 지적되었다. 이것은 현재의 시민사회가 구조적으로 안고 있는 '10% 시민사회'의 한계인 동시에 향후 지속적인 사업 추진을 위해서는 '약한 시민참여'라는 딜레마로 계속 작용할 것으로 보여, 향후 진짜 시민들에 의한 시민정책 형성이라는 과제를 근본적으로 해결할 수 있는 방안을 모색해야 할 것으로 인식하였다.

7월~10월 분야별 시민의제 세미나 진행

　정책학교 이후 7월부터 분야별 의제를 작성하는 모임들이 연속 진행되었다. 분야별로 적게는 5인에서 많게는 20여 명 정도가 모이는 시민들의 모임이 이어졌다. 시민의제 9개 분야별 모임은 해당 분야의 문제 파악과 문제 해결을 위한 방향 잡기와 대안 모색을 위한 토론 모임으로 꾸려졌다. 작은 규모이지만 이 모임들은 토론과 협의를 통해 상호 이해와 문제 해결을 추구하는 '숙의형 민주주의'의 전형적인 모습이라고 할 수 있었다.

분　　야	코디네이터
지방정부 · 의회 혁신, 지역정치 재구성	이창우
지속가능한 생태도시	이준경
참가형 복지공동체	유동철
마을만들기/시민사회 활성화/사회적경제	전중근
지역문화 활성화	김태만
지역경제 활성화	안영철
지방분권과 주민자치	이인규
지역보건 · 의료	윤태호
분권 지향 교육 · 대학 · 평생교육	김정숙

10월 하순 시민의제 오픈컨퍼런스 개최

　10월 20일~28일 사이 10여 일간 '부산 시민의제 오픈컨프런스 2013'을 개최했다. 9개 분야별 모임에서 논의했던 의제 가운데 35개 의제를 간추려 부산 곳곳의 사무실, 카페, 회의실 등지에서 시민들과 함께 토론하는 시간을 가졌다.

'부산 시민의제사전' 발간을 위한 시민의제 작성 원칙

　2013년에는 9개 분야별로 나누어 의제를 협의 · 작성하는 것을 원칙으로 하였다. 단 의제의 사회적 비중과 중요도, 시급성과 실현 가능성 등을 따져, 분야별로 가감할 수 있도록 했다. 또 가능한한 의제 산출과정에서 분야별로 추상 수준이 균등하게 했으며, 전체적으로 고른 테마 선정을 목표로 했다. 특히 의제 작성 참여자들에게 요청한 것은 전국적이거나 사회 일반의 보편적인 의제보다는 부산이라는 지역에서 요청되는 과제 또는 의제가 대상이 되어야 한다는 것을 강조했다.

시민의제를 분야별로 일관된 형식으로 작성하기 위해서는 서술 체계의 통일성을 갖출 수 있도록 했다. 이를테면 하나의 의제에서 ① 제안 배경 ② 현황과 문제점 ② 방향과 비전 ④ 대안과 정책 등으로 나누어서 서술한다든지 하는 의제 작성 체계를 갖출 필요를 강조했다. 또 시민의제는 시민사회에서 바라보는 지역사회의 비전을 제시하는 것이므로 국가와 행정, 시장의 제도 개혁과 동시에 시민사회의 재생이라는 주체적인 과제도 함께 포함해야 하는 것으로 보았다. 국가 · 행정섹터와 시장섹터와 다른 시민사회의 작동 원리 또는 원칙으로 다음의 시민사회의 기본 개념들을 예시하였다.

① 시민주권

시민이 자치단체의 주권자이고 시정에 참여할 권리가 보장되어야 함.

② 시민자치

시민이 시정에 참여하고 자신의 의사와 책임에 근거하여 시정이 이루어질 수 있게 하는 한편, 지역의 공공적 활동을 스스로 맡아 주체적으로 지역살리기를 추진하는 것임.

③ 보완성의 원리

하위조직 혹은 작은 단위가 할 수 있는 것은 모두 하위조직 내지 작은 단위가 책임진다는 원칙임. 지역사회에서 시민들이 스스로 할 수 있는 일은 상호부조 또는 상호지원 시스템 구축을 통해 시민사회가 주체적으로 도전할 과제를 제기함.

　④ 시민주도형 정책 만들기

　그동안 정책의 대상이었던 시민이 현재의 주체인 행정과 똑같은 수준의 정책활동을 수행하는 것은 쉽지 않을 것임. 그러나 장기적으로 정책의 아마추어인 시민이 정책 형성 과정에 참여할 수 있도록 일정한 정책 형성 모델을 제안하여 시민 차원의 정책활동이 가능한 시스템을 만드는 것이 중요함.

　⑤ 어소시에이션 활성화

　지역사회를 바꾸어 나가려면 스스로 자립화한 시민을 형성하는 것이 중요함. 그런 점에서 자발성에 기초한 NPO, NGO 활동을 다양한 분야에서 활발히 전개하는 것이 필요함.

　⑥ 사회적 자본의 증대

　사회적 자본이란 사회 성원들이 공동의 목적을 위하여 사람들이 함께 일할 수 있는 능력을 말함. 우리사회와 같이 사회적 자본이 낮은 곳에서는 행정의 정책을 통한 사회적 자본 증대를 위한 모색도 이루어지고 있음.

　⑦ 시민적 공공성의 확대

　그동안 행정이 독점해왔던 '공공'을 '시민적 공공'으로 바꾸어내는 것을 말함. 시민사회가 기업 등의 다양한 주역들과 협동을 통해 새로이 구축하는 공공적 공간을 말하는 것임. 지방자치단체의 심각한 재정 악화도 시민적 공공이 등장하는 데 일조하고 있음.

3. 시민사회의 재생과 시민정책운동의 향후 과제

　'침묵하는 다수'(silent majority)의 문제와 시민사회 재생의 요구

'침묵하는 다수'(silent majority) 또는 참여하지 않는 시민의 존재는 많은 점에서 사회에 부담을 주고 있다. 우선 시민자치와 지역협동을 위한 시민사회 활동에 큰 걸림돌이 되고 있다.

'침묵하는 다수'의 문제는 '시민 없는 시민운동'이란 현상에서 나타나듯이 시민운동의 진전을 가로막는 걸림돌이다. 80년대 후반 이후 20년간 시민운동은 눈부신 활약을 통한 성장을 이루었지만, 여전히 엘리트와 전문가들이 주축이고 시민적인 기반이 얕다는 한계가 극복되지 않고 있는 것이다. 사회단체에 참여하는 시민의 참여율이 0.0%에 가깝다고 한다. 2004년 국제사회조사프로그램(ISSP)에 따르면, 정당·정치단체 활동 참여율을 보면, 한국은 34개 국 가운데 33위라고 한다. 대신에 동창회·향우회 등의 사적인 친목회에 참여하는 비율이 60%에 달할 정도로 매우 높다. 그런만큼 공공성이 있는 사회활동에 참여하거나 사회단체에 참여하는 비중은 아주 낮다.

또한 지역재생을 위한 각종 사업의 현장에서 당장 부딪히는 것은 주민들의 무관심과 침묵이다. 빠듯하게 삶을 살아가는 주민들은 자신을 돌보기에도 바빠, 마을 전체의 공공 의제를 생각할 여지가 없는 것이다. 예를 들어 현재 부산시가 역점을 두고 추진하는 도시재생사업인 산복도로르네상스는 주민참여형 도시재생사업을 표방하고 있음에도 불구하고, 여전히 행정이 주도하고 주민이 동원되는 모습이 나타나는 것이다.

민주주의는 시민 자신의 자율과 자치를 통한 민주주의적인 훈련으로 지켜지고 풍부하게 될 것이다. 그런 점에서 시민운동의 과제는 민주적인 자기통치에 기반한 개인들의 자립과 연대를 통한 민주적인 시민사회 구축이다. 그러나 우리사회는 오랜 식민지 지배, 군사독재 경험 등으로 수동성의 문화가 구조화되어 있어서 개인들의 연대를 통한 문제해결보다는 힘있는 자에 대한 의존이 심화되어온 면이 뿌리깊다. 그런 점에서 타자 의존적인 수동성에서 벗어나, 스스로 지역사회 활동에 적극 참여하고 활동하는 시민이 형성되기 위해서는 시민들끼리 논의하고 협의하는 시민토론 마당이 필요한 것이다.

미약한 시민사회와 시민참여

지나간 보수정부에서는 시민사회와 진보진영의 약진을 예상했으나, 결과적으로 시민사회의 위축이 심화되었다. 나아가 진보의 주변화, 게토(getto)화가 진행되었다는 관측도 적지 않다. 그러한 배경에는 보수정부 기간 내내 시민사회의 동력이 선거정치에 매몰된 탓도 적지 않을 것이다. 90년대 시민운동이 대두하고 단기간에 시민운동은 급성장했으나, 여전히 시민의식 · 시민참여 정도가 미약하다. 그동안 시민운동이 시민 참여 활성화를 위한 노력이 없진 않으나, 풀뿌리 기반을 안정적으로 확보하기가 쉽지 않은 것이 현실이다. 또한 시민사회 역시 국가 · 시장과 대등한 주역으로 나서기보다는 기층과 국가 · 시장 사이 중간 정도 위치에서 시민의 입장을 대변하는 역할에 머물러 왔다고 할 수 있다. 시민사회의 재활성화를 위해서는 국가와 경제 양축에 대해 상대적으로 자립적인 시민사회의 정립이 반드시 필요하다.

풀잎 방식에 너무나 익숙한 시민사회

풀뿌리 방식은 시민의 생활 속에서 제기되는 문제를 파악하고, 정책 형성 과정을 거친 뒤, 정치적인 대응을 하는 절차를 밟아나가는 방식이다. 각 단계마다 시민들은 참여와 이에 따른 책임을 기꺼이 수행하는 것을 소중하게 여기는 방식이다. 이 방식에 근거한 대표적인 운동은 풀뿌리

운동으로 생활의 현장에 문제가 생기면 그 문제 해결을 위해 다른 '누군가'에게 위임하지 않고 시민 스스로 하도록 한다. 이에 반해, 풀잎 방식은 생활의 현장과 정책 형성 과정을 생략한 채, 곧 바로 정치적인 과정에 내맡기는 방식이다. 그 문제를 잘 아는 정치가나 지도자에게 문제 해결을 위임하거나, 문제 해결을 촉구하는 방식이다. 생활 과정과 정책 형성 과정이 생략되고 만들어지는 정책은 보통 작문으로서의 정책으로 끝나는 경우가 많다.

자유로운 개인이 결집한 시민사회

국가와 시장으로부터 자유롭고 자율적인 시민으로 이루어지는 사회인 시민사회를 말한다. 공공성과 시민주권, 지역성, 주체성, 비영리성에 입각한 시민의제는 그동안 뒷전에 머물 수밖에 없었던 시민을 주역으로 자리매김하는 것이다. 시민사회의 과제는 향후 지역사회의 재구성을 위한 정책과 비전을 제시할 수 있을 것이고, 나아가 개인들의 연대를 통한 행복한 도시, 부산을 만들어갈 수 있을 것이다.

새로운 기회와 새로운 과제

지금 현실이 중요하고 현재 하는 일이 중요하다. 기본적으로 지금 시민사회 각 분야에서 전개하고 있는 사업들이 잘 이루어져야 운동에서도 장차 성공할 수 있다. 협동조합을 비롯한 사회적 경제 착근을 위한 다양한 노력과 지역사회에 뿌리내리기 시작하는 마을만들기 등의 도시재생은 시민사회 재생을 위한 중요한 거점이 될 수 있다. 이에 마을활동가, 사회적 경제 활동가, 문화활동가들이 당면한 사업을 잘 이해하고 풀어나가기 위한 안목을 키우고 사회적인 비전과 전망을 갖고 활동할 수 있도록 해야 할 것이다. 또한 지역사회의 새로운 과제인 저출산 · 고령화 · 인구 감소에 따른 축소사회 지향, 산업과 생활양식의 변화, 마을만들기의 보편화에 따른 지역관리 등과 같은 새로운 과제를 인식하고, 기존의 공공=관의 논리에서 벗어나 자립적인 개인, 호혜성, 커뮤니티와 어소시에이션을 기본으로 한 사회적 자본 형성과 보완성의 원리, 거버넌스의 원리, 직접민주주의, 플랫폼 형성, 합의 형성을 위한 역량 강화 등의 문제 인식이 심화되어야 할 것이다.

다양한 시민사회운동의 입체화 · 지역화 모색

생활에 필요한 다양한 영역의 어소시에이션을 창출해야 한다. 협동조합 경제 네트워크, 반전평화 · 환경 · 장애인 · 여성 등의 다양한 사회운동 · 생활적 · 문화적 · 어소시에이션의 다면적인 전개, 시민정치운동과 지방의회 진출, 각종 시민사회 관련 분야 연구소, 시민은행, 대안학교, 시민대학의 구축 등 다양한 새로운 과제를 내걸고 나서는 어소시에이션 운동을 입체화하고 지역화하는 실천이 축적되어야 할 것이다.

최근 민주주의를 심화시키는 제도 설계의 한 방책으로 시민토론과 참여적 의사결정의 중요성이 부각되고 있다. 마을만들기나 도시재생 사업의 현장에서는 물론이고, 교육이나 일부 시민생활과 밀접한 의제를 놓고 시민들이 자유롭게 모여 토론하는 장이 속속 개최되고 있다. 몇 년 전 수도권 지방자치단체나 시민단체들의 토론회에서 선을 보였던 것이 이제는 지역에서도 시민참여형 토론회가 종종 개최되는 양상이다. 이러한 현상은 어느 한 나라에 국한되지 않은 세계적인 추세이다.

사회적 합의 형성 문화의 부재

우리사회에는 상충된 이해관계와 가치들이 비제도적인 방식으로 표출되면서 갈수록 갈등이 심화되어 가는 뒤틀린 회로들이 산재해 있다. 현재 국가적인 차원에서 대표적 사례로서는 국가기관에 의한 조직적인 대선 개입 사건과 밀양 송전탑 사태를 둘 수 있고, 지역사회에서는 북항재개발, 오페라하우스 건립, 에코델타시티 사업, 해운대 관광리조트 건설 등 지역사회의 미래와 관련된 사업들이 그 예가 될 것이다. 이처럼 뒤틀린 문제를 푸는 방법은 이러한 첨예한 대립과 갈등을 사회적으로 합의하고 수용하는 방안을 모색하는 것일 것이다.

그러나 현실은 힘있는 '갑'이 갈등을 짓누르고 일방적으로 독주하는 게 다반사이다. 예를 들어 에코델타시티 사업의 경우를 보면, 초대형 지역개발사업이 사회적 공론화 과정 없이 일방적으로 추진되는 대표적인 사례라 할 수 있다. 이 사업은 근거 법령인 '친수구역 활용에 관한 특별법'에 따라 다른 도시계획 관련 규정을 따르지 않아도 되도록 되어 있어, 건축물 용적률, 건폐율에서 자의적인 기준이 적용되는 등의 극심한 난개발이 우려된다. 그런 점에서 부산대 윤일성 교수의 "정부와 시는 진정한 생태도시가 어떤 모습을 갖춰야 하는지를 민주적인 절차에 따라 공개적으로 논의해야 한다"고 지적한 것은 지극히 정당하다.

그런 점에서 독일의 졸링겐 시가 무작위 선출 시민토의제인 플라눙스젤레를 통해 도시계획의 주민참여를 실현하고 있는 점은 시사받을 바가 많다. 행정이 주민을 무작위로 뽑고 이들이 모여 토론을 통해 계획을 작성하면, 행정에서 이를 바탕으로 도시계획을 수립하는 방식인데, 계획 수립 단계부터 주민 의견을 반영할 수 있는 획기적인 제도인 것이다.

시민정책과 토의민주주의의 접합을 통한 시민적 공공공간의 확보

그러나 최근 들어 단순한 참여만이 아니라 시민토론의 중요성이 새롭게 부각되고 있다. 정치영역에서의 토의뿐 아니라 시민사회에서도 시민토론이 활성화되지 않으면 민주주의의 안정적인 발전이 있을 수 없다고 하는 것이다. 이것이 바로 토의민주주의이다. 이처럼 대의민주주의에 더해 참여와 토론을 중시하는 것은 또 하나의 민주주의의 회로라는 것이다. 이제는 민주주의의 두 가지 트랙의 시대가 전개되고 있는 것이다. 이처럼 지금은 참여민주주의에 더한 토의민주주의가 요청되는 시대라는 것이다. 그러나 참여민주주의나 토의민주주의를 발전시키려면 단순히 이론적인 것만 아니라 현실에서도 구체적인 방안을 세우고 실험으로 행해져야 한다. 아래 글은 토의민주주의가 실험되는 다양한 제도들이다.

　　최근 시민토론이 시민사회의 관심을 모으고 있다. 민주주의의 위기를 맞아 단순한 참여가 아닌 토의의 중요성이 부각되고 있는 것이다. 이는 정책 결정에 영향을 받는 시민들이 토론과 합의형성을 통해 직접 정책결정에 참여하는 숙의민주주의(deliberative democracy)라 할 수 있다. 최근 수도권 지역의 지방자치단체나 시민단체들도 이러한 숙의민주주의 실현을 위한 구체적인 방안을 모색하고 시도하고 있다. 코리아스픽스에서 추진하는 미국식 전자회의를 원용한 원탁회의 방식이나 대화모임, 오픈스페이스, 월드카페, 플라눙스젤레 등의 시민참여 토론기법에 대한 관심이 늘고 있다. 그중 무작위로 선정된 수십 명의 시민들로 이뤄진 그룹이 특정 정책을 평가하는 '시민토론'이나 대표성을 갖는 시민들을 선발, 충분한 정보제공과 논의 이후 의견을 조사하는 '숙의적 여론조사' 등과 같은 시민 주도의 시민토론의 공론장 시도는 주목할만 하다. 이러한 시민사업의 성과는 시민적 공공공간의 출현으로 이어질 것이다.

　　- 1인 1의제, 100개의 시민활동 전개 : 한 사람이 지역사회의 한 가지

의제를 해결하기 위해 의제 확산, 협의 및 정책 제언, 캠페인 등의 구체적인 실천을 책임지고 수행하는 자발적인 시민활동을 전개함.

- **지역 시민미디어** : 지역의 보수 언론을 넘어설 인터넷, SNS 등을 활용하여 시민사회의 포털 구축, 시민사회의 적극적인 스토리텔링 발화 등
- **시민정책 콘테스트, 시민의제 공모전, 시민의제 박람회, 시민의제 스토리텔링 대회 개최**
- **시민활동기금의 조성**
- **시민사회 우수상**

대안적인 지역사회 시민 플랫폼(또는 캐비넷) 설치 및 활동

오랫동안 중앙정부에 종속된 풀뿌리 보수주의에 지배당해온 부산은 단 한 차례도 지역사회를 혁신할 기회조차 가질 수 없어서, 무기력한 도시가 되었다. 도래하는 저성장·축소사회에도 구태의연한 토건 위주의 개발에 목매다는 양태는 지역사회의 미래를 어둡게 하고 있다. 시민들의 생활은 목적이지 결코 수단이 아니다. 정치는 이 목적을 위해 종합적으로 조정되어야 하는 것이다. 지역사회의 낡은 지배체제를 혁신하기 위해서는 정책 제언과 시민참여 플랫폼이 마련되어 있어야 할 것이다. 이를 위해서는 지역사회를 이끌어갈 수 있는 NPO 등의 시민단체, 협동조합 등의 사회적경제조직, 노동조합 등의 비영리조직 등이 결집하여 시민의 입장에서 정책 만들기와 정책실현을 위한 활동을 전개한다. 분야별 시민사회 정책집단의 자발적인 연합체로서 위상을 가진다.

- **시민정책 수립** : 시민의 생활에서 현장의 감각으로 시민사회의 분야별 정책제안 활동 활성화 및 집성

- **시민사업 수행** : 시민이 분담할 수 있는 공공서비스 등을 NPO가 수
  행할 수 있도록 함
- **시민사업의 연대** : 시민사업에 필요한 자금, 기술 등의 콘소시엄 등
  의 연대를 도모함. 이 연대의 형태와 책임분담, 자금 등에 대해 다
  양한 방안을 모색함.

〈김종세, 전중근〉

경청과 소통의 문화정책 펴기

1. 제안 배경

- 문화정책의 시민참여성이 쟁점이 되고는 있으나 현실화되는 사례가 드문 상황.
- 관의 정책적 관성이 시민의 문화적 역량에 불신을 보이거나 무관심한 경우가 허다함.
- 지역의 문화적 토양을 활성화하기 위해 시민의 참여도를 고려한 정책 또는 시민이 참여하는 문화정책이 절실.

2. 현황과 문제

① 시민 없는 공공문화정책

최근 영화진흥위원회(이하 영진위)가 부산에 왔다. 그리고 부산에서 최대 규모의 영화축제가 열린다. 그런데 영화제에는 부산의 지역성이란 없고, 영진위는 시민들이 삼삼오오 진행하던 지역 커뮤니티 영화제 지원비를 일방적으로 없애버렸다. 최근 생긴 중구커뮤니티센터는 시민의 의견을 참조하지 않고 문화센터를 지었는데, 모인 시민들을 내쫓을 정도로 환기가 되지 않는 강당에, 고령의 주민들이 오를 수 없을 정도로 가파른 계단 위에 화장실이 있고, 비가 조금이라도 내리면 물이 역류해서 문화센터로 유입되거나, 악취가 유입되며 신축 건물에 비가 새는 등의 문제가 있었다. 이 건물에 처음부터 관심을 보였던 주민들의 의견을 청취하면서 건물이 지어졌다면 어땠을까? 부산의 곳곳에 이루어진 각종 공공미술 사업이 지역적 맥락이나 지역민의 의견을 청취하지 않고, 장소의 특수성을 배제한 채 그저 사전에 만든 작품들을 던져 넣고 가버리는 플롭 아트 일색이다. 특히 매축지 마을의 마을벽화는 심각한 수준이다. 이런 유사한 사례는 너무나 많다. 덕분에 시민이 참여하거나 시민의 견해가 적극 고려되는 문화적 실천은 지속적으로 고사되었다.

② 시민의 문화적 역량을 막는 권위주의적 행정

문화재단에서 전국 최초로 발간하는 지역 노숙인과 함께 만드는 잡지 〈낯선아침〉은 편집진들이 글만 쓰는 것이 아니라 노숙인에게 인문학강좌를 하고 영화를 상영하고 후원을 받아 벼룩시장을 몸소 열면서 진행하는 잡지인데, 행정규칙을 기계적으로 적용한 탓에 편집진이 전면 교체되어

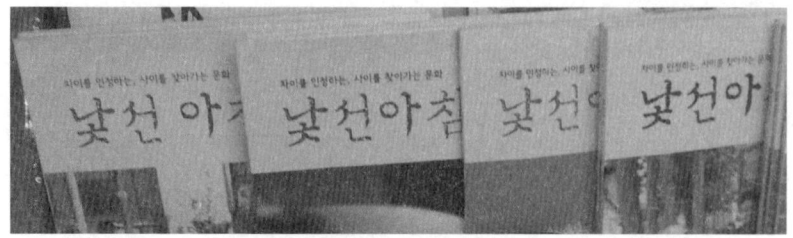

더 이상 후원도, 벼룩시장도 열지 못하게 되었다. 현장의 문화적 실천과 문화행정의 관성이 맞지 않을 때, 늘 관의 관성이 이기는 경우가 많다. 이렇게 진행되는 행정은 아무리 좋은 대의로 진행되더라도 그 의미가 퇴색되기 마련이다. 뿐만 아니라, 현장실천가와 단체의 의견을 청취하여 관의 공공사업 집행비를 현실화하는 적극적 행정이 요구된다.

  최근 문화회관장과 비엔날레 등 다양한 단체의 기관장들의 낙하산 인사가 문제가 된 바가 있다. 특히 비엔날레의 운영위원장이 비엔날레 총감독을 선정하면서 지켜야할 행정의 투명성을 무시하고 일방적으로 새로운 인사를 투입시킴으로써 지역에서 커다란 갈등을 일으키고 있다.* 기관장 임명이나 문화행정이 공공성을 지니려면 가장 먼저 갖추어야 할 것이 공

과시적 공공성이란?
과시적 공공성은 민주적 공공성과 대립되는 말로서, 바로크적 공공성이라고 말하기도 한다. 관의 권력을 시민들에게 과시하기 위하여, 스펙터클한 문화행사 및 예술행사를 개최하는데, 여기서 시민들은 그러한 행사에 압도되어 단순하고 수동적인 구경꾼으로 전락하게 된다. 이러한 과정에서 시민의 문화적 역량은 단지 문화행사에 참여했다고 만족하는 '효과'에 그치게 된다. 이러한 효과를 내는 공공성을 과시적 공공성이라고 한다. 과시적 공공성으로서 바로크적 공공성은 국왕의 권위와 교황의 권위를 시민에게 관철시키기 위한 일종의 예술화된 정치적 수법의 일환이다. 여기서의 공공성은 실제적 공공성이 아니라 그저 진정한 공공성을 흉내내는 데 불과하다.

* 이에 대한 자세한 언급은 부산일보 http://news20.busan.com/controller/news-Controller.jsp?newsId=20131105000151을 참고. 또는 프레시안 http://www.press-ian.com/article/article_facebook.asp?article_num=50131108003705 등을 참고.

개성이고, 절차적 정당성이며, 이러한 행정에 시민이 직접 개입하여 비판과 비평이 이루어져야 한다. 이러한 가능성이 고사된 문화행정에 공공성이나 민주성을 거론하기 힘들다. 현재 부산의 문화행정은 바로크시대의 과시적 공공성의 양상을 보인다.

③ 양적 지표 위주의 문화행정

위와 같은 과시적 공공성의 행사는 주로 동원형 행사로 전락하기 마련이다. 그리고 이런 행사는 으레 행사의 성공 여부를 얼마나 많은 시민이 참여했느냐에 기준을 두고 있다. 그러나 문화행사를 이렇게 판단해선 안 된다. 문화행사는 경제적 이익의 창출을 부수적 효과로 생각해야 하는 만큼, 새로운 문화적 지표를 만드는 것이 절실하다. 불꽃축제를 문화 행사로 보는 시청 공무원과 관광 산업으로 보는 시장의 혼선을 고려하면, 이런 혼선은 문화에 대한 개념의 미확립과 연결되며, 이런 상황이 다양한 문화행정의 성공 여부를 판가름하는 측정 지표의 부재로 이어졌다.

④ 시민형 문화행사 및 레포츠 활성화

부산에는 참으로 많은 문화행사들이 있다. 그러나 위의 ③번의 사정을 고려한다면, 시민 주도의 문화행사의 수는 너무나 적다. 예컨대 재미난복수라는 단체가 주관한 100일 릴레이 공연이 있다. 이 공연은 1팀씩 올라가서 30분씩 매일매일 진행했던 프로그램이다. 매우 힘든 작업임에도 불구하고, 시민들이 즐겁게 참여했던 문화행사였다. 그러나 이런 행사가 너무 적다는 것이 문제이다. 뿐만 아니라 해양도시 부산의 해양레포츠가 활성화되고 있지만, 서민친화형 레포츠는 그리 많지 않다. 실제로 바다에 나가보면 시민들은 예전에 비해 바다를 꽤 넓게 쓴다. 즉 서핑, 바다수영,

윈드서핑, 제트스키 등 시민이 즐길 수 있는 레포츠는 많은데, 정작 이를 지원하는 정책은 매우 빈곤하다. 일례로 부산시장배 서핑대회가 열렸는데, 그날 풍랑주의보가 발효되었다. 서퍼들에게는 너무나 좋은 환경이었는데, 서핑에 대한 의식 부재로 행사를 주최 측에서 일방적으로 취소해서 서퍼들의 분노를 산 적이 있다. 이는 해양레포츠에 무지한 관의 대표적인 탁상행정이라 할 수 있다.

3. 방향과 비전

■ 경청과 소통의 문화정책

문화정책의 지속가능성을 위하여 참여형 문화 기획, 비평, 매개 생산의 활성화에 기반을 둔 문화향유가 중요하다. 시민의 참여성을 높기 위해서는 가장 먼저 문화의 향유 대상이 되는 시민의 의견을 적극 경청할 필요가 있다. 이를 위한 소통의 통로를 마련하는 것이 시급하다.

■ 퍼블릭 퍼스트(공공성 우선)

문화정책을 입안할 때 가장 우선시 할 것이 바로 공공성이다. 시민이 지지하고 시민이 참여하지 않는 문화정책은 그 생명이 오래가지 않는다. 이를 위해 문화행정의 투명성과 공개성, 그리고 절차적 정당성을 확보해야 한다.

■ 질적 문화행정 지표 마련

동원형, 양적 문화지표를 넘어 질적 문화지표로 문화행정 지표를 변화시킴으로써, 지역의 문화행정의 성공 여부를 새롭게 평가할 수 있도록 해야 한다.

■ 문화적 소외의 극복

부산은 동 · 서, 남 · 북의 지역적 문화 생산과 향유의 격차, 세대간 격차, 세대별 격차, 문화콘테츠 별 문화생산과 향유 그리고 매개의 격차가 크다. 따라서 지역적, 세대별, 세대간 문화적 콘텐츠 등의 특성 차이를 고려하여 문화적 소외를 극복하고, 지역의 문화적 다양성을 높일 필요가 있다.

4. 대안과 정책

■ 전문 문화연구 및 교육기관 필요
- 문화 측정 지표를 측정할 수 있는 연구기관이 필요.
- 행정 및 문화 행사에 대한 교육과 비평, 최종적으로 시민이 스스로 이 연구 기관에도 참여하도록 함.
- 시민참여형 지역 문화자원을 발굴 조사.
- 지역의 기업과 문화 · 예술인 또는 지역의 문화적 인프라와 연결시키는 다양한 루트를 마련.

■ 문화 포괄 예산제 실시
- 문화예산을 시민이 현실화하여 지역의 문화자원으로 되먹임할 수 있도록 함.
- 지역의 문화기금을 1% 문화시민세로 확보하여 지역의 문화적 역량을 키울 수 있는 재원을 마련함.

■ 문화 커뮤니티의 지원 및 활성화

- 시민참여 문화행사를 기획할 수 있는 조례를 제정함.(예 : 지역에서 30명 이상이 찬성하는 문화행사가 있다면, 해당 구청이나 주민자치센터가 나서서 그러한 행사를 개최할 수 있는 다양한 여건을 제공.)
- 지역의 시설을 적극 활용할 수 있도록 하여, 그 지역의 시설은 일종의 문화정거장으로 활용함.
- 마을문화기획자를 발굴 양성.

■ **문화도시 권리장정 마련**

- 시민이 참여하여 문화제를 기획하고 향유할 수 있기 위해 필요한 문화도시 권리장전 작성.
- 문화적 다양성을 다양한 시민이 누릴 권리 확보.
- 문화예술가들이 지역에 거주할 권리를 부여하여, 이들이 존엄하게 생존할 수 있는 권리 마련.
- 지역별, 지역간, 대외적 문화 교류확대를 보장.
- 문화생산활동의 지원을 보장.
- 문화예술의 민주화에서 문화예술 민주주의로 이행할 수 있는 교두보 마련.
- 퍼블릭 퍼스트(공공성 우선) 원칙, 약자 및 소수자 우선 원칙 등 제정.

〈작성자 : 김동규〉

시민이 주도하는 문화정책 펴기

1. 제안 배경

- ■ 일상 속 문화의 부재
- – 현재의 삶에 대한 불안으로 삶의 질을 고민할 여유 부족
- – 경제적 문제로 문화를 경험할 시간, 여유, 정신의 부족
- ■ 수동적 수용자의 한계
- – 생산자가 생산하는 문화만 수용해야하는 한계
- – 시민의 적극적 문화 생산 활동을 위한 여건 부족
- – 능동적 문화 수용자, 적극적 문화 생산자로의 전환 필요

2. 현황과 문제점

- ■ 2011년 문화예술 관람률 통계를 보면 연간 문화예술 행사를 경험하

는 시민의 비율은 57.8%이다. 2010년(45.6%)보다 늘어났지만 그 비율이 높다 할 수 없다. 또한 영화 이외의 문화예술 관람률은 10%를 넘긴 부분이 없을 만큼 매우 저조하다. 이는 시민이 일상 속에서 다양한 문화예술을 접하지 못하고 있다는 것을 보여준다. 또한 연간 100억 이상의 예산을 쓰는 국제영화제를 개최하는 영화의 도시, 부산의 시민 중 절반(50.3%)은 영화를 한 편도 보지 않는, 어쩌면 보지 못하는 삶을 살고 있는 실정이다.

【 문화예술 관람률(복수응답) 】

(단위 : %)

	있다	문학행사	미술전시회	클래식음악회, 오페라	전통예술	연극(뮤지컬포함)	무용	영화	대중가요콘서트, 연예	없다
2010	45.6	4.5	8.8	5.3	3.5	8.5	1.3	40.1	6.0	54.4
2011	57.8	3.6	7.5	4.2	2.1	9.2	0.8	49.7	6.1	42.2
비율	100	6.2	12.9	7.2	3.6	15.9	1.3	85.9	10.5	/

통계명 : 부산광역시 사회조사(2011) 출처 : 부산광역시 정책기획실 평가담당관실

■ 시민의 문화 수용이 수동적 형태에 머물러 있다. 지역에서 이루어지는 문화 활동 중 시민의 능동적 요구나 요청에 의해 이루어지는 경우는 그 사례를 찾기 힘들다. 예를 들어 시립교향악단의 정기 연주회나 특별 연주회 중 시민의 요청이 연주 레퍼토리에 반영되는 경우는 극히 드물다. 그저 시립교향악단이 계획한 공연을 볼 것인지, 안 볼 것인지 정도만 시민이 결정할 수 있다. 이는 다른 문화예술 분야도 마찬가지로, 시민의 문화 수용은 수동적인 한계를 가진다.

■ 시민을 문화 수용자로만 보고 문화 생산자로 인식하지 않고 있다는 점도 문제다. 지역에서 이루어지는 대부분의 문화예술 행사에서 시민은 수용자 역할만 하고, 생산자로서의 참여는 제한적이다. 공연장과 전시장

을 찾고 책을 읽고 지역 축제에 참여하는 것은 일차적 문화 수용이다. 전문 예술인의 작품에 손쉽게 접근, 수용하고 함께 누리는 것도 중요하지만, 생산물의 수동적 향유를 넘어 문화 생산 과정에 참여하여 이를 공유하고, 나아가 능동적인 생산자가 되어야 한다. 이를 위해 우선 문화 수용자의 역할에 대한 인식 전환이 필요하다. 시민 내부의 생각과 감정을 능동적으로 표현하고 새로운 문화를 만들어가는 과정과 결과를 통해 시민의 문화적 삶은 질적으로 성장할 수 있다.

■ 현재 시민의 자발적 활동을 통해 문화를 생산할 수 있는 여건이 제대로 갖추어져 있지 않다. 동별 주민 자치센터와 구청에서 시민 문화 강좌와 문화 교실을 개설하여 운영하고 있지만 운영 시간과 교육 내용이 제한적이고, 대중성 있는 콘텐츠에만 교육이 제한되어 있으며, 심지어 교육의 연속성도 보장받지 못하는 등 여러모로 시민 생활문화의 여건이 미흡한 실정이다. 또한 주민이 원하는 문화 활동을 수월하게 할 수 있는 방법을 알지 못하며, 무료로 사용할 수 있는 공간이 부족하고, 전문 지도자의 지도를 받을 수 있는 매개 고리 역시 부족하다. 이런 상황에서 시민이 자발적으로 참여하여 이루어지는 문화 활동이란 결코 가능하지 않다.

■ 또한 자생적으로 문화 생산을 하고 있는 시민 단체도 운영에 어려움이 많다. 많은 사람이 함께 할 수 있는 연습실을 확보하는 것부터 활동 결과를 발표하는 것까지 시민들만의 힘으로 해나가기가 쉽지 않다. 예를 들어 시민이 아마추어 오케스트라 활동을 하고자 할 경우, 비슷한 생각과 욕구를 가진 사람이 모이는 것부터 연습실 확보, 지도 강사 구하기, 악기 대여, 공연장 대관, 홍보 등 경제적 어려움과 역량의 한계를 겪는 경우가 많다. 그래서 의욕적으로 활동을 시작하더라도 지속적으로 이어나가기가 매우 어렵다. 이러한 상황에서 문화 활동을 통해 개인적 삶의 질 향상은

물론, 문화를 통한 사회적 연대의 확립, 새로운 생각과 가치를 생산하는 문화적 토양을 구축하기 힘들다.

3. 방향과 원칙

■ 접근성

경제적, 지리적, 방법적으로 문화 생산에 대한 접근이 쉬워야 한다. 시민 누구나 경제적으로 큰 부담 없이 문화 활동에 접근 할 수 있어야 한다. 소득 격차로 인한 문화 수용과 생산에 가해지는 제약이 최소화 되도록 특수한 장치를 마련해야 한다. 또한 가까운 곳에 문화 활동을 할 수 있는 공간이 있어야 한다. 누구나 쉽게 문화 공간을 찾고 즐길 수 있어야 한다. 그리고 문화 활동이 쉽게 이루어 질 수 있도록 그 방법을 안내하는 시스템이 필요하다. 문화 수용에 있어서도 생산에 있어서도 어렵지 않게 접근 할 수 있는 문화 매개체가 필요하다. 대부분 관공시설을 이용해야 할 경우가 많은데, 이 시설을 이용할 때에도 관료적 성격을 최대한 지양하는 것도 필요하며, 시민들이 실제로 향유할 수 있는 환경을 제공하는 것이 중요하다.(매개에 대한 자세한 언급은 김혜린 작성자의 문화포털 참고.)

■ 능동성

시민이 주인이 되어 스스로 문화 향유의 결정 주체가 되어야 한다. 외부에서 내부로 투하되는 권위적 문화행정을 지양하고, 시민 스스로의 필요와 열망에 의해 능동적 수용하고 적극적으로 생산하는 문화정치 또는 문화민주주의가 필요하다. 시민의 능동적 요청에 의해 전문가의 문화 활동이 생산–매개–수용되고, 시민의 생각과 감정이 능동적으로 표현되는 문화 활동을 지향한다.

■ 지속성

시민의 문화 활동은 지속성을 가지고 이루어져야 한다. 일회성 행사나 이벤트에 그치지 않는 지속적 활동을 통해 개인은 물론 시민 사회가 함께 성장하고 발전할 수 있는 형태로 진행되어야 한다. 이는 문화활동을 위한 교육 등의 다른 활동과 결부되어야만 그 지속 가능성을 보장받을 수 있을 것이다.

■ 확산성

소수의 시민을 위한 활동이 아닌 시민 누구나가 쉽게 참여할 수 있는 활동으로서 문화정책과 실천이 필요하다. 원하는 사람은 누구나 함께 할 수 있는 열린 형태여야 하며, 쉽게 접근하여 널리 퍼질 수 있는 방향으로 활동이 이루어져야 한다.

■ 공공성

문화 활동을 통해 개인적 만족을 느끼는 것은 물론 사회적 가치를 발굴하고 이를 표현할 수 있어야 한다. 문화 활동을 통해 개인적 행복과 발전을 경험하는 것을 넘어, 새로운 사람을 만나고, 다양한 비평을 공유하고, 이를 통해 문화적 가치에 대한 생각을 공유하는 등, 문화를 통한 시민적 연대를 창출하는 것은 문화민주주의의 수준을 높이고 이를 정치적 민주주의와 접속키기 위해 매우 중요하다. 이는 문화·정치의 공공성을 높이는 일과 직결된다.

4. 대안과 정책

■ 지역별 문화 정거장 만들기

– 다양한 문화 활동을 위한 새로운 공간 마련 및 기존 시설(구청, 주민

센터, 학교 등) 활용

– 시민의 문화 활동 매개 기관이자 협의체

– 다양한 문화적 열망과 활동의 용광로

■ **지역 문화기획자 양성**

– 문화 정거장 운영을 위한 전문 인력 양성(지역 예술대학 또는 문화 예술 단체와 연계)

– 예술 전문가와 아마추어 시민의 매개자

– 시민 주도의 문화 기획과 생산 도우미

■ **거리 축제 개최**

– 시민이 주인공이 되는 문화 축제

– 문화의 생산 – 매개 – 수용의 선순환 구조 형성

– 공간의 정태성 극복 및 지역적 공간에 문화적 역동성을 투여

– 아마추어 시민 축제

– 시민 문화 활동의 표현과 발산의 장

■ **시민 제안 문화제 개최**

– 시민이 적극적으로 전문가에게 문화 활동 및 교육을 제안할 수 있는 제도 마련

– 시민 요청 음악회, 전시회, 설치 미술, 연극, 작가와의 만남 등 개최

■ **시민 문화 생산 및 비평 활동 보장**

– 비영리적 공연의 대관료, 대실료 인하

– 시민 주도의 공연 조건 확보

– 시민 주도의 문화비평과 공유 활성화

〈작성자 : 김지숙〉

지역문화의 허브, 문화포털 구축

1. 제안 배경

- 지역의 문화활동은 시간이 흐를수록 많아지고 있으나, 이를 시민들과 매개할 수 있는 통로가 없다.
- 부산문화를 총망라할 수 있는 웹기반이 없다. 순수예술에서 다원예술에 이르기까지, 극장에서부터 거리에 이르기까지의 정보를 총망라해서 아카이브 구축의 기능까지 가능한 웹기반이 필요하다.
- 홍보의 구심점이 필요하다. 부산문화소식만을 전달할 수 있는 홍보의 중심이 필요하다.
- 몇 단체들이 진행하고 있는 부산문화소식 메일링 서비스의 소식을 좀 더 기반을 넓히고 다양한 소식들을 전달할 수 있는 창구가 필요하다.

2. 현황과 문제

① 정보의 공유와 소통의 창구

불통의 시대라고도 칭해지고, 정보의 시대라고도 칭해진다. 이러한 시대에 꼭 필요한 것은 소통과 공유이다. 비단 이는 사회 전체에서만 필요한 것은 아니다. 문화 생산자들과 시민들 사이에도 이러한 소통과 정보 공유는 꼭 필요하다. 하지만 이러한 창구가 지금은 마땅치 않다. 정보를 집적해서 정리해주는 기능을 할 수 있는 사람과 공간이 필요하다. 물론 이는 오프라인에만 한정된 일은 아니다. 정보들이 무수히 넘쳐흐르는 웹 상의 공간 또한 무엇보다 절실히 필요하다. 이러한 일은 개별 민간단체가 나서서 할 수 있는 규모의 일은 아니다. 이러한 작업은 초기 투자금의 규모가 만만치 않기 때문이다.

또한 부산시민들은 그들의 다양한 여가활동을 위해서 이러한 정보들이 필요하다. 하지만 알지 못하기 때문에, 어떤 일들이 벌어지고 있는지 파악할 수 없기 때문에 참여하지 못하는 경우가 왕왕 벌어진다. 정부의 지원금에 많이 의존하고 있는 현 상황에서 정보 전달이 원활히 이루어지지 않아서 참여를 하지 못하는 일이 발생한다고 하면, 이는 문화 생산자들에게나 참여자들에게나 서로 손해 보는 일이 될 것이다. 이에 더하여 이러한 정보가 산발적으로 전달된다면, 이 영향력이 현저히 줄어들 수밖에 없다. 정보가 모아지고 선택의 폭이 넓어진다면 참여의 기회와 계기가 상당히 증가할 것으로 예상된다.

② 아카이브 구축

부산에서 벌어지는 다양한 문화 활동들은 끊임없이 벌어지고 있다. 하지만 이러한 자료들을 축적하는 것에는 다들 무심해 보인다. 물론 개별 문화 생산자들의 정보 축적은 이루어지고 있다고 보인다. 이러한 정보들을 모아서 공개하고, 성과들을 공유하는 작업이 아직 이루어지지 않고 있는 것이다. 관에서 주도하는 지원 사업들의 경우에는 성과들이 매년 보고되고 있다. 이 보고물들을 공유하는 작업 또한 이 포털사이트에서 가능할 것이다. 잘 된 프로젝트들에 대한 벤치마킹과 부족한 프로젝트들에 대한 보완, 그리고 이를 참고할 수 있는 과정이 전반적으로 문화노동자들에게 주어진다면, 지역에서 생산되는 문화-예술 콘텐츠의 질이 향상될 것이다. 이런 점을 고려하면 자료의 구축은 매우 중요하다. 아울러 지역의 질 좋은 문화비평을 위해서 중요한 자료로 활용될 것이다.

③ 홍보의 필요성

대중 미디어를 활용하지 못하는 많은 문화 소식들은 시민들에게 전달되기 전에 진행되어져 버리거나, 관심 있는 이들조차도 모른 채 지나가 버리는 경우가 왕왕 발생한다. 정보 전달의 중심축이 되는 곳이 있다면 이러한 일은 사전에 방지할 수 있을 것이다. 그리고 문화 생산자들에게도 자신들의 콘텐츠들을 적절히 홍보할 수 있는 수단이 그리 많지 않다. 하지만 이러한 정보가 한데 모이는 공간이 생긴다면, 이러한 정보를 공유하기를 원하는 이들 모두의 접근성이 수월해질 것이다.

또한 문화노동자들의 노동환경과 관련해서* 홍보 업무가 기획 업무에 포함되어서 진행되는 경우가 허다하다. 이러한 현실에서 시민들과 접점이 될 수 있는 이러한 기반 공간이 생긴다면 업무의 효율 역시 높아질 것이고, 이 점은 콘텐츠 질의 향상에 직접적인 영향을 미칠 것으로 판단된다.

* 김혜린. 2010. 〈공연산업노동자의 노동생활에 관한 연구 - 열정과 현실 사이에서〉. 부산대 사회학과 석사논문

④ 현재의 문화소식들

지금 부산의 문화소식을 전달받는 방법은 크게 두 가지이다. 하나는 부산민예총에서 제공하는 '떠들썩'이고, 다른 하나는 생활기획공간 통의 '부산문화소식'이다. 이 소식을 전달받으려면, 떠들썩의 경우

부산민예총 문화소식지 〈떠들썩〉

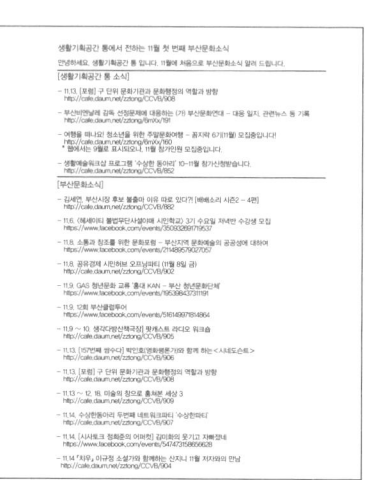

생활기획공간 통의 주간 문화소식

문화체육관광부가 운영하는 문화포털

부산은행이 운영하는 팝부산

http://talk.openart.or.kr에 접속하여 메일링 신청을 하거나 이 페이지에서 직접 볼 수 있다. 후자의 경우에도 http://cafe.daum.net/zztong에 접속하여 매주 보거나, 메일링 서비스를 직접 신청하여 받아보는 방법이 있다. 전자는 부산민예총이라는 단체에서 진행을 하는 것이고, 후자는 민간 단체에서 개인적으로 진행하는 것이다. 이러한 정보 전달은 시스템을 가지고 있다는 것이 실로 놀라운 일이다. 하지만 메일링과 개별 홈페이지, 카페를 활용한다는 점에서 접근성의 한계가 있고, 인지도의 측면에서도 포털에 못 미치는 상황이 발생할 수 있다.

위는 문화체육관광부가 운영하는 문화포털과 부산은행이 운영하는 팝부산의 페이지이다. 문화체육관광부의 경우에는 수도권의 소식들이 주류를 이루고 전국의 문화 소식을 자세하게 다룰 수 없는 한계가 있지만 많은 사람들이 활용하고 있다. 또한 중앙정부가 운영하는 사이트이다 보니 신뢰도가 높은 편이다. 또한 문화체육관광부가 운영을 하고 있다 보니, 문화 소식만이 아닌 체육계와 관광에 관한 정보들이 모두 업데이트되면서 정보가 다소 산만하게 보이는 것이 현실이다. 좌측의 팝부산의 경우 부산의 소식을 주로 다루고 있기는 하지만, 제한된 소식들을 전달하고 있고, 이러한 소식들은 기업의 홍보와 연계되어 있다는 인상을 주고 있다.

3. 방향과 비전

■ 다양한 문화 소식의 공유를 위해서는 이러한 정보들이 원활하게 전달될 수 있는 통로가 필요하다. 하지만 이러한 정보 전달을 위한 웹 기반 구축은 민간에서 하기에는 초기 투자 비용이 너무 크다. 또한 활용과 관련하여 기술적인 문제를 보완해 나갈 수 있는 유지 보수 또한 만만치 않

은 예산과 더불어서 전문가의 도움이 필요한 부분이다. 이러한 지점에서의 부산문화포털은 부산시의 주도하에, 시민들의 여가생활 혹은 문화생활 질의 향상 측면에서 진행되어야 할 필요가 있다.

■ 많은 행사 · 축제들이 종료된 이후에는 아무런 흔적이 없이 사라져 버리는 일이 다반사이다. 이러한 정보들을 공유하고 남겨야 앞으로 개선 과제를 남기고 이를 기반으로 시행착오를 줄이는 일이 가능할 것이다. 이러한 작업은 웹 기반을 통해서 홍보의 기능과 더불어 가능해지는 것이다. 데이터베이스(DB) 구축을 진행하는 것은 많은 단체들의 참여와 이들의 행사 · 축제들을 공유하면서 가능할 것이다. 또한 이러한 행사 · 축제의 아카이빙과 더불어서 지역에서 활동하는 문화노동자, 예술인들의 데이터 베이스도 함께 구축된다면 그들의 활동을 살펴보고 훨씬 더 원활하게 접근이 가능할 것이다.

■ 많은 축제 · 행사들은 그들만의 홍보 수단을 갖기가 굉장히 힘들다. 많은 예산이 소요되는 축제 · 행사들의 경우 개별 홈페이지를 구축하여 그들의 정보를 전달할 수 있지만, 이러한 홈페이지는 접근성이 떨어지고 또한 개별 축제 · 행사의 정보만을 제공하기에 많은 사람들이 찾지 않는다. 하지만 이러한 정보들이 한곳에 모인다면 그곳을 통해서 다양한 행사 · 축제들에 접근할 수도 있고, 이에 기반을 둔 홍보 기능도 겸할 수 있을 것이다.

문화포털이란?
일반적인 포털사이트와 같이 문화소식과 관련하여 다양한 소식들을 전달하는 웹기반 공간으로서, 이는 시민들이 참여할 수 있는 행사/축제에 관한 정보부터 문화노동자들이 활용할 수 있는 정보들까지 지역에서의 문화와 관련된 정보들을 총망라해서 알려주는 웹기반 시스템이다.

■ 이러한 필요성에 공감하고 있는 지역의 활동가들은 그들 나름대로의 역할을 수행하고 있다. 개인이나 개별 단체가 할 수 있는 범위에서 정보 전달의 역할을 하고 있는 것이다. 하지만 이러한 방식에는 한계가 있다. 그들의 한계는 잘 구축되지 못한 시스템으로부터 나오는 것이고, 아울러 이러한 작업에 큰 예산이 소요되기 때문에 시스템 구축과 예산 집행이 용이한 관이 주도하여 이러한 작업을 진행할 수밖에 없다. 사전 초기 세팅이 이루어지고 난 이후에는 지금까지 정보 전달을 진행한 개인·단체에게 정보의 공유를 요청할 수 있으므로, 산발적으로 나열되고 있는 정보를 집적하고, 과거의 정보들을 모아 공유하는 작업은 현실적으로 가능한 작업이다.

4. 대안과 정책

■ 지금의 활동들을 공유하고, 정보를 전달할 수 있는 통로를 만드는 것은, 개인·단체가 할 수 있는 규모의 것이 아니다. 지방자치단체가 이를 주도하고 시스템을 구축하는 것이 지금 가장 최선의 방법이다.

① 지역문화의 현황 파악 및 시스템 구축
- 웹 기반의 문화포털 사이트, 지역에서의 필요성 요구 탐색
- 관·민에서 확보한 과거의 축제·행사 자료 검색
- 시스템 구축 및 관련 구성에 대한 협의 과정 필요
- 구축 완료 이후에 운영과 관련한 논의 필요
- 지역의 단체들에게 사이트 활용과 관련한 논의, 이후에 지속적인 홍보 수단으로 사용할 수 있도록 유도.

- 시민들에게 홍보, 문화 정보의 허브 역할을 할 수 있도록 진행.

② 아카이빙 기능을 함께 할 수 있도록, 기존의 자료들을 데이터베이스화 작업
정부의 지원으로 만들어진 프로젝트들에 대해서는 문화재단 등의 기
관에서 주도하여 진행할 수 있도록 유도. 민간단체의 활동들에 대해서는
자율적으로 활용할 수 있는 인센티브를 마련.

③ 지역의 문화단체들의 활동에 대한 배려 필요
- 홍보에 취약한 단체들의 활동에 대한 업무 과중 방지
- 개별 단체들의 활동에 참고할 수 있는 아카이브 기능
- 지역의 단체들을 파악하고, 이에 대한 데이터베이스 구축 및 열람

④ 지역의 문화 허브로서의 문화포털
- 지역에서 일어나는 문화와 관련된 모든 행사 · 축제들을 공유
- 시민들과 예술인들이 소통할 수 있는 창구 마련
- 문화도시 부산의 가장 중심이 되는 웹 허브 역할

〈작성자 : 김혜린〉

시민 중심의 예술문화 '공간 · 시설' 활용

1. 제안 배경

- 지역의 예술문화(인)와 시민 · 대중이 만날 수 있는 매듭과 고리를 만들기 위함.

- 시민과 일반대중이 지역의 문화예술의 건강한 소비자가 되는 동시에, 더 나아가 스스로 예술문화를 '생활'의 감각 속에 위치시킬 수 있는 생산자가 될 수 있도록 하기 위함.

- 현재 구체적인 사업이나 활동 여부에 비해 이를 구동케 하는 물적 인프라로서의 예술문화 공간이나 시설의 활용 및 지원에 대한 인식은 여전히 미미.

- 공연예술 공간이 전문 예술인을 위한 공연 공간만이 아니라, '예술문화'를 '생활'의 자리에서 쓰고 나누고자 하는 '시민 사용자'를 위해 개방되고 사용되어야 하는 공간 · 시설이라는 인식 부족.

– 공연예술 공간 · 시설의 사용자가 반드시 전문 예술인이 아니라 시민이 될 수 있다는 인식을 높이고, 실제 '시민 사용자'들의 접근성과 이용성을 높일 수 있는 제도적 보완이 시급.

2. 현황과 문제

① 시민이 스스로 예술문화 공동체를 만들고 운영할 거점 '공간·시설'의 부족

일반대중과 시민들이 문학, 미술, 건축, 음악, 무용, 연극 등 자발적인 예술 소모임을 구성하고 적극적인 예술문화 향유(수용과 생산) 행위를 하고자 해도, 기본적인 연습 공간(방은 시설), 그리고 그 모임을 정례화하고 이를 유지하기 위한 거점 공간(모임이나 연습 장소)을 구하기 어렵다. 심지어 시민들이 사용할 시간대에 개방되지 않는다는 문제도 있다.

(단위 : 개소수)

구분	공공	민간	학교	구분	공공	민간	학교
중구	2	3		해운대구	3	8	
서 구				사하구	2		
동구	2	2		금정구	3	2	1
영도구			1	강서구			
부산진구	4	1	1	연제구	2		1
동래구	2	4		수영구	1	10	
남구	3	7	3	사상구	2		
북구	1			기장군	1		
				계	28	37	7

※출처 : 부산발전연구원(『부산지역의 문화자원보고서』)

② 시민 공연예술 모임의 성과를 표현(발표)할 '공간 · 시설'의 부족

문학작품이나 미술작품 발표회 등은 중앙동 일대에 마련되어 있는 원도심의 작은 문화공간들을 활용한다고 하더라도 (예를 들어 '또따또가 갤러리'가 대표적인 예가 되겠다.) 다수의 조명과 음향 시설 등이 필요한데, 이것이 제대로 마련되어 있지 않은 경우가 많다.

③ 공연예술 '공간·시설'의 사용 주체는 '시민'이라는 인식의 부재

공연예술 공간·시설의 사용 주체는 언제나 시민이어야 한다. 이러한 인식이 높아져야만 지역의 문화예술시설(공연예술 '공간·시설')이 수용자(관객이나 독자)로서의 시민 참여를 활성화할 수 있고, 동시에 생산자(공연자나 작가)로서의 시민 참여가 자발적으로 이루어질 수 있다. 이는 이러한 공간의 운영의 지속가능성과 시민 친화성을 높이는 길이기도 하다.

3. 방향과 비전

■ 시민이 생산자가 되는 것이 예술문화 정책의 방향이며, 이는 지역의 각 권역별 '거점 공간' 마련을 통해서 가능해진다

"시를 조금 더 가르쳐 주면 더 크겠구먼. 내 갈 길 얼마 안 남았지만 하고 싶은 말이 태산 같습니다." 더 배우고 싶다는 여든 할머니의 말엔 안타까움이 가득했다. 복지관이나 문화센터 등에서 개설하는 시민 참여 프로그램은 수도 없이 많지만, 대부분 일정 기간 운영된다. 노년 세대를 대상으로 시인의 꿈을 키우게 한 '할머니 꽃이 피었습니다' 사업도 기간은 석 달이었다. 불과 석 달 만에 시집도 내고 시화전도 열었다. 참가자들 스스로 대견해하고 새로운 일을 배운다는 즐거움도 크다고 입을 모았다. 일 주일 남짓 열린 시화전엔 아들딸 손자들이 찾아와 그 기쁨을 함께했다. 하지만 지난달 말을 끝으로 프로그램은 끝이 났다. …… 조월분 할머니는 시를 계속 쓰고 싶어도 쓸 수 없는 경우다. 삶에, 생활에 지쳐 잊고 살던 60년 전 이야기를 시를 배우면서 이제 겨우 하고 싶어졌지만 조 할머니는 글을 쓸 수 없기 때문이다. 조 할머니의 시는 이번 시집에 담긴 시 '고향'이 마지막이 될지도 모른다. 한 편 쓰는 데 며칠이 걸려도 시를 계속 쓰고 싶다는 게 참가자들의 공통된 마음이었다. 또 시가 어렵지 않다는 사실을 주변에도 알리고 싶어 했다. "시란 정말 어려운 것인 줄 알았는데 너무 쉬웠습니다. 우리야 이미 발을 담갔으니, 선생님 찾아가 계속 쓰면 되지만 다른 노인들에게도 기회가 주어졌으면 좋겠습니다."

– 김영한 기자(〈부산일보〉, 2013.11.18.자)

지역의 예술문화 지원 사업의 핵심은 지역 문화예술 생산 · 소비 주체의 중심을 전문 예술인에서 시민 · 대중으로 전환시키는 인식을 높이는 데서 출발해야 한다. 그래서 시민 스스로 예술문화 생산의 주체가 될 수 있도록 제도적 · 심리적 · 사회적 기반을 마련해 주어야 한다. 아래의 '할머니 시인'의 예는 그 효과와 가능성을 잘 보여준다. 이와 같은 비전은 시민의 삶과 동떨어진 곳에서 시작되는 것이 아니라, 시민(주민)과 일반 대중이 살고 있는 권역별 '거점 공간'을 통해 구축되어야 한다.

■ 시민의 문화예술(공연예술) 공동체 구성은 '함께하기'이며, 이를 활성화하기 위한 물적 조건과 기반이 '공간 · 시설'의 개방성이다

어떤 예술문화교육보다 중요한 것이 시민 스스로 예술문화에 접근하고, 이를 자신의 삶 속에 투영하여 만들어가는 것이다. 특히, 그것은 시민의 자발적인 예술문화 공동체(모임) 형성과 유지를 통해 확장될 수 있는데, '시민 공연예술 공동체'가 그 가능성을 잘 보여준다. 그러나 이와 같은 자발적인 시민 공연예술 공동체가 지속 가능한 형태로 유지되기 위해서는 정기모임과 연습(혹은 공부나 세미나 등)을 이어갈 수 있는 '공간 · 시설', 그리고 그 성과를 표현할 수 있는 '공간 · 시설'의 지원이 요구된다. 그러므로 시민의 자발적인 예술문화(공연예술) 공동체 구성과 실천을 위한 노력과 함께, 예술문화(공연예술) 공간 · 시설에 대한 관(官)의 인식 제고와 제도적 보완이 병행되어야 한다.

4. 대안과 정책

■ 시민 스스로 예술문화의 생산자로 기능할 수 있는 관점으로의 전환

요구

① 시민 스스로 예술문화를 나누고 자신의 삶 속에서 내재화할 수 있는 자발적인 '시민(주민) 예술문화 모임'을 구성할 수 있도록 문화정책의 기조가 전환되어야 함.

② 권역별 '예술문화', 혹은 '문화예술' 거점 공간 마련을 통해 구축해 나갈 수 있도록 해야 함.

■ 시민 예술문화 공동체의 '자기표현' 기회 부여의 빈도수 확대.

■ 공연예술 '공간 · 시설'의 개방성 확대.

명칭	소재지역	개관일	주요사업 및 행사
강서문화원	강서구	1995. 1. 3	지역고유문화 계발 · 보급 · 보존 · 전승, 향토사 조사연구 및 사료 수집, 가람백일장 청소년 예절교육 문화학교, 서예 및 문인화 전시회, 도예 전시회, 문화학교 운영 등
금정문화원	금정구	2000. 7. 12	향토사 조사 및 연구, 각종 문화행사 운영, 해맞이행사, 3.1절 행사, 실버가요제, 실버문화학교운영, 동초제국악 한마당 등 운영
기장문화원	기장군	1997. 8. 4	기장문화제 발간, 문화탐방, 문화교실 및 향토사 연구실 운영, 효 공연발표회 등
동래문화원	동래구	1999. 10. 22	동래읍성 역사축제, 향토 사료 조사연구, 향토 문화예술지 발간, 동래읍성 되살기 사업, 임진 왜침 제417주기 임진동래의총 제향 봉행 , 3.1절 만세 재현행사 등
부산진문화원	부산진구	2006. 9. 1	이주민 대상 한글 프로그램 운영, 문화지 발간, 문화학교운영, 향토문화 답사, 구민노래자랑개최, 문화유적분포 지도제작(자료조사), 문화음악회개최 등
북구낙동문화원	북구	1998. 5. 28	정월 대보름 달맞이행사, 낙동강1300리 물길따라 뱃길 따라 원류를 찾아서(나루터답사),구민문화유적답사, 우리 조상들의 전통문화체험, 낙동 청소년 예술단 정기발표공연, 구포장터3.1만세운동재현행사 등
사상문화원	사상구	1999. 9. 30	달집태우기, 부산 시민 가족합창경연대회, 어린이예절캠프, 사상강변축제, 문화유적탐방, 부산광역시 웅변대회, 문학의 밤 등
연제문화원	연제구	1996. 12. 12	문화교실운영(연4기), 연제 문화축제, 한 · 일 문화예술 인작품교류전, 전국연날리기대회 등
남구문화원	남구	2007. 12. 18	지역 축제 행사, 문화관련 행사, 이기대, 오륙도 축제 주관 등

※출처 : 부산발전연구원(『부산지역의 문화자원보고서』)

■ 문화시설 대관 절차의 접근성과 친연성 제고.

■ 공간 · 시설의 사용주체가 시민이라는 인식 확대.

■ 공연예술 공간 · 시설 이용이 실질적으로 이루어질 수 있는 제도적 장치(조례 등) 보완.

금정문화회관 운영 기본방향

- 시또는 국제단위 문화예술의 공연(전시) 우선 대관
- 국제적 수준의 예술단체, 순수 문화예술의 공연(전시) 우선 대관
- 국내외 저명 예술단체(인) 및 순수예술인의 공연(전시) 우선 대관
- 작품성이 우수한 대중예술 공연 선별 대관
- 지역문화 창달을 위한 공연(전시) 우선 대관
- 시설 및 설비의 관리에 지장을 초래하지 않는 공연 · 전시
- 종교 단체 또는 상업성이 있는 행사는 대관 제한

(※출처: 금정문화회관 홈페이지)

〈작성자 : 박형준〉

존엄한 생존을 위한 문화복지 패러다임의 변화

1. 제안 배경

- **문화예술인들이 생존 위기에 놓여 있다**
- 창작 활동만으로는 먹고 살기는 커녕 생활고나 병마를 해결 못하고 심지어는 자살에 이르기까지 문화예술인들의 생존 문제가 심각함.
- 기본적인 생존을 넘어 문화예술인들이 자신의 가치를 실현하면서 살 수 있도록 문화예술인의 정체성과 가치를 존중받는 '존엄한' 생존이 중시되어야 함.
- 존엄한 생존을 위하여 문화예술인들의 경제적 문제, 불평등한 계약 구조, 불안정한 미래 등의 문제를 해결할 필요가 있음.

2. 현황과 문제점
- **불안정한 노동, 불안정한 수입, 불확실한 미래**

2012년 문화체육관광부가 발표한 '문화예술인 실태조사'에 따르면 예술인 3명 중 2명은 창작 활동 관련 월평균 수입이 100만 원 이하로 조사됐다. 50만 원 이하도 25%나 됐다. 더욱이 예술인의 고용보험, 산재보험 가입률은 각각 30.5%, 27.9%에 불과한 것으로 드러났다. 스타급 문화예술인을 제외한 대부분의 문화예술인들이 최저 생계비에도 못 미치는 소득에다 사회보장의 사각지대에 놓여 있음을 확인할 수 있다. 뿐만 아니라 많은 예술인이 생계 보장이 안 돼 다른 일을 병행해야만 하는 실정이다. 이렇듯 자신을 소모하더라도 대부분이 마흔도 채 못 돼 은퇴한다

■ 예술인 복지

예술가들의 노동 행위는 일반 노동 행위와 다른 특수한 가치를 지니고 있다. 예술가들은 이런 노동을 통해 물질적 또는 비물질적 가치를 구현해 낸다. 이는 일반 노동처럼 객관적으로 측정할 수는 없지만, 우리 사회의 심미적, 정신적 풍요를 위해 빼놓을 수 없는 노동 행위다. 이러한 예술가들은 대개 누구에게 고용되지 않고 스스로 작업하는 경우가 대다수이므로 사회복지제도에 편입하기가 쉽지 않다. 또한 예술-문화인과 비예술-문화인을 구분하는 기준이 명확하지 않기 때문에 복지 대상

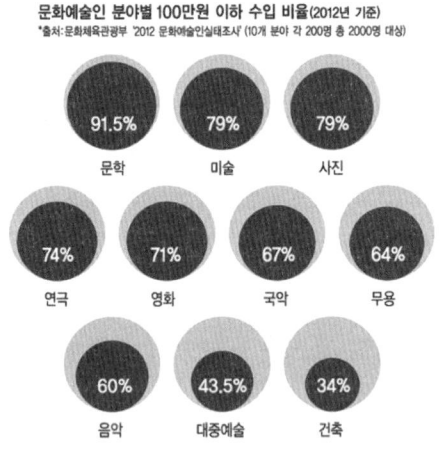

문화예술인 분야별 100만원 이하 수입 비율(2012년 기준)
*출처:문화체육관광부 '2012 문화예술인실태조사' (10개 분야 각 200명 총 2000명 대상)

91.5% 문학
79% 미술
79% 사진
74% 연극
71% 영화
67% 국악
64% 무용
60% 음악
43.5% 대중예술
34% 건축

※출처 : 〈경향신문, 예술인 복지, 어디까지 왔나〉 2013. 10. 15

확인에 대한 경계 또한 불분명하다.

■ 예술인복지법, 허와 실

지난 2011년 작가 최고은 씨의 죽음 이후 제정된 예술인복지법은 창작 활동 증진을 목적으로 시행됐다. 그럼 과연 예술인들의 복지 환경은 나아졌을까? 이에 대해 정작 예술인들 중 상당수는 그 효과에 대해 의문이라고 말한다. 심지어 최고은 씨조차 '최고은법'에 적용되지 않는 아이러니가 연출되고 있다. 고용보험이나 복지기금 활용은 빠졌고, 표준계약서는 보급만 명시해 관련 단체로부터 실효성이 없다는 비판을 받고 있다.

3. 방향과 비전

■ 예술의 공공성 회복

인류사회가 문명화되고 발전하면서 사람들이 공용으로 쓰는 물, 에너지 등은 공공재가 되었고, 이는 대부분의 나라에서 국가차원으로 관리 · 보장을 한다. 이러한 측면에서 문화 또한 공공재의 성격을 가질 수 있어야 한다. 이는 누구나 문화를 누릴 수 있어야 함을 기본 전제 조건으로 한다. 문화—예술적 가치의 공급과 소비에 무리가 되지 않도록 국가의 적극적인 개입이 필수적이다. 이를 위해서는 공급의 측면에 있어서도 일반 대중들이 쉽게 받아들일 수 있는 기준이 필요하다. 대중성은 예술성에 치중한 작품이 담보하지 못하는 쉬운 의미와 소통이 가능하다는 차원에서 장점을 가진다. 뿐만 아니라 비대중성을 갖고 있더라도 문화—예술적 가치를 높이는 데 도움이 되는 것들이 있다면 이를 발굴하고 육성해야 한다. 따라서 소외되거나 소수화된 문화—예술적 가치 역시 예술의 공공성 회복에 기여할 수 있음을 기억하고 이러한 가치들의 공급에 대한 색다른 기준을 마련해야 할 것이다. 따라서 대중성과 비대중성 모두를 통틀어 문화—예술적 가치의 보급에 힘을 써야 한다.

■ 사회적 안전망 정착

일반적인 근로자는 질병, 상해, 실직, 사망, 빈곤 등 근로와 관련된 여러 가지 사회적 위험에 대한 보호를 받고, 문제가 발생했을 경우 국가적 또는 개인적인 차원에서 대비책이 어느 정도 마련되어 있다. 그러나 일반적인 근로자로 보지 않는 예술인들의 경우 그 어떤 부분에서도 구조적으로 보호를 받지 못한다. 즉, 문화—예술인은 우리 사회에서 보호받지 못하는 사각지대 안에 존재하고 있는 것이다. 공법적 규율 체계 안에서 예술인들의 권리와 인권이 보호될 수 있는 안전망을 통해 다른 직업인들과 동등한 사회 · 경제적 지위를 부여, 동등한 사회적 권리를 누리고 사회 내에서의 존재감과 정체성을 보장받을 수 있는 방안 마련이 필요하다.

■ 적극적 문화-예술 복지

예술인복지법이 마련되었음에도 불구하고 이를 통해 실질적인 복지 혜택을 체감하지 못하는 이유 중 하나는 예술인들 스스로가 복지에 대한 인식이 부족하기 때문이기도 하다. 예술인복지법에서 보장되는 복지기금을 단순히 창작기금 분배로만 인식하고 있는 경우가 많다. 그러나 예술인 복지는 예술인들에게 밥을 먹여주는 것이 아니라 밥을 먹을 수 있도록 사회구조를 만들어 주는 것일 뿐이다. 예술인들 스스로가 적극적으로 나서서 생존과 복지에 대한 권리를 찾을 수 있도록, 예술인복지법을 개선하고, 이에 대한 교육과 인식의 폭을 확대해야 할 것이다. 이러한 개선과 교육 및 인식의 폭을 확대하는 데에도 예술인들이 자발적으로 응할 수 있도록 하는 장치나 계기를 적극 마련하여야 한다.

4. 대안과 정책

■ 부산지역에서 활동하고 있는 예술인들의 숫자와 그들의 활동 및 직접·복지수준에 대한 실태조사가 선행되어야 함.

■ 문화-예술인 자격의 기준을 포괄적이고 공적인 차원에서 규정하여, 지역적으로 특화된 문화-예술인의 자격 기준을 공론화 할 것.

■ 위 상황에 입각하여 지역의 특성을 살리고 대중들에게 다가갈 수 있는 활동을 기획할 수 있는 토대가 되어 예술인들의 일자리 창출을 위한 문화-예술 경제를 고안.

■ 예술인 사회적안전망 및 창작지원 확대를 위하여 예술인 및 예술인 활동에 대한 체계적인 관리 시스템 마련.

■ **예술인 종합 지원실 마련**

- 예술가를 지원하는 다양한 정보를 종합 제공.
- 예술인 복지 서비스를 비롯, 예술 활동을 지원하는 다양한 민·관 사업 프로그램 및 컨설팅이나 자문을 제공.
- 예술인 활동 관련 계약 명시 법적 근거 마련 ; 예술인의 창작·문화 활동은 그 내용이나 금액 산출 등 계약을 위해 필요한 전반적인 부분에 대한 기준이 마련되어 있지 않다. 그래서 사전에 이를 명확하게 관리하지 않아 피해를 보는 사례가 대단히 많이 발생한다. 따라서 프로젝트성 사업을 진행할 때는 표준계약서를 작성하고 지자체에서 예술인들의 고용보험 가입방안을 마련해야 한다.)

■ 부산의 지역적, 국제적 문화 행사들에 지역적 특색에 맞는 문화-예술 활동가를 발굴하여 표현의 기회를 제공.

■ 부산문화포털을 통해 공급뿐만 아니라 수요자의 측면에서도 지역에 어떤 문화 · 예술 활동이 있는지 온 · 오프라인에서 쉽게 정보를 얻을 수 있도록 함.(부산문화포털은 부산지역의 문화를 향유할 수 있는 정보제공창으로서의 기능과 더불어 문화 · 예술에 대한 생산 · 구매를 위한 활동을 지원하는 중요한 통로로 기능할 것임. 여기에 다양한 문화-예술인 복지정책에 대한 아이디어를 공유할 수 있도록 함.)

〈작성자 : 한송희〉

교육청 예산 들여다보기

1. 제안 배경

- 교육 예산은 "교육청이 일정 기간(보통 1년 단위)에 들어올 돈(세입)을 사전에 계산하고, 이 세입을 바탕으로 나갈 돈(세출)을 계획하는 것"을 말함.
- 이 때 예산 편성권자인 교육감이 세입·세출 계획을 만든 것을 교육 예산이라 하고, 이렇게 편성된 교육 예산을 심의·의결하는 기관은 시의회(교육상임위원회)가 함.
- 따라서 교육 예산서만 살펴보면, 교육청이 무엇을 하고 있는 가를 파악할 수 있음.
- 교육감의 정책 공약을 실행하는 직접적인 통로가 교육 예산이므로 연간 4조 원에 육박하는 교육 예산을 들여다보는 것은 내가 세금으로 낸 돈이 교육에 어떻게 쓰이는 가를 이해함은 물론 예산이 낭비

되거나 엉뚱한 곳에 지출되지 않도록 감시하는 참여민주주의의 실천적 시민 과제임.

2. 현황과 문제

① 교육비 특별회계 세입·세출 예산서

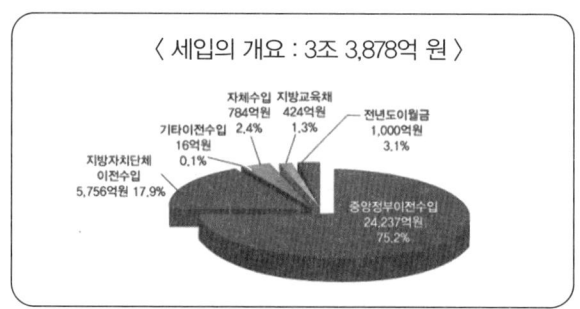

〈 세입의 개요 : 3조 3,878억 원 〉

자체수입 784억원 2.4%
지방교육채 424억원 1.3%
전년도이월금 1,000억원 3.1%
기타이전수입 16억원 0.1%
지방자치단체 이전수입 5,756억원 17.9%
중앙정부이전수입 24,237억원 75.2%

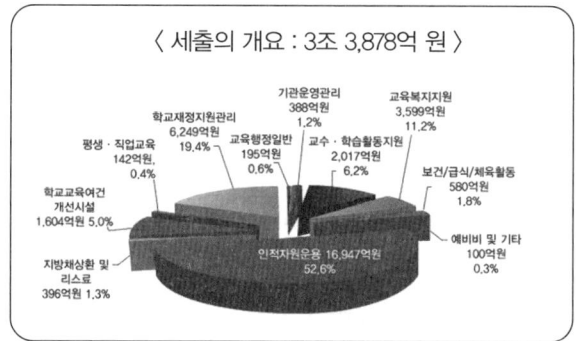

〈 세출의 개요 : 3조 3,878억 원 〉

기관운영관리 388억원 1.2%
교육복지지원 3,599억원 11.2%
학교재정지원관리 6,249억원 19.4%
평생·직업교육 142억원 0.4%
교육행정일반 195억원 0.6%
교수·학습활동지원 2,017억원 6.2%
학교교육여건 개선시설 1,604억원 5.0%
보건/급식/체육활동 580억원 1.8%
지방채상환 및 리스료 396억원 1.3%
인적자원운용 16,947억원 52.6%
예비비 및 기타 100억원 0.3%

(자료 출처 : 부산광역시교육청 홈페이지)

② 교육청 예산의 문제점

■ 세입

- 이전수입에 전적으로 의존하고 있음. 중앙정부 이전수입이 64.4%, 지방자치단체 이전수입이 13.8%, 기타 이전수입 0.7%로 합계

78.9%를 차지하고 있음. 자체 수입은 0.3%에 불과하고 나머지 20.8%는 이월금이므로 결국 세입의 대부분은 중앙정부의 지방재정교부금에 의존하고 있는 실정임.

- 교육청의 세입이 교육부의 지방재정교부금에 전적으로 의존하는 구조이므로 이 구조를 극복하지 않는 한 실질적인 지방 교육자치를 실현하기는 어려운 구조임.

- 국고보조금과 지방재정교부금 중 특별교부금 4%는 중앙정부나 교육부가 정부 정책을 강제하거나 지방교육청간 경쟁을 유도하거나 통제하기 위한 수단으로 사용하고 있는 실정임.

- 지방자치단체의 이전수입은 지방교육세, 담배소비세 등에 의존하고 있는데 결국 담배의 소비나 부동산 거래의 활성화 여부가 수입의 규모를 결정하는 구조이므로 안정적이지 못함.

- 지방자치가 제대로 실현되기 위해서는 중앙정부나 교육부의 통제에서 벗어나기 위한 안정적인 재원 확보가 필수적이므로 특별교부금은 축소 혹은 폐지되어야 하며 지방교육세를 확대하거나 다른 안정적인 세원 확보가 절실히 요구됨.

■ 세출
- 세출의 구조는 유아 및 초중등교육에 96.1%, 평생·직업교육에 0.5%, 교육일반에 3.4%를 지출하고 있는데, 인적자원 운용에 52.9%를 사용하고 있는 실정임.

- 세입이 정부의 교부금에 전적으로 의존하고 있는 상황에서 세출의 60% 가까이가 인건비에 지출되고 있고 점차 늘어나고 있는 상황은 교육청의 교육 사업에 예산을 지출하기가 어렵다는 것을 말함.

- 특히 무상급식 등 국가나 지자체가 부담해야 할 재정을 지역 교육청
  이 떠안게 되면 지역교육청 간 불평등은 물론 교육 사업을 추진하는
  데 많은 어려움을 겪게 되는 구조임. 부산의 경우 지자체의 무상급
  식 지원 예산 비율이 적어 학교 시설 유지보수비나 교육 사업비가
  축소되는 결과를 가져왔음.
- 영어마을, 학생해양수련원 등 교육감의 선거공약에 의한 신축 시설
  사업비가 많이 책정되게 되면 교육 사업 줄어들게 됨.
- 시설이나 전시성 사업 등에 지방교육채를 발행하거나 민간투자사업
  (BTL) 지급금이 늘어나면 미래의 재정을 앞당겨 사용하는 것이므로
  장기적인 부담으로 작용함.
- 연구시범학교, 학력 신장 프로젝트, 스마트 교실 등 교육청의 사업
  비를 살펴보면, 실효성이 떨어지는 것은 물론 학교 운영을 파행적으
  로 몰고 가는 사업 등이 많음.
- 학생 복지나 평생교육의 비중, 내용면에서의 건전성 등을 살펴볼 필
  요가 있음.
- 특목고에 이중삼중으로 지원되는 예산이 없도록 세심하게 살펴보아
  야 함.

3. 방향과 비전

■ 교육 예산은 시의회나 교육청 홈페이지를 통해 공개되고 있기 때문
에 관심만 가지면 시민 누구나 파악할 수 있음. 다만 전화번호부 두 개 분
량의 두께에 놀라 엄두를 못 내고, 소수의 전문가의 영역이라고 회피하기
때문에 들여다보지 않음. 따라서 시민단체를 중심으로 한 교육 예산 연구

모임이 필요함.

■ 참교육학부모회나 경실련 등 교육 예산에 관련된 시민 단체를 중심으로 시민들을 대상으로 한 연수가 필요하며 언론을 통해 적극적으로 홍보하여야 함.

4. 대안과 정책

■ 시민이 교육 예산에 참여할 수 있는 방법은 시교육청의 '주민참여예산자문위원회'에 적극적으로 참여하여야 함. 이를 위해서는 '부산광역시교육청 주민참여예산자문위원회 운영 규정(2012.9.20. 제정, 2013.3.19. 일부개정)을 참고하여 자문위원으로 능동적으로 참여해야만 함.

■ 시의회 교육상임위원회의 모니터링 활동을 통해 교육 예산의 예·결산 심의 과정을 감독하고 교육 단체나 학부모 단체, 시민 단체를 통한 여론화 작업을 통해 적극적인 의견을 나타내어야 함.

■ 교육의원을 통해 예·결산 심의 자료를 사전에 참고하여 교육예산에 대한 학습 및 연구 모임을 통해 시민들의 의견을 수렴하여 교육의원이 의정 활동에 반영하도록 압력을 행사하여야 함.

■ 새로운 시민운동조직 예를 들면, '학부모교육의회' 혹은 '청소년교육의회'를 만들어 교육예산 참여 운동을 적극적으로 전개할 필요가 있음.

〈작성자 : 강용근〉

시민의제 07

학교 예산 들여다보기

1. 제안 배경

- 학교 예산을 들여다보는 것은 학교운영위원회의 중요한 역할의 하나로 학부모나 시민이 주체적으로 교육에 참여할 수 있는 통로이므로 매우 중요함.
- 학교 예산은 학교 내의 교육 활동이 구체적으로 어떻게 진행되는가를 살펴볼 수 있고, 내 아이가 받는 교육 내용에 바로 영향을 주기 때문에 학부모나 시민의 참여 여하에 따라 매우 유익하고 다양한 교육적 결과를 가져 올 수 있음.
- 학교가 전시성 행사나 불필요한 시설 보수 등 예산을 낭비하는 것을 감시할 수 있고, 학교의 전반적인 교육 활동에 시민이 직접적으로 참여할 수 있음.

2. 현황과 문제

① 세입과 세출의 구조

■ 세입

구 분		내 용
이전 수입	중앙정부이전수입	
	지방자치단체이전수입	교육경비보조금
	교육비특별회계이전수입	교육비특별회계 전입금 수익
	학교회계이전수입	학교운영지원비 등
	기타이전수입	
자체 수입	교수-학습활동수입	입학금 · 수업료 등
	학부모부담수입	선택적 교육활동 수익자 부담금
	지원금	학교발전기금 등
	행정활동수입 · 자산수입 · 이자수입 · 잡수입 등	수수료 · 인지대 · 임대료 · 사용료 · 폐휴지 매각대금 등
기타	이월금	전년도 이월금

■ 세출

구 분		내 용
인적자원운용	교직원 보수	정규직 · 비정규직 급여
	교직원 복지 및 역량강화	교내연수 · 문화탐방 · 맞춤형복지비 등
학생복지 · 교육격차해소	급식 관리 · 보건관리	급식재료비인건비 · 건강진단비 등
	교육격차 해소	저소득층 · 특수교육대상자 교육비 등
	학생장학 지원 · 기타	장학금 · 졸업앨범 · 교과서 구입 등
기본적 교육활동	교과 활동 · 특별활동 · 재량 활동 · 체험활동 등	교육과정운영 · 각종 행사 · 경시대회 학생자치활동비 · 수련활동비 등
선택적 교육활동	방과후학교운영 · 평생교 육 · 국제교육 · 교기육성 등	정규수업 외 방과후학교 제반 운영학 부모 및 지역주민 대상 등
교육활동지원	교무업무 · 연구학교운영 등	교수학습 간접 교육비
학교일반운용	시설장비유지 · 일반행정 등	학교기관 및 부서운영 제 사업비
학교시설확충	시설확충 및 개선	수선비 · 교실 증개축 등 사비
학교재무활동	반환금 · 예비비 등	목적사업비 · 전년 사업비 반환 등

② 학교 예산의 문제점

■ 세입

– 교육청으로부터 오는 교육비특별회계와 학교회계 학교운영지원비

(초등학교 제외)에 의존하고 있는 실정임.

– 고등학교의 경우 자체 수입 중 학부모 부담비가 너무 과도함. 교과서 대금, 체험활동비, 급식비, 방과후학교 경비 등 공교육비로 부담해야 할 비용을 대부분 학부모들에게 전가하고 있는 상황임.

■ 세출

– 교육청에서 학교에 배부하는 '학교예산편성 기본지침'은 법령의 구체적인 집행 명령으로서 구속력이 있음으로 학교에 요구하여 참고하는 것이 반드시 필요함.

– 학교교육계획서와 연계하여 학교 교육 목표 달성을 위한 교육 활동이 효과적으로 전개될 수 있도록 합리적으로 배분·편성되었는가를 중점으로 살펴보아야 함.

– 시설비나 학교장의 업무추진비 등에 예산이 과도하게 편성되어 있으면 교육의 본질적 활동 예산이 줄어들기 때문에 교육적인 효과가 불투명한 시설 투자나 수선비가 없는지 세밀하게 살펴보아야 함.

– 교육과정 운영 등 교육 활동 예산과 시설 관리 등 학교 일반운영 예산의 균형을 이루도록 전년도 결산서와 다른 학교의 예·결산서를 참고로 하여 세심하게 살펴보아야 함.

– 특정한 부서나 특정한 교육 활동에 너무 많은 예산이 편중되지 않도록 해야 함.

– 학생 복지 예산이나 교육 격차 해소를 위한 예산은 생색내기 수준에 머무르는 경우가 많기 때문에 실질적인 학생 복지가 이루어지도록 강력하게 요구해야 함.

– 예산(안) 편성이 법령에 정해진 일정과 절차에 따라 이루어지고 있는지 살펴보고, 반드시 예·결산서가 상세하게 공개되도록 하여야 함.

3. 방향과 비전

■ 학교 예산은 조금만 관심을 가지면 시민 누구나 이해할 수 있는 수준이므로 기존의 학교운영위원회 경험자들을 중심으로 연구 모임을 만들어서 지속적으로 공부를 하여야 함.

■ 학교 예산은 내 아이의 학교 생활에 직접적으로 영향을 미치기 때문에 구체적이고 세심한 교육적 관점을 가지고 들여다 보아야 하기 때문에 교원 단체나 학부모 단체와의 협력을 통해 접근할 필요가 있음.

4. 대안과 정책

■ 시민이 단위 학교 학교 예산에 참여하기 위해서는 '학교운영위원회'의 학부모위원이나 지역위원으로 적극적으로 참여하여 학교 운영 제반에 대한 경험과 지식을 축적하여야 하고, 학부모 단체나 학부모회를 활용해야 함.

■ 학부모 단체나 시민 단체의 자문을 통해 단위 학교의 '학교교육계획서' 및 '예·결산서'를 세밀하게 분석하는 작업을 위한 학습을 해야 함. 타 시도 경험이나 다른 유경험자를 통해 노하우를 공유하고 학교 홈페이지 게시판을 통하거나 직접 학교에 전화를 거는 등 적극적인 의사 표시를 하여야 함. 상위 감독 기관이 지역 교육지원청이나 본청의 민원을 통해 의사를 나타내는 방법도 있음.

■ 자녀나 학생들과의 대화를 통해 학교 운영 전반에 관한 이해를 가져야 하고, 회계 전문가나 관련 분야의 전문가를 통한 학습이 필요함.

〈작성자 : 강용근〉

지자체 교육경비보조 예산 들여다보기

1. 제안 배경

- 지자체·기초자치단체의 교육경비보조금 지원은 학령 전 아동이나 학교 밖 청소년, 평생교육의 비용으로 매우 중요한 역할을 하는데 비해, 지금까지 부산의 경우는 매우 인색한 수준으로 규모나 내용면에서 매우 열악한 실정임.
- 내가 세금으로 낸 돈이 내 삶의 질 향상에 지출되고 있는가를 살펴볼 필요가 있는데, 그 지표 중 하나가 교육경비보조금임. 따라서 지자체·기초자치단체의 예산이 낭비되거나 엉뚱한 곳에 지출되지 않도록 감시하고 교육에 투자될 수 있도록 하기 위해서는 교육경비보조금을 들여다보아야 함.

2. 현황과 문제

① 비법정 이전수입 내역

부산시 : 최근 5년간(2009~2013) 비법정전출금 내역

(단위:백만 원)

연도	2009년	2010년	2011년	2012년	2013년
금액	189억 96	291억58	322억80	381억52	**436억 34**

기초자치단체 : 2013년도 기초자체단체 전입금 내역

(단위:백만 원)

지자체	내 용	금 액	지자체	내 용	금 액
중 구	친환경급식지원	27	연제구	토현중강당증축	6억 80
사하구	친환경급식지원	1억 15		도서관도서구입	3억
동 구	부산중강당증축	6억 80		학교급식지원	7억
사상구	친환경급식지원	60	해운대구	무상급식지원	10억 53
	구남초강당증축	2억 62		기장영재교육원	1억 69
	엄궁초시설복합	1억 26		장안초강당증축	9억 50
합 계				56억 75	

② 지자체 교육경비보조 예산의 문제점

■ **부산광역시**

– 전체 금액으로 보면 최근 5년간 계속 증가해 온 것으로 보이지만 내역을 자세히 들여다보면, 정부 정책에 의한 일반적인 증가일 뿐 실제로는 줄어들고 있는 실정임. 주로 돌봄교실운영 · 유치원 종일반 교사 운영비 · 친환경농산물 학교급식 식품비 · 학교급식비 지원비가 증가한 것임.

– 지금까지 원어민 영어 보조교사 인건비에 집중되었고, 국제고 · 과학고 · 마이스터교 · 영재학생 등에 집중되는 경향이 있어 부자가정 학생들에게 더 많이 예산이 지원되고 있는 실정임.

– 다목적 강당 증축, 운동장 체육 시설 정비 등 교육 정책 사업에 의한 지원이 주로 이루어져 왔고, 지역 교육 격차 해소나 평생교육, 아

동·청소년 지원, 문화예술 지원 예산은 부족한 실정임.

■ **기초자치단체**

– 최근 3년간 지속적으로 감소 추세. 예산 규모는 총 258억 원으로 2011년(393억여 원), 2012년(322억여 원)에 비해 64억 원(약 20%)이 감소함.

– 내역을 보면 교육경비 보조금 지원, 비법정 전입금 지원, 기타 지원으로 교육경비 보조금 지원은 2011년(206억 원), 2012년(224억 원)는 비해 2013년 129억 원으로 편성. 특히 지난해의 경우 교육경비 보조금 중 연동초교 국민체육센터 조성(99억 원)을 고려하면 교육경비 보조금이 3년간 지속적으로 감소되고 있음.

– 비법정 전입금을 통한 기초자치단체 지원 규모는 2011년(74억 원), 2012년(51억 원)에 비해 올해 64억 원 정도이고, 기타지원은 2011년(113억원), 2012년(46억원)에 비해 2013년 64억 원 규모임. 부산 16개 자치구·군 중 재정 자립도가 가장 높은 기장군은 방과후 및 특

[2013년도 자치구·군별 교육경비 지원 예산편성 현황]

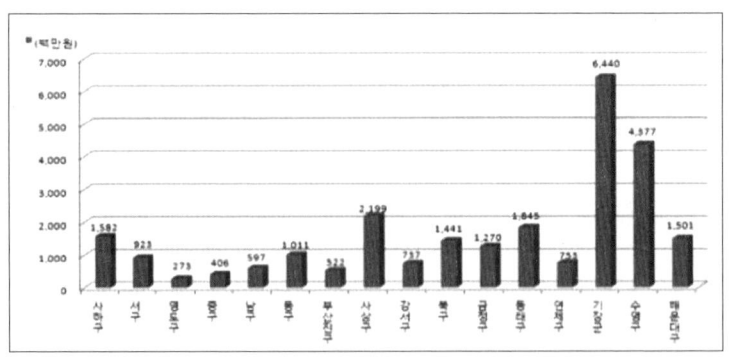

(자료 출처 : 2013. 04. 17 | NSP통신)

화사업지원 사업 · 거점중학교 육성 · 무상급식비 · 어린이 안심알리미 서비스 지원 등에 64억 원으로 가장 많은 예산을 편성한 반면, 영도구(2억 7천만 원) · 부산진구(5억 2천만 원) · 중구(4억 원)는 생색만 내는 수준임(0.2~0.4%).

3. 방향과 비전

■ 서울이나 타시도의 경우 자치단체장의 교육 경비 보조가 규모나 내용에 있어서 매우 의미 있는 교육적인 활동에 투자되고 있는 것에 비해 부산의 경우는 매우 열악한 실정이므로 우선 지역 주민들에게 타시도의 사례를 적극적으로 알릴 필요가 있음.

■ 자치단체장의 역할 중 하나가 지역의 교육 발전에 있음을 주민들에게 알리는 작업과 함께 선거 공약에 반영할 수 있도록 지역의 풀뿌리단체와 연구 모임을 만들어서 압력을 행사해야 함. 따라서 다음 지자체 선거에 출마하고자 하는 예비후보들이 교육 활동에 좀더 관심을 갖도록 지역 풀뿌리단체들이 유도하여야 함.

4. 대안과 정책

■ 기초자치단체장은 선출직이므로 다음 선거에 유익한 일이 아니면 적극적으로 움직이지 않는 경향이 있고, 단기적인 성과를 목표로 하기 때문에 교육 투자를 하고 싶어 하지 않음. 지역의 풀뿌리 시민단체 등과 연대하여 지역 주민의 민원 차원에서 문제를 제기하며 단체장에게 압력을

행사해야만 교육경비 보조가 가능함.

■ 지원 예산의 규모도 중요하지만 대부분 밖으로 성과가 드러나는 사업, 예를 들면 학교 강당 증축이나 특목고 등에 대부분 지원하고 있는 실정이므로 사전에 구체적인 사업 계획을 세밀하게 수립하여 문제 제기를 해야만 효과적인 결과를 가져 올 수 있음.

■ 지역에 속한 교원 단체(전교조 지회 등)의 교사나 청소년 단체 활동가, 시민 단체와 연대하여 지역의 연대 단체(가칭 00구 민협)를 만들어서 교육경비 보조금의 사용 내역을 연구하는 모임을 만들어야 함. 이를 통해 주민들을 상대로 지속적으로 선전 · 홍보하고, 단체장 출마자들에게 압력을 행사해야 함.

〈작성자 : 강용근〉

시민의제 09

교육 양극화 해소를 위한 대안

1. 제안 배경

'모든 국민은 능력에 따라 균등하게 교육을 받을 권리를 가진다. 헌법 제31조 1항에 있는 조항이다. 한국 교육은 개인적 능력과 상관없이 경제력이 좌우한다. 경제적 세습이 오랜 과거에서 시작되었다면 경제에 의한 교육적 세습은 90년대 이후 신자유주의와 함께 고착되었다. 지역의 경제력에 따라 학력이 좌우되고 특정 학교가 학력을 독식하는 세상이 되었다. 헌법에 표현된 교육받을 권리에 있어 출발선이 다른 상태에서 학생들은 경쟁하고 뒤쳐졌다. 한 지역 안에서의 격차는 분명하다. 지역과 상관없이 특권 교육 또한 균등 교육과는 거리가 멀다. 현 상황을 정확히 파악해야 한다. 그런 다음 우리 지역에 맞는 대안을 제시해야 한다.

2. 현황과 문제

① 전국 현황

가. 전국 국제중학교 현황

- 청심국제중, 영훈국제중, 대원국제중, 부산국제중

- 국제중 신설 계획 : 대전국제중학교, 울산국제중학교

나. 전국 특목고, 자사고의 구체적 현황(2013년5월 현재)

(단위: 개교)

구분	일반고 (1,524)	특목고 (135)				특성화고 (494)		자율고 (165)	
		과학고	외국어·국제고	예술·체육고	마이스터고	특성(직업)	체험(대안)	자율형사립고	자율형공립고
현황	1,389 (종합고 135 제외)	21	외고 31 국제고 7	예고 27 체고 14	35	473	21	49	116

다. 특목고 자사고 지역별 상황 (2013년5월 현재)

(단위: 개교)

유형	서울	경기	광주	대구	대전	부산	울산	인천	강원	경북	경남	전북	전남	충북	충남	제주	계
자사고	25	2	3	4	2	2	2	1	1	2		3	1		1		49
외고	6	8		1	1	3	1	2	1	1	2	1	1	1	1	1	31
국제고	1	3				1		1									7
과학고	2	2	1	1	1	2	1	2	1	2	2	1	1	1	1		21

라. 대기업, 공기업이 설립 준비중인 자율형사립고

기업	지역	개교 예정	학생 규모(명)
삼성	충남 아산시	2014.3	1,050
포스코	송도국제도시	2015.3(예정)	720
현대제철	충남 당진시	2015.3(예정)	300~450
한국수력원자력	경북 경주시	2015.3(예정)	미정

② 특권 학교의 발생 과정

- 자사고는 이명박 정부의 '학교다양화 300 프로젝트'에 따라 2003년

  부터 시범 운영된 자립형사립고등학교를 확대하여 운영하고 있음.

- 국제중은 일반 중학교 교육과정 범위 내에서 영어몰입교육을 진행

③ 부산의 특권 학교 상황

가. 고등학교 유형별 상황

(단위: 개교)

구분	일반고 (80)		특목고				특성화고	자율고	
			과학고	외국어·국제고	예술·체육고	마이스터고	특성(직업)	자율형 사립고	자율형 공립고
현황	공립 36	사립 44	3	외고 3 국제고 1			36	교	12

나. 중학교 현황 : 국제중학교, 부산예중

다. 부산 국제중학교 해부(2013년)

(1) 입학 학생 현황

(단위: 명)

구분	당해연도졸업	외국학교 수학자	정원외	총원	부산진구	부산시
입학생	65	0	6	71	200	212

※사배자 전형 : 12명

(2) 졸업생의 진로 현황(2013년)

(단위: 명)

구분	일반고	과학고	국제고. 외고	자사고	졸업생
입학생	5	7	30	14	61

④ 부산 내의 지역 학력 격차(동서 격차 중심)

가. 부산 상황(지역교육청별 비교)

(1) 2012년국가수준학업성취도평가(초등학교)

지역청	국어			수학			영어		
	보통 이상	기초 학력	기초 미달	보통 이상	기초 학력	기초 미달	보통 이상	기초 학력	기초 미달
서부	88.4	11.2	0.4	85.9	13.6	0.5	92.8	6.9	0.4
남부	88.3	11.4	0.3	84.6	14.9	0.5	93.7	5.9	0.4
북부	88.3	11.4	0.3	85.6	14.1	0.3	93.7	6.1	0.2
동래	90.1	9.6	0.2	86.7	12.9	0.4	94.0	5.5	0.5
해운대	89.5	10.2	0.3	85.7	13.9	0.4	94.2	5.5	0.2

가. 부산 상황(지역교육청별 비교)

(1) 2012년국가수준학업성취도평가(초등학교)

(2) 2012년국가수준학업성취도평가(중학교)

지역청	국어				사회			수학				과학			영어			
	보통이상	기초학력	기초미달	향상도	보통이상	기초학력	기초미달	보통이상	기초학력	기초미달	향상도	보통이상	기초학력	기초미달	보통이상	기초학력	기초미달	향상도
서부	81.6	17.2	1.2	-1.4	67.7	27.1	5.2	65.9	31.0	3.2	-1.5	55.4	39.2	5.4	72.2	25.3	2.4	-2.3
남부	86.8	12.7	0.5	0.5	73.2	23.5	3.3	71.8	25.9	2.3	-0.3	63.6	33.2	3.2	76.6	21.8	1.6	-0.7
북부	79.1	20.0	0.8	-1.4	65.6	28.5	5.9	62.2	34.8	3.1	-2.0	54.9	39.9	5.2	66.5	30.8	2.7	-2.6
동래	85.3	13.9	0.8	-0.5	71.3	24.6	4.2	71.2	26.5	2.3	-1.0	60.6	35.2	4.1	77.3	21.0	1.8	-1.4
해운대	85.4	13.8	0.7	-0.5	69.6	26.4	4.0	69.6	27.7	2.7	-0.7	61.5	34.4	4.0	77.9	20.4	1.7	-0.5

나. 부산시교육청의 현실

(1) 자율형 공립고(전국 116개교) 운영

- 경남고, 낙동고, 사상고, 부산남고, 경남여고, 금정고, 부산진고, 중앙고, 영도여고, 주례여고, 개성고, 부산여고, 연제고(13개교)

(2) 공교육만족 지구 운영

- 2011년 3월 영도동삼지구, 2013년 동래 · 금정구의 '금사지구', 북 · 사상구의 '모라지구'

⑤ 타 학력 격차(공사립 문제)

- 사립고교의 학력이 대체로 높음
- 중학교 우수 학생이 사립 학교 지원
- 사립 고교의 파행적인 교육과정 운영이 학력의 원인(강제 보충, 자율학습 등)
- 일반 고교 77개교 중 사립고교 42개교

⑥ 문제의 인식 및 비판

- 국제중은 특권 학교의 첨병이고 초등 교육을 과열시킨다.
- 국제중은 설립 목적에 전혀 맞지 않게 운영된다.

- 특목고, 중학교 교육을 파행시키고 사교육을 부추기는 주범이다.
- 특목고가 특권 학교 역할(사교육 선점, 부유층 재학)
- 특목고가 일반고 공동화의 주범이다.
- 자율형공립고는 설립 해소 예정, 하지만 막대한 예산 계속 투입
- 사립학교의 학력은 파행적 교육과정으로 이루어진 것
- 동서 격차는 경제적인 차이에서 비롯, 지역 특색으로 변화
- 중요한 것은 지역 간의 학력 격차가 아니라 특권적이고 선별된 교육이 공교육의 영역에서 이루어진다는 것임

4. 대안과 정책

- 국제중을 폐지하거나 일반중으로 전환
- 특목고는 목적에 맞게 운영, 사교육 등의 해소를 위해 점차 해소
- 특목고가 탈법적으로 운영될 때 즉시 일반고로 전환
- 자율형공립고는 즉시 과도한 예산 투입 중지
- 자율형공립고는 기한이 차지 않더라도 일반고로 전환
- 입시만을 위하는 자사고는 어떤 이유로든 바로 해소
- 사립학교의 파행은 교육청이 강하게 지도, 법정 전입금을 내지 않는 학교는 바로 공립으로 전환
- 동서 격차와 한 지역 내 격차는 경제적 격차에서 기인함으로 계획적 투입 중요

〈작성자 : 정한철〉

인성과 창의성을 중시하는 학교평가제 도입

1. 제안 배경

학교는 평가의 장막에 둘러싸여 있다. 인성과 창의성이 미래의 자산이라면 학교는 그 자산을 방기하고 있다. 교육부는 교육청을 대상으로 매년 교육청 평가를 실시한다. 교육청은 매년 수백 개 학교를 대상으로 또 평가하고 학교는 교사를 상대로 또 평가한다. 평가가 절대악은 아니지만 지금의 평가는 학교를 황폐화시키고 교사를 교육청 평가의 도구로 사용하고 있다. 평가는 순기능만 모아도 그 폐단이 곧 드러난다. 평가의 정확한 내용을 파악하고 드러나는 문제점에 대해 개선 방안을 제시할 것이다.

2. 현황과 문제

① 시도교육청의 평가

가. 평가 대상

- 16개 시·도교육청

나. 평가 지표

-학생 역량 강화(19점)

- 교원 및 단위 학교 역량 강화(14점)

-인성 및 학생 복지 증진(21점)

-학교 폭력 예방 및 근절 노력(15점)

- 교육 만족도 제고(16점)

- 교육 정책 (정성 평가) (15점)

다. 평가 결과 활용

- 평가 결과를 시·도교육청 및 언론에 공개·평가 결과에 따른 특별
  교부금 지원

라. 비교육적인 지표

- 기초 학력 미달 비율,학업 중단 비율,학생 체력 평가 등급 비율, 교
  원 연수 활성화, 방과후학교 활성화, 시·도교육청 주요 정책 추진
  실적 및 향후 계획

② 학교 평가

가. 기본 방침

■ 3년 주기 평가 제Ⅱ그룹의 초·중·고등학교를 대상으로 실시

■ 교육성과 중심의 정량 평가와 정성 평가 혼합 평가

나. 평가 결과의 활용

(1) 행정적 지원

- 최우수학교(21교) : 교육감 표창(21교), 평가 유공 교원 표창(21명),

종합감사 시 학사부문 감사 면제

- 우수학교(21교) : 교육연구정보원장 표창

다. 비교육적 학교 평가 지표

- 방과후학교 참여율, 학교 중심 학력 증진 종합 계획의 적절성 및 운영의 충실도, 교원 1인당 직무 연수 이수 시간
- 외부 재원 유치 금액 비율 및 증감률, 단위 학교 특색 사업 추진 계획의 적절성 및 운영의 충실도
- 기초 학력 미달 학생 비율 및 감소 폭, 학교 폭력 예방 교육 실시율
- 학생 건강 체력 4~5 등급 비율 및 증감률, 도서 대출률 및 도서구입 비율

③ 개인별 · 학교별 성과급 평가

성과급 구분	전체 성과급 지급 비율	차등지급률 평가등급	지급 방식
학교 성과급	20%	3등급(S,A,B) (30%,40%, 30%)	학교별 평가후 지급
개인 성과급	80%	3등급(S,A,B) (30%,40%, 30%)	개인별 평가후 차등 지급

■ 지급 대상자

가. 공사립 초 · 중 · 고등학교의 교원

나. 지급 대상자는 개인 성과상여금 지급 대상자에 준함

■ 비교육적 평가 기준 및 평가 지표

- 학업성취도평가 향상도, 특색 사업 운영, 방과후학교 학생 참여율, 체력 발달율, 학업 중단율, 취업률, 교원 직무 연수 이수 실적, 학생 동아리 활동 운영 실적, 수업의 질 제고, 학교(기관) 상벌 및 공공성

④ 교원 평가

가. 평가 목적 : 교원의 전문성 진단을 통한 지속적 능력 개발 지원

나. 평가 종류, 평가참여자 : 동료 교원 평가 학생 만족도 조사 학부모
   만족도 조사

⑤ 근무 성적 평정

가. 평정 대상 : 교사 전원(관리자의 일방적 평가)

나. 교사 근무 성적 평정 요소 : 교육자로서의 품성(10점), 공직자로서
   의 자세(10점), 학습 지도(40점), 생활 지도(20점), 교육 연구 및 담
   당업무(20점 이상 90점 미만) : 20%

⑥ 일제고사 (국가 수준 학업 성취도 평가)

가. 시행 목적

 – 학생 개개인 및 단위 학교의 학업 성취 수준 파악

 – 교육과정 개선 및 행·재정적 지원의 기초 자료로 활용

나. 평가 대상 : 중학교 3학년, 고등학교 2학년

다. 평가 결과 통지 및 발표

 – 학생 : 개별 학생들에게 성취도를 4단계 수준으로 통지

 – 학교 : 학교 알리미 사이트 및 각 학교별 홈페이지에 공시

 – 국가 : 시·도교육청 단위의 성취 수준 비율, 향상도 분석, 발표

⑦ 문제의 인식 및 비판

■ 과도한 교사 대상 평가

 – 실효성, 과중한 부담, 사기 저하, 교원 간 인화 저해 등

- 불필요한 평가 항목 과다

■ 학생 대상 평가도 많음
- 3월 초 3~6학년 진단평가/ 6월25일 초6, 중3, 고2 전국성취도평가
- 12월13일 중1, 2학년 전국연합학력평가
- 고 1, 2학년 4회 전국모의고사, 고 3학년 6회 모의고사, 다수 사설
  모의고사

■ 전반적인 평가 과잉, 사교육비, 강제 자율, 보충 수업 과잉
■ 평가는 학생들을 고무시키고 자발성을 키우는 방향이어야 함
■ 교사 평가 또한 구성원간의 협력과 인화를 이끌어내는 도구이어야 함

3. 대안과 정책

■ 교사 대상 평가의 수를 획기적으로 축소
■ 학생 대상 평가의 수를 축소
■ 비교육적인 평가 항목을 축소
■ 사교육비 부담을 줄이는 방향으로 평가 진행
■ 평가는 학생들을 고무시키고 자발성을 키우는 방향으로.
■ 교사 평가는 구성원의 협력과 인화를 이끌어 내야 함.

〈작성자 : 정한철〉

다양한 체험학습 중심의 공립대안학교 설립

1. 제안 배경

- 성적 경쟁 일변도의 공교육 속에서 진정한 배움으로부터의 이탈현상이 가속화되고 학업에 대한 관심과 흥미가 전반적으로 낮아지고 있다.
- 이에 따라 학습 부적응아가 갈수록 늘어나고 탈학교, 학교폭력이 심화되는 등 공교육의 위기가 심화되어, 이미 교육문제를 넘어 정치사회적 문제로 확대되고 있다.
- 이에 반해, 다양한 체험학습을 통한 전인교육, 공동체교육, 생태교육 등에 대한 시민들의 요구는 급격히 늘어나고 있고, 공교육이 이를 만족시키지 못하는 가운데 사설 교육 기관들이 여러 열악한 여건에도 불구하고 이를 떠맡고 있는 실정이다.
- 이런 심각한 상황들에 대한 문제인식이 다른 지역에서는 공교육 내

의 구체적인 여러 대안으로 조금씩 나타나고 있으나, 부산에서는 여전히 초보적 논의 수준을 벗어나지 못하고 있고, 시민사회에서 공론화되지도 못하고 있는 실정이다.

2. 현황과 문제

① 공립 대안학교의 정의

초 · 중등교육법 60조는 대안학교를 '학업을 중단하거나 개인적 특성에 맞는 교육을 받으려는 학생을 대상으로 현장 실습 등 체험 위주의 교육, 인성 위주의 교육 또는 개인의 소질 · 적성 개발 위주의 교육 등 다양한 교육을 하는 학교'로 정의하고 있다. 따라서 이런 목적을 달성하기 위해 지방자치단체가 설립한 학교가 공립 대안학교이다.*

* 초 · 중등교육법의 근거조항
제60조의3(대안학교) ① 학업을 중단하거나 개인적 특성에 맞는 교육을 받으려는 학생을 대상으로 현장 실습 등 체험 위주의 교육, 인성 위주의 교육 또는 개인의 소질 · 적성 개발 위주의 교육 등 다양한 교육을 하는 학교로서 각종학교에 해당하는 학교(이하 "대안학교"라 한다)에 대하여는 제21조 제1항, 제23조 제2항 · 제3항, 제24조부터 제26조까지, 제29조 및 제30조의 4부터 제30조의 7까지를 적용하지 아니한다. ② 대안학교는 초등학교 · 중학교 · 고등학교의 과정을 통합하여 운영할 수 있다. ③ 대안학교의 설립기준, 교육과정, 수업연한, 학력인정, 그 밖에 설립 · 운영에 필요한 사항은 대통령령으로 정한다. [전문개정 2012.3.21]

대안학교의 설립 · 운영에 관한 규정[시행 2010.11.2] [대통령령 제22467호]
제5조(대안학교설립운영위원회의 구성 · 운영) ① 대안학교의 설립 · 운영에 관한 중요사항을 심의하기 위하여 교육감 소속하에 대안학교설립운영위원회(이하 "위원회"라 한다)를 둔다. ②위원회는 위원장, 부위원장 각 1명을 포함한 7명 이상 9명 이하의 위원으로 구성하되, 대안교육관련 전문가가 과반수가 되도록 하여야 한다. ③위원회의 위원장은 관할 시 · 도 교육청의 부교육감이 되고, 위원은 교육감이 위촉하며, 부위원장은 위원 중에서 호선互選한다.
제12조(국 · 공립 대안학교의 위탁운영) ① 국 · 공립 대안학교의 설립자는 위탁운영계약을 통하여 「사립학교법」 제2조제2항에 따른 학교법인과 그 밖에 안정적으로 대안교육을 실시할 수 있다고 판단되는 자에게 대안학교의 운영을 위탁할 수 있다.

② 왜 지금 공립 대안학교에 주목하는가?

'21세기 지식기반사회' 등의 현란한 개념들을 동원하지 않더라도 공교육, 또는 제도교육이 획일적인 인적 자원 양산의 수단에 머물러서는 안 되며, 극도로 서열화 된 대학에 입학하기 위한 무한경쟁의 도구에 머물러선 안 된다는 데는 거의 이의가 없다. 하지만 우리의 학교교육은 거의 대부분이 그 수준을 벗어나지 못하고 있다. 우리 교육을 얘기할 때 가장 심각한 문제로 지목되는 높은 자살률, 매우 낮은 학습흥미도, 일상화된 학

현존하는 공립 대안학교의 유형
아직 이에 대한 교육학계의 공식적 유형 분류는 되어 있지 않아 필자가 편의상으로 분류한 것이다.

1)부적응 학생 대상 특성화학교
① 자체선발형 - 경남(태봉고), 전북(동화중)
　부적응 상태에서 졸업한 학생들을 선발하여 3년 또는 6년 동안 지속적으로 가르치는 학교이다. 학습당 학생 수가 아주 적고 학교 규모도 작은 데다 기숙사를 갖추어 모든 생활을 꽤 오랜 기간 동안 같이 하기 때문에 지도 효과가 높은 것이 장점이지만, 극소수의 학생들만을 대상으로 하기 때문에 많은 학교에서 수시로 발생하는 부적응 학생들에 대해서는 다른 방법을 강구해야 하는 문제가 있다.

② 위탁형 - 광주, 강원(현천고 등)
　대상 학생이 재학하고 있던 학교에 그대로 학적을 두고 일정 기간 동안 청소년 선도 기관 등에 한시적으로 위탁해 오던 것을 특성화학교로 만드는 것이다. 아직 설립 중이어서 운영의 성과나 한계를 섣불리 말할 수는 없지만, 많은 학생들을 가르쳐야 하는 일반 학교에서 지도하기 어려운 아이들을 필요에 따라 그때그때 지도할 수 있는 장점이 있으나, 일반 학교와 여건이 판이하게 다른 곳에서 단기적으로 머물다 다시 원래의 학교로 복귀해야 하기 때문에 지도의 실효성이 별로 없었던 위탁시설의 문제점을 그대로 답습하지 않겠느냐는 우려를 낳고 있다.
　광주에서는 사립재단에 운영을 위탁한 형태인 용연학교(중학교 과정), 돈보스코 학교(고등학교 과정)가 현재 운영 중이며, 직영 형태의 학교 설립도 추진하고 있다.

2) 다양한 체험학습 중심
　법적으로는 원하는 학생들이 이런 학교를 선택할 수 있으나 현재는 이런 유형의 '공립 대안학교'는 없다. 대신 진보교육감이 선출된 지역에서 자율학교의 한 형태로서 '혁신학교' '무지개학교' '행복 플러스 학교' 등의 이름으로 운영되고 있는 것들을 넓은 범주의 공립 대안학교로 볼 수는 있다. * 예산 지원이나 학급당 학생 수 등에서 약간의 혜택을 받고 교육과정 운영에서도 상당한 자율성이 보장되기 때문에 주변 지역의

교폭력 등도 대부분은 이런 현실에 기인한다.

이 때문에 전국 도처에서 그 대안 모색을 위한 노력이 꾸준히 이루어져 왔다. 학교 부적응아들을 위한 영산성지학교가 개교한 1980년대 이후, 학생 개개인의 특성에 맞는 다양한 교육을 지향하는 시도들이 계속되고 있으며, 공교육 내에서도 '혁신학교' 등의 이름으로 이미 그 구체적 모습들이 자리를 잡아가고 있다.

4백만 가까운 인구가 살아가는 부산에도 이런 다양한 교육에 대한 요구들은 당연히 있어 왔고 날로 증가하고 있다. 이런 현실에 부응하여 우다다학교, 사과나무학교, 꽃피는학교, 온세미학교, 참빛학교 등 여러 사립 대안학교들이 설립되어 운영 중이지만, 시민들의 수요를 충족시키기에는 아직 미미한 규모이며 교육환경이나 교육비 등에서 여러 문제를 안고 있는 것도 사실이다.

그러므로 부산에도 타 지역의 자율형 특성화학교나 혁신학교와 유사

땅값을 올릴 만큼 각광을 받고 있다. 그 교육과정의 운영 형태도 매우 다양하여, 역량중심교육과정, 주제통합교육과정, 체험중심교육과정, 창의지성교육과정, 진로중심교육과정, 독서연계교육과정 등 특화된 교육과정을 지니고 있다.

3) 복합형 – 전남(청람중)
지역사회의 대안교육 수요를 충족시키면서 부적응 학생 문제도 동시에 해결하기 위해 위의 2가지 형태를 모두 설치하여 운영하는 형태인데, 막 운영을 시작해서 아직 그 효과나 장단점 파악이 어렵다. **

일부에서 학교 부적응 학생들을 대상으로 하는 학교만을 대안학교로 인식하는 것은 매우 협소하고 잘못된 인식이다. 이는 이미 다양한 형태로 자리 잡아가고 있는 사립 대안학교들을 보기만 해도 쉽게 알 수 있다.

* 이런 새로운 학교들의 성과와 과제에 관해서는「공립형 혁신학교의 현황진단 및 과제 심포지움」(2011.1.21.)과「혁신학교 정책포럼」(2013.5.8.) 자료집 참고.
** 전남 강진에 있는 청람중학교는 2013년 3월에 개교했다. 2014년에는 인근 지역인 보성의 소규모 학교 3개를 통폐합하여 같은 형태의 학교를 개교하려고 추진하고 있으나, 농어촌 소규모 학교 통폐합 문제와 연관되어 찬반 논란이 일고 있다.

한 다양한 형태의 공립 대안학교가 설립되어야 한다.

③ 부산의 현황

부산시교육청은 2012년부터 사업계획에 '공립 대안학교 설립'을 계속 명시하고 있으나 그에 필요한 예산을 전혀 책정하지 않아 지금까지도 구체적 로드맵은 확정되지 못한 상태이다. 현재는 교육청 내부 계획 수립 단계인데, 학교 부적응 학생들을 한시적으로 교육시키는 유형에만 한정하여 논의가 진행되고 있다.

'다양한 체험학습 중심의 공립 대안학교'에 대해서는 교사와 학부모들의 요구는 수 년 전부터 계속 늘어나고 있으나 부산시교육청의 매우 부정적인 태도 때문에 공식적으로는 논의조차 이루어지지 못하고 있는 상황이다. 물론, 내용상으로는 금성초등학교가 이에 근접한 형태로 운영되고 있지만, 다른 학교로 확산되기는커녕 그 자체의 존속마저 끝없는 도전에 시달리고 있는 실정이다.

3. 방향과 비전

부산시교육청은 우선 2014년 예산에 공립 대안학교 설립에 필요한 기본 경비를 책정해야 할 뿐 아니라, 학교의 형태나 운영에 대해 시민공청회 등을 통하여 교사와 학부모들로부터 다양한 여론 수렴을 하는 것이 절실하다.

위에 언급한대로, 공립 대안학교의 개념을 학교 부적응아 대상으로만 국한해서도 안 되며, 그렇게 한정하다 하더라도 여러 유형을 놓고 그 장·단점을 면밀히 검토하지 않으면 안 된다. 현존하는 어느 유형의 학교도 일반 학교에 적응하지 못하거나 거기서 상처받은 아이들의 문제를 완전히 해결하고 있지는 못하기 때문이다.

더 나아가, 부산이라는 도시의 규모와 위상에 걸맞은 다양한 공립 대안학교를 설립하는 일을 더 이상 미루어선 안 된다. 이를 위한 폭넓은 논의와 각계의 의견 수렴은 너무나 당연한 과정인 것이다. 다양한 체험 위주의 교육과정 속에서 현재의 제도교육과는 다른 교육의 받고자 하는 요구가 점점 늘어나는 상황에서, 교육감이나 일부 교육 관료들의 이해 관계 등의 이유로 이런 시대적 요구가 계속 무시당하는 일이 있어서는 안 된다.

4. 대안과 정책

이 과제를 실현하는 데는 교육감의 의지가 절대적이다. 기존의 관료적 질서를 유지하려는 보수적 교육 관료들의 완강한 저항을 막아내고 내부형 공모 교장제를 확대 도입하여 다양한 새로운 시스템을 안정적으로 운영하려면, 시민들에 의해 선출된 교육감의 확고한 의지 없이는 어렵기 때문이다. 설동근 교육감 재임 시에 전교조와의 협의를 통해 자율학교로 운영을 시작했던 금성초등학교조차 설 교육감 재임 중에도 여러 차례의 '복고 기도'에 시달려야 했고, 임혜경 교육감은 노골적으로 혁신학교에 대한 반감을 드러내고 있는 실정이다.

그러나 우리 교육이 현재의 지극히 왜곡된 현실을 벗어나, 새로운 학교문화를 만들고 학생들을 진정한 자기 인생의 주인으로 성장하도록 지원하는 교육 본연의 역할을 제대로 할 수 있으려면 넓은 의미의 공립 대안학교를 활성화하는 일은 꼭 실현해야 할 과제이다.

그러려면 우선 이에 대한 범시민적 공감대 확산이 절실하다. 시민들이 쉽게 이해할 수 있는 홍보와 운동이 필요함은 두말할 필요가 없다.

또한 이 문제는 2014년의 교육자치선거를 동해 전면적으로 제기해야 한다. 현재의 부산 상황으로 볼 때, 기득권층의 이해를 대변하는 성향의 교육감으로는 이 문제를 제대로 풀어 나갈 수 없기 때문이다.

그리고 만약, 위에 언급한 과제들을 동시에 추진하는 것이 예산 문제 등 현실적 어려움이 있다면, 과도적으로 「부산광역시 교육균형발전조례」를 활용하여 '지역중심학교'**를 선정, 추진하는 우회적인 방안을 모색해 볼 수도 있다. 그러나 지금까지의 경과를 감안할 때 이마저도 교육청에만 맡겨두어서는 결코 이른 시기에 현실화되긴 어려울 듯하다. 「부산광역시 교육균형발전조례」는 지역간 교육격차를 해소 내지 완화하기 위한 제도적 장치로 2010년에 제정되었으나, 부산시교육청의 의지 부족으로 지금까지 아무런 새로운 정책적 시도나 성과도 내지 못하고 있기 때문이다. 이에 대해서도 교육청과 시민사회가 함께 머리를 맞대는 지혜가 필요하리라 생각된다.

〈작성자 : 고호석〉

** 부산광역시 교육균형발전조례」 제6조(지역중심학교 운영)
① 교육감은 교육격차 완화를 위한 다양한 사업을 추진하고 권역내 학교간의 협력추진체계를 구축하여 우수학교 육성에 기여할 수 있는 학교(이하 "지역중심학교"라 한다)를 지정 · 운영할 수 있다.
② 교육감은 제7조의 부산광역시교육균형발전위원회의 심의를 거쳐 지역중심학교를 지정하며, 지정된 지역중심학교에 대하여는 예산의 범위에서 필요한 지원을 할 수 있다.

청소년 생활세계 지원

1. 제안 배경

- 시민사회의 구성원으로서의 청소년 세대 인식
- 청소년 삶의 질 향상을 위한 청소년 세대에 대한 사회적 관심 요구
- 청소년이 행복한 지역사회를 위한 청소년 생활세계 인프라 확충 필요

2. 현황과 문제

■ **청소년을 미래세대의 주인공으로만 인식하는 사회**

지역사회 성장에 청소년은 중요한 요소로 인식되고 있지만 이러한 성장 속에 청소년의 에너지는 고려되지 않고 있다. 흔히 '청소년은 국가의 미래'라는 표현을 자주 쓴다. 그러나 이 국가의 미래를 결정할 청소년을 위한 기반은 여전히 열악한 것이 현실이다. 청소년이 당당한 시민사회의

주역으로 참여하기 위한 운동이 전개되고 있기는 하나 청소년을 둘러싸고 있는 생활세계의 전반에 대한 관심은 여전히 부족하다.

다양한 청소년의 목소리는 청소년을 대상으로 보는 것을 넘어 청소년들이 문화와 인권을 찾고 참여·자율·자치가 보장되는 생활세계뿐만 아니라 시민사회의 당당한 파트너로 인정되기를 요구하고 있다. 실제로 청소년 수련 시설이나 청소년 단체에는 청소년들이 직접 청소년운영위원회를 구성해 운영에 참가하고 있고, 시·군·구 단위의 청소년협의체가 구성되고 있다. 이런 모색은 적어도 청소년이 있는 곳에 청소년들이 직접 참여해 의사 결정을 할 수 있도록 시스템이 만들어져야 하고, 이러한 제도적 기반과 의식 전환 속에서 지역사회의 다양한 영역 속에 청소년이 참여할 기회를 주어야 할 것이다. 청소년 생활세계를 담아내고 청소년이 지역사회 구성원으로 지역사회의 다양한 문제에 참여 기회를 가지는 활동 모색은 시민으로서의 첫걸음이자 중요한 기반이 될 것이다.

■ 청소년 인프라에 대한 관심 부족

청소년활동 정책에 의한 부산지역 구 단위의 청소년 수련 시설 설치는 활성화되지 못하고 있다([표1]). 이는 수련 시설 설치에 대한 예산 및 수련 시설 운영에 대한 지자체의 부담이 함께 작용하고 있다고 해도 과언이 아니다. 상대적으로 타 복지 시설에 비해 관심도가 떨어지는 것도 현실이다. 이러한 상황은 참정권을 갖지 못한 청소년 세대에 대한 역차별로 여겨지며, 이미 지역사회 청소년의 생활세계에도 영향을 미치고 있다. 이미 설치되어 있는 청소년 수련 시설의 경우에도 타 시도의 청소년 시설에 비해 현저하게 지원이 떨어진다([표2]). 청소년 수련 시설 설치 20년이 넘어서는 시점에 여전히 청소년 인프라의 핵심인 수련 시설 운영마저도 현실화 되지 못하고 있다. 청소년 단체를 통한 지역사회의 다양한 청소년운동의 영역도 점차 축소되고 있으며, 이는 입시 위주의 교육 정책과 맞물려 학교 밖 청소년의 삶의 질이 외면되고 있는 실정이다. 지역사회가 바라는 건강한 청소년상은 정책과 재정의 체계적인 인프라 확충을 통해 기대해 볼 수 있을 것이다.

■ 청소년은 행복하지 않다

우리나라 청소년의 주관적 행복지수는 OECD 23개 국 중 65.98점으로 3년간(2009~2011년) 최하위에 머물러 있다(방정환 재단-연세대학교 연구소, 2011). 한국 아동청소년인권실태 보고서(2012)에 따르면 우리나라 아동청소년 4명 중 1명은 행복하지 않다고 나타났고, 그 이유로는 학업 부담(36.3%), 미래에 대한 고민(18.6%), 화목하지 않은 가정(11%) 등을 들었다. 스트레스의 원인도 학업, 미래에 대한 불안, 외모 신체 조건 등을 꼽았으며, 일반고 학생 10명 중 9명, 초등학생 2명 중 1명이 학업 스

[표1] 부산지역 청소년 수련 시설 현황

시설명	소재지	운영 주체
금련산청소년수련원	수영구 황영산로 156번지	부산시
아르피나	해운대구 우동35번지	부산도시공사
금정청소년수련관	금정구 부곡3동 200-62	범어청소년동네
금곡청소년수련관	북구 금곡동 100-1	삼동청소년회
양정청소년수련관	부산진구 양정2동 260-5	재단법인불국토도량
함지골청소년수련관	영도구 동삼1동 산149-4	재단법인내원청소년단
사상구청소년수련관	사상구모라1동 1365-1	부산 YMCA
북구청소년문화의집	북구만덕2동 289-1	삼동청소년회
구덕청소년수련관	서구 서대신동3가 산2-1	재단법인내원청소년단
부산진구청소년문화의집	부산진구 전포1동 산44-1	부산 YMCA
해운대청소년문화의집	해운대구 반송2동890	해운대구
중구청소년문화의집	중구 보수2가64-1	재단법인내원청소년단
해운대구 청소년수련관	해운대구 재송동	적십자

[표2]부산시와 서울시의 청소년 예산 (2012년)   (단위: 천 원)

부산시 청소년 예산

2012년 부산광역시 총예산	청소년 건전육성 및 보호기능 강화 예산	보육서비스 지원확대 예산 (타 예산 비교 예시)
7,351,020,158(10%)	13, 405,000(0.18%)	288,433,375(3.9%)

부산시 청소년 예산 세부 내역

총 계	13,405,000		
국비	5,114,000		
시비	8,291,000		
	구분	금액	%
운영 보조금 내역	시직영 수련시설	3,907,494	29.2%
	시위탁 수련시설	735,000	5.5%
	신규 수련시설건립 (해운대수련관)	4,480,000	33.4%
	청소년지원사업	4,282,506	31.9%

서울시 청소년 예산

2012년 서울특별시 총예산	청소년 건전육성 및 복지서비스 증진 예산
21,782,900,000(100%)	155,922,875(0.72%)

총 계	155,922,875		
	구분	금액	%
운영보 조금 내역	· 청소년수련관 위탁운영지원	18,004,732	12%
	청소년시설확충 및 운영개선추진	21,125,632	14%
	청소년 수련 프로그램 운영지원	1,949,800	1%
	청소년보호지원	6,627,128	4%
	교육복지 추진	108,215,583	69%

부산지역 청소년수련시설 운영비 현황

구분	부산지역현황	타시도 수련시설 운영비 현황
청소년수 련관	운영비 지원 시위탁 260,000 구위탁 60,000~130,000	-서울경기지역 500,000~1,000,000 -진해시 650,000 (신규 시설)
청소년문 화의 집	60,000~96,000천원	-서울경기 300,000~400,000 -은평청소년문화의집 350,000 (신규 시설)

트레스를 받는다고 답했다. 한편 청소년들이 행복한 삶을 살아가도록 하기 위해서는 무엇보다 청소년들이 생활하는 지역사회 환경을 개선해야 한다는 의견이 있으며, 이는 청소년에게 제공되는 도시 환경과 서비스의 질을 개선하기 위해 청소년 친화적인 지역사회 환경을 조성하려는 국가와 지방정부 차원의 접근과 노력이 요구된다(황옥경, 김영지, 2011). 유니세프가 2000년부터 전개해온 '청소년친화마을' 사업에서는 청소년이 건강하게 성장하는 도시, 청소년의 핵심 역량을 개발하고 잠재력을 극대화할 수 있는 지역사회 환경을 마련하여 행복한 삶을 누리는 도시를 마련해야 하며, 청소년을 위한 지원 서비스와 다양한 체험 프로그램을 할 수 있는 기회와 공간이 적절히 제공될 수 있어야 한다고 제시하고 있다.

3. 방향과 원칙

- 부산지역 청소년 생활세계 조사를 통한 청소년 정책 마련
- 청소년 예산 1% 확보를 통한 청소년 지원 서비스 강화
- 부산지역 청소년 수련 시설 구 단위별 설치

4. 대안과 정책

- **부산광역시 청소년 생활세계 및 정책 진단을 통한 계획 수립**
  - 청소년의 참여와 생활세계를 대변하는 청소년 정책
  - 청소년 예산 인프라 구축 (청소년 예산 1% 확보)
- **청소년 시설의 인프라 확대 및 역량 강화**
  - 부산광역시 16개 구별 1개 소 청소년 시설 설치

- 부산 청소년 700,956명(부산시 전체 인구의 19.5% ; 2011년12월말 현재)
- **■ 청소년 지원 서비스 강화**
- 청소년 문제(학교폭력, 자살, 가출 등등)의 예방 기능을 수행하고 있는 청소년 시설이 지역사회 청소년 종합 체험활동의 장으로 활용할 수 있도록 기능 강화.
- 청소년 인성교육 및 민주시민교육 강화
- 다문화 청소년, 이주 청소년의 건강한 성장 지원
- 청소년의회 구성
- **■ 청소년들의 안전한 문화 공간 역할 수행을 위하여 지속적이며 중장기적인 청소년 수련 시설 기능 보강**
- 노후된 청소년 수련 시설의 체계적인 시설 개보수를 통하여 청소년이 쾌적하고 안전하게 시설을 이용할 수 있도록 지원
- 에너지 절감을 위한 기능 보강을 통하여 재정 운영의 효율성을 확보하며 장기적인 수련 시설 운영 건강성을 모색
- **■ 청소년정책 한계 극복을 위한 전문성 확보 및 기관 부서별 협력**
  - 청소년 업무 전문 공무원 배치(예 : 사회복지 전문 공무원)
  - 부산광역시교육청과 부산시 아동청소년담당관실의 업무 협력 체계 구축

〈작성자 : 정명주〉

학부모 · 청소년 교육의회 설치

1. 제안 배경

- 2014년 6월 30일자로 처음이자 마지막으로 '교육의원'이 소멸되어 (교육의원일몰제) 사실상 교육의회가 사라짐. 시의회 안에 교육전 문가가 아닌 시의원에 의한 교육상임위원회만 존재하게 되어 교육 의 정치적 중립성 · 전문성이 심각하게 훼손될 것으로 우려됨.

- 집행 기관인 교육감의 막대한 권한을 견제할 주민 대표 기관인 교육 의회가 필요하고, 특히 학부모 · 학생 · 교사 · 청소년 등 교육 주체 들의 적극적인 참여의 통로로서 '학부모 · 청소년 교육의회'가 절실 히 요구됨.

2. 현황과 문제

① 형식적 운영에 불과한 지방교육자치제도

우리나라 지방교육자치제도는 1949년 '교육법'이 제정 · 공포되고, 이에 따른 '교육법시행령'이 1952년에 제정 · 공포되면서부터 시작되었지만, 약 30년간 실질적인 지방교육자치를 시행해오지 못하다가 1991년에 '지방교육자치에관한법률'이 제정 · 공포되면서부터 어느 정도 지방교육자치제의 모습을 갖추게 되었다. 그 후 지방교육자치는 계속적으로 이념과 정치적 성향 등이 다른 제도 추구자들 간에 갈등이 있어 왔고, 이러한 갈등에 따라 여러 차례 제도적 변화를 겪게 된다. 이러한 변화를 거쳐 우여곡절 끝에 2006년 12월에 전면 개정된 지방교육자치에관한법률에 기초하여 2010년 2월에 교육위원회 설치와 구성 그리고 교육감과 교육의원 선출 등이 개정되었다.

그러나 현행 지방교육자치제도는 어쩌면 한시적인 제도라고 할 수 있다. 2014년이 되면 지금과는 다른 모습을 아예 현행법을 제정할 때부터 제시하고 있기 때문이다. 현행 지방교육자치제도에 관한 법률에서 한시적 적용(2014년까지)으로 명시되어 있는 항목은 가장 논의의 쟁점이 되었던 부분들이다. 결국 한시적 적용으로 교육의원제도가 1회성에 그치고 말아 그나마 형식적으로 교육 주체들의 의견을 전달할 수 있는 통로가 사실상 막혀 버리는 것이다.

② 중앙정부에 종속된 지방교육자치

우리나라에 지방교육자치가 시행된 지도 22년이 지났지만 여전히 중앙 정부에 종속된 구조를 가지고 있다. 2010년 이른바 '진보 교육감'으로 불리는 서울 · 경기 · 강원 · 전남 · 전북 · 광주 교육감들의 당선과 함께 지역교육청이 정부의 정책과는 다른 목소리를 내기 시작하면서 이 문제는 표면화되기 시작했다. 직선제 교육감이 등장하기는 했지만, 교육감이 만든 조례를 교육부가 법률로써 무력화시키는 경우도 있었고, 직접 선출된 교육감이 부교육감을 임명하지 못하고 교육부에서 직접 파견하고 있는 것도 중앙 정부로부터 자유롭지 못한 증거 중 하나이다.

③ 여전히 교육주체의 참여가 미약한 지방교육자치

현행의 제도에서 주민이 직접 교육자치에 참여할 수 있는 길은 '주민참여예산제도'이다. 교육청의 주민참여예산위원으로 참여하여 예산의 편성과 집행에 참여할 수 있지만, 실제로는 자문에 불과한 역할이고 그마저도 교육청에 의해 위원들이 결정되는 구조이다. 지금까지 이 분야에서 활동한 단체가 아니고 추첨을 통해 구성을 하고, 당연직으로 교육청에서 관리하고 있는 학부모 단체를 넣고 있는 등 위원들의 전문성을 담보하기 매우 어려운 실정이다.

또 하나는 의정참여단으로 지방의회에서 의정 모니터 활동을 하는 것이다. 지방의회가 설치된 이후 지속적으로 예산 분석과 함께 의정 모니터를 하고 평가하여 우수 의원을 발표하는 등 활동을 해 왔지만, 한계가 많았고 실질적으로 참여하기 힘든 구조이다. 이 밖에 학생들을 대상으로 하는 '의회교실'이 있지만 일회성의 견학에 불과한 것이 실정이다.

주민이 직접 참여하는 방법으로는 선거에 출마하여 교육위원이나 교육의원으로 활동하는 방법도 있지만, 지금까지는 제도적으로 참여의 길이 사실상 막혀 있었고, 늘 교육 관료들의 잔치로 끝나고 말았다. 입후보 조건에 교육 경력 조항을 넣어 학부모는 입후보 하기가 불가능했고, 교원들은 정치적 기본권이 없어서 참여하기 어려웠고, 학생·청소년은 아예 길이 없었다.

따라서 2014년 교육위원회가 사라지고 사실상 막대한 교육감의 권한을 제대로 감시하고 견제할 역할을 할 수 없는 상황에서 학부모 · 학생 · 교사 · 청소년들이 참여하는 교육의회를 설치할 필요가 절실히 요구되는 것이다.

3. 방향과 비전

■ 지금까지 당사자이면서 늘 대상화되어 왔던 학부모 · 학생 · 교원 · 청소년 등 교육 주체들이 직접 교육자치에 참여하는 '교육의회'를 구성하여 교육민주주의를 실현시킨다.

■ 형식적인 활동이나 자문에 거치는 기구가 아니라 실질적인 활동을 보장하기 위해 교육의회 조례 제정을 통해 법률적으로 제도화한다.

■ 단위 학교에 설치된 학교운영위원회 학부모 · 교사 · 지역 운영위원들을 교육의회 의원으로 참여할 수 있도록 함으로써 단위 학교의 학교자치에 기여하도록 하고, 학생들도 학생 의원으로 교육의회에 참여할 수 있도록 함으로써 학생회를 활성화하여 학생자치 역량을 키우도록 한다. 또한 학교 밖 청소년들도 교육의회에 참여함으로써 사회교육 · 평생교육의 혜택을 누리도록 한다.

■ 교육 주체들이 교육의회 활동을 통해 지방교육자치의 경험을 쌓고, 나아가 지방자치에 참여할 수 있는 역량을 키워 시민이 참여하는 민주주의가 확대되도록 하는데 기여하도록 한다.

4. 대안과 정책

■ 조례 제정을 통하여 시민참여형 교육의회를 구성

- 교육의회의 임무는 교육청의 예 · 결산을 심의 · 자문하여 시의회에 제출하고, 교육청의 업무에 대해 감사를 실시하고, 교육조례 심의 권을 갖는다.

- 교육의회는 선출직으로 학부모 · 교원의원 12명, 청소년 · 학생의원 12명, 비례대표 12명으로 총 36명으로 구성한다.

- 교육의회는 본회 산하에 상임위원회로 학부모 · 교원위원회 및 청소 년 · 학생위원회를 두고, 각각 학부모와 교원에 관련된 사항 및 청소 년과 학생에 관련된 사항을 심의 · 자문한다.

- 상임위원회는 위원장 1인과 부위원장 1인을 두고, 본회는 의장 1인 과 부의장 2인을 둔다.

- 위원장과 부위원장은 각 상임위원회에서 무기명 비밀투표로 선출하 고, 본회 의장은 교육의회 전원의 무기명 비밀투표로 선출한다. 부 의장은 의장의 상임위원회 1인과 다른 상임위원회 1인을 각각 추천 을 받아 의장이 임명한다.

- 상임위원회 구성은 다음과 같이 한다.
  - 학부모 · 교원위원회는 학부모 · 교원의원 각 6명, 비례대표 6명 총 18명으로 구성한다.
  - 청소년 · 학생위원회는 청소년 · 학생의원 각 6명, 비례대표 6명 총 18명으로 구성한다.

- 학부모 · 교원의원은 학교운영위원회에서 선출하고, 청소년 · 학생 의원은 학생회와 청소년 단체에서 선출하고, 비례대표는 교원 단체,

학부모 단체, 시민단체에서 추천한다.

〈 교육의회 조직 〉

- 교육의회는 여름방학과 겨울방학을 이용하여 정기회 2회를 개최하고, 필요시 의원 과반수의 찬성으로 1회 1주일 이내의 임시회를 개최한다.

〈작성자 : 강용근, 김정숙〉

특수교육 재정비를 통한 장애인 교육복지 실현

1. 제안 배경

- 장애인 등에 대한 특수교육법의 시행에 따라 특수교육기관이 신·
  증설되고 특수교사가 확충되며, 장애학생들을 위한 다양한 교육복
  지 서비스가 한층 강화될 것으로 기대했지만 특수교육 현장은 거의
  변화되지 않고 있음.
- 심지어 법안이나 시행령, 시행규칙에서 정한 규정조차 제대로 지키
  지 않고 있는 분야도 부지기수.
- 이는 정부 차원의 책임을 지지 않았기 때문에 발생한 전국 공통적
  현상이기는 하나, 부산 특수교육의 전반적인 평가 수준이 전국 평균
  에 비해서도 떨어진다는 것은 매우 우려할 사안임.
- 미온적인 당국의 조처만 기대하고 있기에는 상황이 아주 다급함.
- 교육이 생명인 장애인의 권익 보호와 복지 증진을 위해 시민사회의

적극적인 관심과 동참이 절실한 실정이어서 긴급한 시민의제로 제안.

2. 현황과 문제

① 법정 정원도 확보하지 못한 특수교육 교사 절대 부족 문제

특수교육법으로 정한 특수교사 법정 정원 미확보 문제는 특수학교(급)의 과밀학급 현상을 부추기며 특수학교(급) 신·증설 시 걸림돌이 되며 기간제 교사의 한시적인 고용 증가로 인한 전반적인 특수교육의 질 저하의 요인이 되고 있고, 특수교육지원센터에 충분한 정규직의 특수교사가 배치되지 못해 효율적이고 체계적으로 특수교육 대상자 교육 지원을 제대로 수행하지 못하는 근본 요인이 되고 있는 등 전반적으로 특수교육의 부실 현상을 심화시키는 주요인이 되고 있다.

② 경직된 특수교육 지원 시스템

상급학교로 갈수록 특수학교(급)에 배치된 중증·중복 장애 학생의 수가 증가하는 현상이 지속되는데, 이를 지원하는 지원시스템 개선이 이루어지지 않아 교육이 아닌 장애아동 신변 처리 등 보육의 수준에서 특수학급이 운영되거나, 단지 특수교사와 특수교육 실무원의 개인적 헌신의 방식으로 이루어지는 경우가 많다.

③ 부실한 특수교육 및 특수교사 지원 여건

장애학생 편의 시설 설치·운영, 특수교육지원센터 운영, 순회교육 지원, 통합학급 담당 교사 연수, 특수학교 배치 특수교육 대상 학생의 과도한 통학 소요 시간, 특수 학급이나 일반 학급에 배치된 특수교육 대상 학

생에 대한 개별화 교육 지원 현황, 특수학교(급)에 배치되는 중증 · 중복 장애 학생을 위한 특수교육 실무원 등 각종 지원에 관한 각종 통계 자료를 통해 살펴 본 특수교육 지원 여건과 특수교사 1급 정교사 자격 연수, 특수교육지원센터 근무 특수교사 지원 등의 통계를 바탕으로 파악한 특수교사 지원 여건에다 장애인 교원 의무 고용률 준수 현황, 장애인 교원 임용 현황, 특수학교 운동부 운영, 특수교육 보조원 시간외근무 수당 지원에 관한 자료를 근거로 파악한 부산 특수교육의 전반적인 여건은 개선의 여지가 상당하다.

④ 성인 장애인 평생교육 여건 미비

성인기 장애인을 위한 평생교육 지원이 제대로 이루어지지 않아, 법과 제도 정비를 통한 지원 시스템을 구축하는 것 역시 상당한 사회적 문제로 대두되고 있다.

3. 방향과 비전

■ 통합교육정책 전반적인 재검토

우리 특수교육정책의 주요한 근간을 이루고 있는 통합교육 정책에 대한 전반적인 재검토가 필요하다. 현실적인 통합교육 환경을 고려하여 장애학생의 행복을 배려하고 장애의 특성과 정도에 따른 다양한 교육 서비스의 선택 폭을 넓힐 수 있는 방향으로 정책을 전개해야 한다.

■ 장애인 평생교육정책 강력 추진

성인 장애인의 평생교육 인프라 확대와 참여 기회 확대, 생애 주기별 교육 프로그램 확보 등을 담보하는 장애인 평생교육정책을 강력하게 추진해야 한다.

■ **특수학교의 직업교육의 문제점 전면적 재검토**

현재 장애학생의 직업 교육은 '장애인등에대한특수교육법'에 따라 특수교육기관에서 운영되고 있으나, 직업 훈련은 국가에서 운영하는 직업 훈련 기관이나 장애인 복지 기관, 혹은 기업체 훈련 기관 등에서 실시해야 한다.

■ **특수교육 교사의 장애학생 교육 역량 강화**

특수교육 교사 선발시 수화, 점역 등 특수교육 관련 자격증 소지자에 대해 가산점을 부여해 예비교사 단계에서부터 장애 유형별 교수 능력을 신장시켜야 한다. 그리고 특수교육 교사의 교과 지도, 행동 지원 등의 특수교육 핵심 영역 및 장애 유형별 문제 행동 중재 능력 강화, 장애학생의 인권 보호를 위한 연수 등을 체계적으로 실시해야 한다.

■ **장애 학생 인권 보호를 위해 특수교육기관과 교육청의 제도 개선과 인식 변화**

특수교육 기관에서 각종 폭력(성폭력 포함) 행위가 발생할 경우 이에 대한 대응 매뉴얼 확립과 절차의 정당성 검증을 위한 학부모 모니터링단 참여를 확대해야 한다.

■ **장애학생의 특성에서 기인한 문제행동을 폭력으로 규정하고 비교육적 방법으로 대응하는 정책을 개선**

장애학생의 문제행동을 폭력으로 규정하고 심의를 거쳐 학생이 학교 이외의 장소에서 30일 동안 특별 프로그램 등을 받도록 하거나, 장애학생 과잉행동에 대한 문제 해결책으로 장애학생을 1년간 등교 유예시키는 방안을 추진하고 있고, 일부 특수학교에서 학부모의 사전 동의 없이 학생의 동영상과 사진을 찍는 등 사례 수집을 하고 있다. 과잉행동을 폭력으로 규정한 것은 교사와 학부모 사이를 이간질 하는 것이며, 이는 장애학생의 교육권을 침해하고 미래를 앗아가는 것이며, 학교교육이 퇴보하는 모습을 보이는 것이다.

■ 특수교육 보조인력 다양화 및 관리 체계 개선

장애학생의 장애 유형, 특성에 따라 전문적 지원을 할 수 있도록 관리, 운영 체계를 개선하고 운영 개선 방안 연구 및 다양화를 추진

■ 장애학생의 보조공학기기 활용 능력 신장

맞춤형 보조공학기기 제공을 통한 학습 편의성 및 성과 제고, 보조공학기기 운영 실태 조사, 보조공학기기 활용 및 학교 지원 등 운영 매뉴얼 개발, 보급과 함께 특수교사의 보조공학기기 활용 능력 향상 연수 추진하고 맞춤형 특수교육 보조공학기기 지원 확대

4. 대안과 정책

① 특수교육법 준수, 특수교사 법정 정원을 확보

특수교사 정원을 현재 「지방교육행정기관 및 공립의 각급 학교에 두는 공무원 정원에 관한 규정」에 의해 관리하지 않고 별도의 정원 관리 규정에 따라 관리하는 방안이나 별도의 법률 또는 규칙을 제정하여 향후 5년간 한시적으로 특수교사를 특별 충원하여 일반교사의 법정 정원 확보 수준으로 끌어올리는 방안, 일반학생 수 감소로 인해 일반교사의 정원이 과원이 될 것으로 예상되는데, 이 때 발생되는 과원 인원을 특수교사 정원으로 가져오는 방안을 강구해야 한다.

② 장애 유아 특수교육 지원을 강화

- 유치원 특수학급, 특수학교 유치부 담임교사를 유아특수교사로 배치. 학급당 학생 수 4명을 준수.
- 특수교육지원센터 배치 장애영아를 선정할 시, 장애가 의심이 되고, 조기 교육 또는 조기 중재가 필요하면 적절한 특수교육을 지원하여 장애 심화 또는 2차 장애를 예방. 장애영아에 대한 적합한 교육과정과 특수교육 관련 서비스 지원 방안 마련.

③ 특수학교 직업 교육 재검토
- 경증장애학생 직업 교과에 대한 예산의 활용 정도 재검토.
- 직업 배치 후 졸업생에 대한 사후 관리 방안 도출.
- 졸업생의 고용 유지 비율과 고용 실태 파악하여 대책 마련

④ 장애 성인을 위한 평생교육 여건 개선
- 학교 형태의 장애인 평생교육 시설에 대한 지원 계획과 운영 가이드라인 수립
- 학교 형태의 장애인 평생교육 시설 재학생을 특수교육 관련 서비스 대상으로 포함
⑤ 학부모 지원 강화 등 가족지원 환경 조성
- 자녀의 성공적인 학교생활 지원을 위해 실질적 조력자인 가족에 대해 다양한 지식 및 기술을 효과적으로 제공할 수 있도록 지원
- 특수교육지원센터 중심, 또는 지역사회 유관 기관 연계 장애학생 가족 지원 프로그램 운영 확대

⑥ 특수교육지원센터의 특수교육 관련 서비스 지원 기능 강화

– 일반학교 특수학급 및 일반학급에 배치된 특수교육 대상자 서비스 제공 위해 인력 보강, 예산 확충 등 특수교육지원센터 기능 강화
– 진단 · 평가, 상담, 치료 지원 등 특수교육 관련 서비스 지원 인력 배치 및 지역사회 인적 네트워크 구축을 통한 특수교육지원센터 인적 자원 운용 효율화

⑦ 방과후학교, 토요학교, 계절학교 운영 강화
장애학생 개별적 발달 요구에 적절한 교육을 제공하기 위한 평일 방과후학교 활성화, 일반 학교 수준의 토요돌봄, 토요스포츠데이, 토요방과후학교 운영 확대

⑧ 장애의 유형과 특성을 고려한 치료 지원 개선
– 치료 지원 운영 실태 조사 및 장애의 유형과 특성을 고려한 치료 지원 개선 방안 마련
– 학교(치료사 채용), 바우처 및 유관 기관 협력을 통한 수요자 중심의 치료 지원 제공
– 사설 치료실을 이용하는 학생의 안전과 고품질 치료 지원 서비스 제공을 위해 치료 프로그램 질 관리

⑨ 장애학생의 인권 침해 예방 매뉴얼 확립
– 매뉴얼 상의 지침을 준수할 수 있도록 지속적으로 특수교육 기관과 장애인 부모 단체, 장애인 인권보호 기관과의 연계 강화

〈작성자 : 장유성〉

시민의제 15

평생교육으로 교육도시 부산 만들기

1. 제안 배경

- 빠르게 변화하고 있는 현대 사회의 성인기 이후의 삶의 질을 담보하
  는데 필요한 교육이 균형적으로 필요하고, 만족할만한 수준의 교육
  의 질이 필요.
- 경쟁 교육에 바탕한 공교육 체계 때문에 국민 기본교육 단계에서 개
  인의 균형적 발달과 사회적 적응과 결속 역량 교육이 상대적으로 부
  실해져 성인기 평생교육으로 이를 보완해야 할 필요성이 대두.
- 국가와 지방자치단체에게 주어진 평생교육 진흥에 대한 책무를 효
  율적으로, 성과 있게 이행하기를 촉구하고 시민들의 평생교육에 대
  한 인식 변화와 참여를 유도하기 위해 시민의제로 제안.

2. 현황과 문제

① 시민들의 평생교육 참여 환경과 의지

평생교육의 주체이자 대상인 시민들이 참여하고자 하여도 학습 환경이나 조건이 맞지 않다면 참여하기 힘들다. 지방자치단체 등의 공공기관이 실시하는 강좌가 대개 일과 시간 중에 마련된다든지, 대중교통으로 쉽게 접근하기 힘든 공간이라든지, 홍보 부족으로 인해 교육 강좌에 대한 정보를 입수하기 어렵다든지, 개별 선호도가 일치하지 않은 강좌이든지, 참가 비용이 부담이 되거나 유용성이 떨어진다거나 해서 학습 조건이 적절치 않아 참여가 미진한 경우가 많다.

게다가 우리 사회 전반적으로 학습하는 분위기가 조성되어 있지 않은 데다, 성인기의 평생교육은 누구나에게 해당되는 일상적 활동이 아닌 특별한 활동이라고 여긴다거나 보통 사람들의 일반적 생활 유형이 아닌 학자나 전문가 등 한정된 계층이나 노인, 주부 등 시간적 여유가 있는 유한 계층에만 해당되는 과정이라 여겨 시민들의 참여 역시 활발하지 않은 실정이다.

② 부산 평생교육의 열악한 환경

부산의 평생교육은 교육 공간, 프로그램의 다양성과 우수성 등 평생교육 인프라, 예산 지원, 평생교육 참여 규모 등에 있어서 제2의 도시다운 위상을 갖추지 못하고 있다. 뿐만 아니라 부산 내 지역 간 평생교육 인프라의 불균형도 심하다고, 평생교육 추진 체계의 미흡 또한 문제가 되고 있다. 더욱이 지역 평생교육 사업의 활성화와 추진 체제의 확대는 예산 확보의 우선 순위에서 쉽게 밀려나 있다. 현재 부산 평생교육의 현실은 이러한 상황에서 최소한의 체제만을 유지하는 소극적이고 형식적인 입장에 처해 있는 실정이다.

③ 부산 평생교육 과제 재검토가 시급

부산에서 평생교육이 어떻게 이루어지고 있는가를 체계적으로 파악하여 평생교육 사업을 추진하는 기초 자료로 삼아야 함에도 이러한 기초 조사가 되어 있지 않다. 그리고 평생교육의 과제를 시민사회단체와 전문가 그룹 그리고 부산시가 참여하는 지속적인 논의 구조 속에서 종합적으로 재검토하는 것이 시급하다.

④ 미약한 평생교육 컨트롤 타워의 기능

부산의 특성을 반영하여 평생교육을 진흥하기 위해 설치된 부산평생교육진흥원이 독자적인 목표를 달성하기 위한 조직과 정책 수단을 갖추고 있는 컨트롤 타워(중심 조정 기관)의 역할을 제대로 수행하고 있는지에 대한 의문이 있다. 부산평생교육진흥원의 경우 부산인적자원개발원에 사무를 지정 운영하고 있는데, 모 조직과의 업무 유사성으로 인하여 중복되지 않는 영역에 제한된 방향성을 모색하느라 어려움을 겪고 있다.

⑤ 분리된 공공, 민간 영역 평생교육 자원

풀뿌리 자생적 평생교육 활동, 시민사회단체의 분야별 시민 대상 교육 강좌, 지자체의 주민자치센터나 관변 단체에서 실시하는 교육 강좌, 평생학습관 등 지역의 각종 유관 기관에서 제각각의 기준과 운영 방식으로 평생교육을 실시하고 있으나, (누가?) 규모 면이나 교육의 질에서 더 나은 효율적인 대응을 하지 못하고 있다. 이를 위해 부산시의 공공 영역과 민간 영역 전체의 평생교육 자원을 통합적으로 관리하고 지원할 수 있는 체계가 구축되어야 한다는 논의는 오래 전부터 있었지만 이를 실현하기에는 추진 체계가 아직 미흡하고, 공동으로 계획을 추진한 경험이 부족하며, 기초지방자치단체의 역할과 과제 제시가 부족하다.

3. 방향과 비전

평생교육의 가치와 역할에 대한 시민적 관심과 함께 지역민의 사회적 결속력 강화와 지역경제 발전을 위해 평생교육을 통한 주민 역량 강화라는 관점에서 지방자치단체의 평생교육 정책 추진 의지가 매우 중요하다. 이와 함께 풀뿌리 진영 및 비영리 시민사회단체에서도 평생교육에 대한 강력한 의지를 가지고 공공 영역과 협력하는 시민적 공공의 구축 차원에서 이를 바라보고 추진해야 할 것이다.

■ **평생교육의 주체인 시민들의 자각과 의식 개선**

모든 교육이 그렇듯이 평생교육의 주체도 시민이다. 시민들이 삶의 질 개선과 사회의 발전을 위해 학습의 중요성과 가치를 인식하여 자발적인 학습 의지를 가져야 한다.

■ **부산시, 부산시교육청 등 공공기관의 평생교육 진흥을 위한 정책 의지 확립**

현재의 평생교육은 시민이 필요로 하는 교육과 참여, 소통을 위한 다각적인 정책과 전략 마련에 중점을 둔다. 부산시 등 공공 영역은 이를 위해 시민의 평생학습 참여율 제고를 통한 지역공동체의 사회적 자본화를 추구하고 평생학습 기회 및 참여 통로 확대를 통한 지역 전반의 경쟁력 강화, 평생학습을 통한 시민의 역량 제고 및 지역사회의 시민과 동반 성장 실현, 생산적 학습활동과 나눔을 통한 실천공동체 기반형성 및 사회적 통합 실현을 달성하는 것을 목표로 하는 평생교육 진흥을 위한 추진 전략을 마련하고 실천하겠다는 정책 의지를 확고하게 하여야 한다.

■ 민간 영역에서 평생교육에 대한 시민적 공공의 구축

풀뿌리 진영 및 비영리 시민사회단체에서도 강력한 의지를 가지고 공공 영역과 협력하는 시민적 공공의 구축 차원에서 평생교육을 추진해야 할 것이다. 민간 영역은 시민교육, 지방자치교육, 지역정치교육 등과 같은 민주시민 역량 강화 교육 프로그램을 위시한 다양한 시민적 공공 프로그램을 공급할 수 있고, 행정 공간의 관리상 문제 및 교육 시간의 제약 등을 공공 영역의 평생교육 방식이 지니고 있는 단점들을 보완할 수 있을 것이다. 이 때 부산시는 민간 영역의 평생교육에 대한 예산 및 행정 지원을 해야 하고 통합적 평생교육 네트워크 체계 내에서 독자적 활동 영역을 보장해야 할 것이다.

4. 대안과 정책

① 평생교육의 기능과 유용성에 대한 행정 기관의 인식 변화와 정책 개발
- 부산광역시를 비롯한 지자체 관련자들의 경우 평생교육을 하나의 단순한 복지나 문화사업의 일환으로 볼 것이 아니라 지역 발전을 위한 핵심적인 수단으로 활용하는 방향으로 정책 개발.
- 평생교육은 부산광역시 특정 부서만의 사업이 아니라 부산시 모든 부서와 기관의 화두가 되어야 한다. 각 부서의 지역 발전 업무를 지역 주민의 평생교육과 연계, 발전시키기 위한 정책 개발.
② 부산시 전체 차원에서 마스터플랜을 수립할 수 있는 비전과 안목, 그리고 협력 체제가 필요
- 부산시 평생교육의 체계적 사업 추진을 위한 마스터플랜 제시.
- 평생학습 관련 정책 및 사업의 체계적 추진 기반 확립과 평생교육

예산 확보.

– 부산시 평생교육 정책 및 사업의 통괄 기획. 관리. 지원 체제 구축.

③ 부산시평생교육진흥원 평생교육 진흥을 위한 컨트롤타워로서 기능 확립

– 시민들에 대한 평생교육 정책. 사업을 체계적으로 추진하기 위해 재단법인과 같은 독립 형태의 조직 운영 및 예산 규모 확대, 청사 마련, 전문 인력 충원.

– 부산광역시청, 부산광역시교육청은 물론 부산내의 다양한 기관들과 연계하여 교양, 문화, 시민교육, 직업교육을 망라하여 체계적이고 효율적인 지역 발전 평생교육 사업을 추진하기 위한 조직 체계와 전문성 구축.

> 광역 평생교육진흥원이 각 부서와 기관의 역할을 조정하는 중추 기관의 역할을 수행해야 하지만, 현재의 체제에서는 시민교양교육, 문해교육, 다문화교육, 민간자격증교육, 학점은행제 등의 제한된 영역에 머무를 수밖에 없다. 예를 들면 삶의 질 향상과 관련한 부분 중 문화.예술교육은 문화관광부가 지원하는 '문화예술교육지원센터'에서 담당하고 있고, 사회통합 부분에서는 보건복지부가 지원하는 '지역사회서비스지원단'에서 읍면동의 지역사회 기관에서 실시하는 지역사회 서비스 업무를 지원하고 있다. 평생 현역을 표방하는 학습형 일자리 사업도 고용노동부 등 경제 부처의 몫이다. 공동체 사업인 마을 기업, 지역 재생 사업, 주민자치센터 업무도 안전행정부에서 담당하고 있다.

④ 풀뿌리 진영, 비영리 시민사회단체의 평생교육 프로그램 지원 확대

– 민간 진영의 평생교육의 통합적 네트워크 형성과 예산, 행정 지원 확대

– 민간 진영의 평생학습 성과를 검증하고 인정하는 시스템 지원.

⑤ 평생교육 학습 인프라 확대

– 학습 공간 확충 : 학교, 공공기관 청사 내 학습 공간 개방과 운영 지원

– 동洞 단위로 평생학습관, 지역 도서관 등 평생학습 시설 설립 지원.

〈작성자 : 장유성〉

지역발전센터와 기초단체별 경제공동체

1. 제안 배경

- 부산시 문제의 근원은 재정 건전성의 실패

- 재정 실패의 원인과 대안이 필요

- 정부 지출의 문제로써 난개발

- 조세 수입의 문제로써 과대 부채

2. 현황과 문제

① 총체적 난국으로써 정부 지출 – 난개발

■ 부산시의 SOC사업에 대한 개요

SOC의 사전적 개념은 행정투자와 정부기업투자의 누적액인 공공적 자본을 가리키는 것으로 사회 구성원 모두에 대해 제공되며 무상 또는 약간의 대가로 이용할 수 있는 시설에 대한 투자 자본을 의미한다. 사회자본은 산업기반시설, 생활기반시설, 국토보존시설 그리고 수익사업 등으로 나눌 수 있다. 이러한 사전적인 개념으로 볼 때 현재 부산시 건설부가 실시하고 있는 SOC는 공적 자본의 투자라기보다는 오히려 공적 자본의 포기라고 할 수 있다. 공적 개발을 민간 자본에 이양함으로써 토목건축분야에서 공기업을 사기업화 하는 변형적 형태라고 할 수 있기 때문이다.

■ 부산시 난개발에 대한 원인

부산시의 난개발은 부산시의 정책에 대한 비전의 부재로 인해 발생한 일이다. 부산시의 정책은 현재 부산시가 안고 있는 엄청난 부채를 해결하기 위한 재원 조달에 목적이 있다. 하지만 이러한 목적을 위한 재정 정책은 오히려 역효과를 가져올 뿐이다.

즉, 부산시의 난개발은 토지 가격의 인상을 부산시 소유 부지의 매각 차액을 목적으로 하고 있다. 이것을 통해서 부산시의 재정을 충당하고 부채 또한 해결하고자 한다. 그러나 이러한 정책은 다음의 문제점들로 인해서 부산시의 재정 건전화 목적에 도움이 되지 않는다.

- 부산시의 토목사업은 난개발이 될 가능성이 높은 사업들이다. 부산시가 실시하는 토목사업은 지역의 내적 성장 동인에 의한 발전은 아니라 부산시의 의도적인 지원에 의한 발전이며 따라서 일시적인 투기 현상은 있을 수 있으나 장기적인 발전이 어렵다.
- 토목사업의 시행에 있어서 부산시는 시공사와의 관계에 있어서 주인과 대리인의 딜레마에 빠지며 대리인들의 도덕적 해이를 효과적으로 통제할 수 있는 수단을 가지고 있지 못하다. 시공사가 부산시의 의도와 지원에 의해서 참여하는 한, 시공사의 주된 목적은 부산

시의 공사 지원금이 될 수밖에 없다.

- 부산시가 지향하는 정책은 형평성에 맞지 않는 편파적인 정책으로서, 투기적 목적으로 부동산 시장에 개입하는 경우에만 이익을 얻을 수 있는 정책이다. 단기의 영합 게임(zero-sum game)을 생각해 볼 때, 정책이 투기를 조장하는 경우라면 게임은 투기꾼들의 승리로 끝난다.
- 설령 부산시 소유지의 가격이 인상된다고 하더라도 이러한 일시적 가격의 인상은 인플레이션만을 부추길 뿐이다.

■ **난개발 정책에 대한 대안**

특정한 정책 목표를 가진 단체에 대한 지역별 대안은 사안 자체를 지역에서 결정하도록 하는 것.

- 지역의 SOC 개발은 지역의 단체장들의 소관이 되어야 하며, 지역 단체장들의 지역에 대한 비전을 반영하는 정책이어야 한다.
- 정책은 지역이 가지고 있는 특징과 결합되어야 한다.
- 그 특징은 다시 지역 주민들의 의견을 반영하여야 한다.

따라서 주민들과 기초단체가 결합하는 지역발전센터의 결성을 제안한다. 이 센터의 구성원은 지역의 건강한 주민들과 기초단체 및 광역단체의 공무원이다.

② 부산시의 재정위기와 부채

■ **지방정부 재정의 원칙**

한국의 지방재정 비율은 GDP의 20% 수준으로써 OECD 회원국인 미국의 지방재정 규모 50%, 독일의 48% 그리고 일본의 45%와 비교해 볼 때 아주 낮은 편이다. 그 원인은 조세 수입을 독자적으로 사용할 수 없으며, 또한 지방의 조세 수입 조달원이 거의 없는 실정이기 때문이다. 또한 이러한 조세 조달 원천에 대한 개발이 거의 없다.

■ 지방정부의 문제점

지방 재정과 관련된 광역단체의 문제점은 중앙의존성이다. 따라서 지방정부의 지출결정은 사회적 총비용이 사회적 총이익과 일치하는 수준에서 결정된다. 이것은 지방정부의 공공 기관들이 자신의 사업 비용을 고갈하는 수준으로 사용하게 한다. 이러한 사회적 총비용과 사회적 총이익을 일치시키는 사업 결정은 결국 중앙정부의 부채 증가로 이어진다. 이런 경우 정부의 재정 건전성은 계속해서 악화될 수밖에 없다.

다음의 [표 1]을 보면 부산시의 재정이 얼마나 악화되고 있는지를 알 수 있다. 즉, 부산시의 부채는 2010년까지 꾸준히 증가하다가 2011년부터 다소 감소한다. 일반회계 예산을 기준으로 살펴본 부산의 지자체 채무 비율은 약 50%(29,590[표 1]/58,260[표 3])를 상회한다. 서울의 경우 약 20%(29,662/144,660)로서 부산의 채무 비율이 서울에 비하여 약 2.5배 높다.

[표 2]에서 부산의 지방채 총 잔액은 2012년 약 2조 8천억 원 정도라는 것을 보여준다. 국회 재정위원회의 자료에 의하면 전국 17개 광역단체 중 경기가 4조 3천억 원으로 가장 높았고, 서울과 인천이 2조 9천억 원이

[표 1] 부산시 부채 추이

(단위 : 억 원)

구 분	2008년	2009년	2010년	2011년	2012년
금 액	27,652	30,720	32,110	31,537	29,590
증가율	4.91%	11.5%	4.4%	−1.8%	−6.1%

[표 2] 지방채 증가 추이

(단위 : 억 원, %)

구 분		2007년	2008년	2009년	2010년	2011년	2012년
부 산	지방채규모	23,063	24,273	27,217	30,443	29,802	29,348
	증가율	13.21	5.25	12.13	11.85	-2.1	-1.5

[표 3] 지방재정 자립도

(단위 : 십억 원)

재정자립도 순위	자치단체	재정자립도	일반회계예산	지방세+세외수입
1	서울본청	87.7	14,466	12,684
2	경기본청	64.6	4,401	2,845
3	울산본청	62.7	1,799	1,127
4	경기도본청	60.1	11,058	6,645
5	대전본청	52.2	2,304	1,204
6	부산본청	51.8	5,826	3,019
7	대구본청	46.5	4,016	1,866
8	광주본청	40.1	2,670	1,070

었으며, 그 다음이 부산이다. [표 3]에 나타나 있는 서울시의 2012년 한 해의 예산이 14조 5천억 원으로 부산의 5조 8천억 원에 비하여 2.5배 높다는 점을 감안할 때, 부산의 지방채 비율은 서울과 비교하여 엄청나게 높은 셈이다. 즉, 부산의 예산 대비 지방채 비율이 48%로, 서울의 19%와 비교해 볼 때 약 2.5배 높은 셈이다.

부산의 지방 재정 자립도를 살펴보면 서울이 약 87.7%인 반면, 부산은 51.8%로 전국 광역단체들 중에서 6위를 차지한다. 그러나 재정 자립도의 내용을 살펴보면 부산의 회계 예산 규모는 서울과 경기도에 이어 3위를 차지하지만 재정의 자립도는 6위에 그쳐 상대적으로 낮은 재정 자립도를 가지고 있음을 알 수 있다.

■ 부실 재정에 대한 해결 방안

재정정책은 지방정부의 지역에 대한 확고한 정책적 비전과 관련되어 있다.

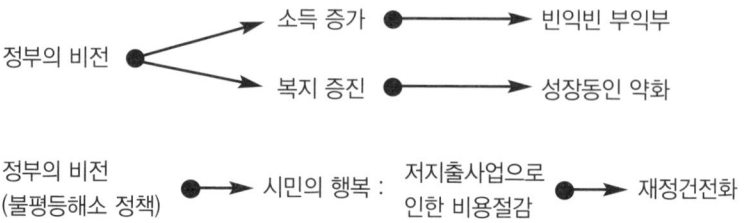

불평등 해소 정책은 재정정책을 해결할 수 있다. 소득을 증대시키는 부동산 사업을 하지 않을 수 있을 것이며, 오히려 적은 지출로 국민의 즐거움을 증대시키는 정책을 만들 수 있다. 시민들이 꼭 필요로 하는 하지만 비용이 크지 않은, 지역에 기반하고 있는 사업들을 찾을 수 있다. 또한 광역단체 내의 기초단체들의 불평등도 역시 해결할 수 있다. 기초단체 간 공조 체제를 형성하여 지역별 연대를 시도한다면 기초단체별 경제 통합을 달성할 수 있다. 지역경제의 불평등 해소와 더불어 공동의 경제성장을 이룰 수 있는 것이다.

3. 방향과 원칙

정부가 재정을 충당하기 위한 수단은 기본적으로 다음과 같은 원칙을 가져야 한다. 형평성, 효율성, 행정적 편리성, 도덕성, 전문성.

- **형평성** : 정부 재정 부담의 분배가 평등하고 지불 가능해야 한다. 시민의 조세에 의해 재정 조달된 지방 정부 사업은 시민들의 이익으로 환급되어야 한다.

- **효율성** : 시정부의 정책들은 적어도 정부가 시민들에게 부담시키는 재정수단 보다 큰 이익이나 후생의 증가를 가져와야 한다.
- **행정적 편리성** : 행정적 편리성이 담보되어야 한다. 하지만 행정적 편리성이란 조세와 정책이 행정적 원칙들을 충족시키면서 시민에게 부가적인 행정적 부담을 부가시키지 않기 위한 원칙이다.
- **지방정부의 도덕성** : 정책적 대안은 대안을 내는 단체의 이익이 아닌 시민의 편익을 정확히 반영하는 사업이어야 한다.
- **전문성** : 지역 시민의 지역에 대한 전문성을 의미한다. 지역의 상황을 정확히 인지하고 지역에 적합한 사업에 대해서 스스로의 이익을 위하여 주장할 수 있는 건강한 시민이 필요하다.

4. 대안과 정책

본 의제의 결론은 두 가지로 요약된다. 지역발전센터와 기초단체별 경제공동체이다.

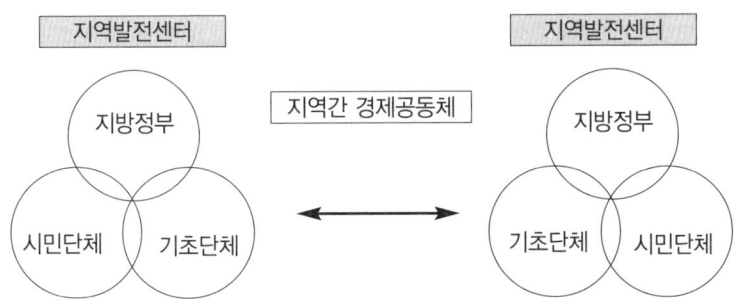

〈작성자 : 안영철〉

노인이 행복한 도시만들기

1. 제안 배경

- 부산은 고령화 속도가 유래없이 빠름. 앞으로 세대간 갈등이 야기될 가능성과 경제활동의 저하로 이어질 고령화 사회에 따른 문제를 잘 파악하여, 시민의 자발적인 노력과 효율적인 행정혁신으로 고령화 사회의 노인 일자리 문제를 해결하고자 제안함.

2. 현황과 문제

■ 대한민국의 고령화 속도는 세계 최강이다. 프랑스는 초고령사회가 되기까지 155년이란 긴 시간 동안 충분히 이해를 하면서 준비해 왔지만, 우리는 현재 단 26년만에 그 문제를 해결해야만 한다. 우리가 살고 있는 부산은 고령화 속도가 전국에서 가장 빠른 광역시로 다른 광역시들보다

는 무려 5배나 빠른 속도로 늙어가고 있다.

■ 유엔의 분류 기준에 따르면, 우리나라 노인 인구는 지난 2000년 7.2%를 돌파해 고령화사회로 진입했으며, 2008년 7월 현재 501만명을 넘어 전체 인구에서 차지하는 비율도 10.3%로 집계되었다. 이같은 추세라면 2018년이면 고령사회로 들어서게 될 것으로 예측되고 있다. 고령사회로 진입하는데 일본이 24년, 미국이 72년 걸렸던 것과 비교하면 우리의 18년만의 진입은 놀라울 정도의 초고속이다.

주요국 고령사회 도달년도

구분	도달년도			소요년수	
	고령사회(7%)	고령사회(14%)	초고령사회(20%)	고령사회 도달	초고령사회 도달
한국	2000	2018	2026	18	8
일본	1970	1994	2006	24	12
독일	1932	1972	2010	40	38
미국	1942	2014	2030	72	16
프랑스	1864	1979	2019	115	40

자료 : 통계청, 「장래인구특별추계」, 2005

■ 이러한 현실을 안고 있는 부산에서는 고령화에 대한 문제와 일자리 문제를 다루는 부처의 업무가 어떻게 되고 있는지를 살펴보면 그 심각성을 잘 알 수 있다. 2009년 부산광역시 노인 일자리 창출 지원조례는 그 소관 부처를 고령화대책과로 지정하고 제정되었다. 조례에 따르면 노인 일자리 창출 사업계획의 수립과 시행 그리고 일자리 전담기관을 시니어클럽과 고령인력종합관리센터로 제정하였고 지원의 내용에는 생필품 우선

UN의 고령화사회 분류 기준
① 고령화사회(aging society) : 전체인구 중 65세이상 인구비율이 7% 이상~14% 미만인 사회 ② 고령사회(aged society) : 전체인구 중 65세이상 인구비율이 14% 이상~20% 미만인 사회 ③ 歌疵英(super-aged society) : 전체인구 중 65세이상 인구비율이 20% 이상인 사회

구매, 시설관리 위탁을 권장하고 사업비를 지원하고 있다.

담당실과	담당부서	담당부서	담당자
고령화 대책과	노인지원	시니어클럽 등 노인일자리 전담기관 운영사항, 시장진입형, 인력파견형 노인일자리 개발 추진사항 노인일자리 사회적기업 육성지원 사항 한국노인인력개발원 관련 업무전반 (고령자 친화사업, 노인사회참여 종합지원사업, 아파트 택배사업 등) 지원사항, 노인일자리 고유사업 성과진단 평가사항	이창희

3. 방향과 비전

■ 우리는 부산시민이 이 고령화사회의 문제를 인식하고 해결하기 위해서는 그 원인을 충분히 숙고하여, 해결을 위한 방안을 모색해야 한다고 본다. 저출산으로 심각한 합계 출산율, 인구 고령화로 인한 생산가능인구의 감소, 그리고 고령화율이 높은 경제활동 생산인구를 증대시키는 고민을 하고 대안을 찾을 부산의 3고苦를 3부富로 전환할 부산시민의 프레임워크(framework)가 필요하다고 본다.

■ 고령화 원인으로 가장 큰 원인은 평균 수명 연장이다. 영양·건강

고령화 추이 및 전망

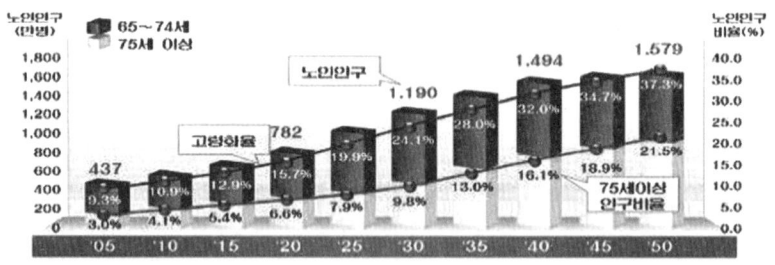

자료 : 통계청, 「장래인구특별추계」, 2005, 통계청, 인구주택총조사 인구부문 전수집계결과, 2006

상태 개선, 의료기술 향상 등으로 1971년 62.3세에서 2005년 77.9세로
상승했고, 2020년에는 81세로 늘어날 전망인다. 이에 따라 노인 인구는
2005년 437만명에서 2020년 782만명(약 2배), 2030년 1190만명(약 3배)
으로 증가할 것으로 보인다.

　■ 고령화의 또 다른 원인은 저출산에 있다. 저출산으로 분모에 해당하
는 총인구가 줄어들다 보니, 총인구에서 노인인구가 차지하는 비율은 높
아질 수밖에 없다. 합계출산율(15~49세의 가임여성 1명이 평생 출산하는
평균 자녀수)의 경우 1980년 2.83명에서 2005년 1.08명으로 줄었다.

　■ 생산가능인구의 감소 및 평균 근로연령 상승, 저축·소비·투자 위

합계출산율 및 출생아수 추이

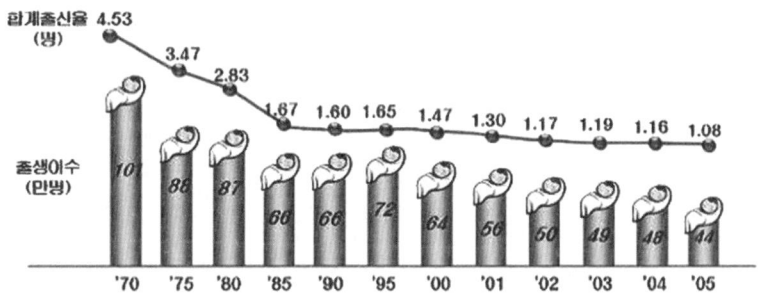

자료 : 통계청, 「인구동태통계연보」, 각 연도

노인인구 대비 생산가능인구 추이

축 등으로 경제활력 저하와 국가경쟁력의 약화를 초래할 수 있다. 또 사회적 측면에서 노인인구 부양을 위한 생산가능인구의 조세·사회보장비 부담 증가로 세대간 갈등이 야기될 가능성도 있다.

4. 대안과 정책

■ 산을 깍아 골짜기를 메우듯이 부산시민의 배려와 협동정신으로 고령화 사회에 따른 위험과 문제를 해결하려는 자세가 필요하며, 커뮤니티 활성화를 위한 기업의 사회공헌활동을 배양하여 부산경제의 적을 외부에서 찾지 않고 시민의 자발적인 노력과 내부 요인의 문제를 해결하여 대안을 완수한다.

■ 죽기까지의 시간은 고통인가, 행복인가, 고령자의 소망이 편안히 죽기를 원하는 세상이다. 그래도 살만한 곳이 저승보다 이승이 될 수 있는 행복도시 부산이 될 수 있도록 해야 할 것이다.

■ 노인 일자리 영역의 확대를 위한 정답은 '소득행복론'이다. 저출산,

고령자 소망사항

고령자 소망사항에 대하여(개방형 질문) '편안히, 빨리 죽는 것'이 106명(23.8%)으로 가장 많고, 다음으로 '자손 잘되기와 가정화목', '건강회복' 순으로 나타남
- 기타 병원시설확대, 대화상대 필요, 조상 잘 모시기, 어려운 사람돕기, 남북통일 기원 등의 응답도 있었음.

(명, %)

계	편안히 빨리 죽는 것	자손 잘되기	건강회복	가족,친척 보고 싶음	여행, 취미 생활	고향에 가고 싶음
	106(23.8)	97(21.8)	75(16.8)	32(7.2)	22(4.9)	18(4.0)
446 (100.0)	오래 살고 싶음	돈에 대한 애착(부자)	음식, 음주, 흡연	일(텃밭), 소일거리	천국 가고 싶음	기타
	17(3.8)	97(21.8)	97(21.8)	97(21.8)	97(21.8)	97(21.8)

고령화와 노인 일자리는 행복을 위한 자산의 증가와 여가활동을 통한 행복감을 만들어 '메르켈 행복 독트린'의 만족점(satiation point)을 만들어, 리처즈레이어드의 GDP 소득보다 부산시민의 여가를 통한 행복지수를 통한 부산시민의 만족점을 낮추고 '소득이 늘어나는만큼 행복감은 커진다'는 저스틴 올퍼스의 주장처럼 부채가 많으면 경제성장율은 낮아진다.

　■ 따라서 노인 일자리 영역은 일자리에서 답을 찾기보다는 궁극적인 행복 추구와 시민참여를 통한 행정의 내실화로 물이 새는 틈을 메우는 활동이 정답이다. 이를 위해서는 아래 3가지 실천전략을 제시한다.

　① 부산경제의 부활과 고령자 일자리 창출의 목표는 부채를 억제하고 경제성장율을 높여 일자리 창출하는 것이 필요하다.
　－ 공공 취로사업이 아니라 효율적인 예산집행
　－ 효율적인 예산집행을 위한 시민예산 감시단 활동이 필요하다.

　② 부산경제를 위해서는 작은 행정=효율적인 행정이 필요하다
　－ 불필요한 규제 제한 철폐
　－ 예산에 대한 시민의 감시와 검증이 필요하다

　③ 소비예산과 생산예산

〈작성자 : 김태옥〉

지역을 되살리는 마을협동경제센터 설립

1. 제안 배경

– 빈부격차의 심화와 지역사회의 쇠퇴로 인해 지역주민의 삶이 고단함. 인간적인 삶을 영위하기 위해서는 삶터인 마을 단위에서부터 공동체를 활성화하고, 협동조합 등을 비롯한 사회적경제가 착근할 수 있도록 마을협동경제센터를 설치해 운영함.

2. 현황과 문제

① 쇠퇴하는 지역사회

현재 쇠퇴화가 급격히 진행중인 지역사회는 경제의 양적 성장과 사회적 양극화로 인해 빈부 격차가 심각하고, 세대간 갈등도 증폭되는 등 다양한 사회불안을 증대시키고 있다. 신라대 · 동아대 · 경성대 연구진이 수행한 결핍지수((BIMD) 분석에 따르면, 부산 전체 214개 동洞 가운데 43개 동이 심각한 결핍 상태이거나 결핍상태에 접어들고 있는 것으로 보고 있다.(부산일보 2013년 1월 8일자 기사) 결핍의 유형은 소득, 고용, 건강, 교육, 주거, 사회안전, 생활여건 등의 순서이고, 지역별로는 피란민 주거지, 정책이주지, 고지대, 도심 외곽, 고령화지역, 물리적 개발 장애지역, 옛 공업지역, 농어촌, 영구임대 아파트 등의 순으로 결핍 지수가 높다고 한다. 또한 도시재개발지역에서 늘어나는 폐가 및 공가는 지역주민들에 범죄에 노출되는 사각지대가 되어 있다는 점에서 심각한 사회문제로 지적을 받고 있다.

② 자립적인 지역발전

지역사회의 황폐화와 지역경제의 몰락은 이러한 문제 해결을 위한 새로운 흐름으로 이어지고 있다. 도시재생사업을 통한 지역공동체의 회복을 꾀하는 정책과 사업들이 봇물을 이루고 지역사회의 상호지원망 구축을 위한 사회적경제의 생태계 구축 사업이 되고 있다. 또한 2013년부터 협동조합기본법이 시행되고 있다.

시민의 상호부조(협동 어소시에이션)

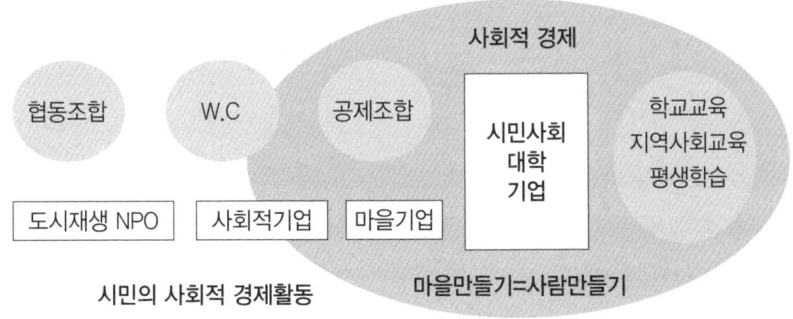

3. 방향과 비전

① 지역사회의 상호지원 시스템 구축

격차사회 등의 사회적 불안과 커뮤니티 회복을 위해서는 지역사회에서 사회통합을 추구하는 사회적 경제가 뿌리내릴 수 있도록 치밀하게 설계할 필요가 있다. 지역사회에는 시민사회와 대학, 기업 등이 연계한 마을만들기 현장이 있으며, 학교교육 등의 교육을 통한 지역사회에 대한 관심과 참여를 재생산하는 지역사회교육체계가 있다. 또한 이러한 마을만들기와 동시에 지역주민의 일상을 통한 상호부조를 중심으로 한 시민들의 사회적 경제활동이 뿌리를 내리고 있다. 지역사회에서 튼튼한 사회적 경제 기반을 구축하기 위해서는 주민들이 협동조합, 공제조합, 워커스컬렉티브 등의 협동 어소시에이션으로 자발적으로 조직되고, 마을재생, 도시재생, 마을만들기, 사회적 기업, 커뮤니티비즈니스 등의 사회적 경제활동으로 환원되는 시스템이 마련되어야 하는 상황이다.

② 지역내 사회적 경제 심기의 성찰적 접근

사회적경제가 도전적인 사회적 실험인 이상, 실패로부터 배우고, 새로운 방법을 계속해서 시도하는 것을 통해 시행착오를 거쳐 실효성을 갖춘 시스템으로 진화해나가는 것임. 그런 과정 속에서 어떤 마을경제 시스템 설계가 바람직한 것인지, 현실적으로 유효한 시스템인지, 그것을 실현하기 위해서는 어떤 기술과 규칙, 문화와 윤리가 요구되는 것인지 등을 항상 되물어야 할 것임. 선진지역에서는 이를 위해 게임이론으로 변경 가능한 사회적경제 추진계획을 수립하는 등의 면밀한 계획을 세워 추진하는 사례가 있다.

4. 대안과 정책

① 마을협동경제센터 설립

■ 사업 성격

마을협동경제 기반 및 생태계 조성을 위한 자발적인 중간지원조직으로서의 위상을 설정하고, 사업의 범위를 마을경제 기반 조성 및 마을만들기사업까지 두루 망라할 수 있도록 함.

■ 사업 목표

커뮤니티 단위에서의 협동조합, 사회적기업, 마을기업 등의 마을경제 활성화와 지원활동을 주요 과제로 설정함.

■ 사업 내용

- 지역사회의 사회적경제 활성화를 위한 통합시스템 추진
- 마을협동경제 교육 · 홍보
- 협동경제 인력 양성 및 전문성 및 리더십 역량 강화
- 사회적기업, 마을기업, 협동조합 등의 설립 지원활동
- 마을협동경제 활성화 기본계획 수립 및 관련 조사활동
- 지역사회 협동경제네트워크 구축 및 연대활동 지원
- 지역사회 전문가 풀 구축 및 컨설팅 역할 수행
- 마을협동경제 관련 시장 확대를 위한 민간위탁 등의 민 · 관 협력 추진
- 공동입찰, 공동수매, 공동판매 등 협동경제네트워크 사업 지원 등

② 마을협동경제 안착을 위한 지역사회 거버넌스 구축

■ 사업 개요

지역사회에 기반한 협동경제 만들기는 민관의 대등한 협력이 이루어져야 성공적이고 지속가능할 것이나, 현실적인 여려 제약으로 인해 형식

적으로만 거버넌스 모양만 취하는 경우가 다반사임. 지역사회의 특성과 주민의 자생성을 살리면서 행정과 지역사회의 적절한 역할 분담을 구현할 수 있는 최적의 지역사회 협동경제 시스템을 구축하고자 함.

■ 사업 목표

- 지속가능한 마을협동경제 활성화를 위해서는 지역사회의 중론을 모아내는 숙의민주주의에 입각하여, 시민사회의 적극적인 참여가 담보되는 최적의 시스템을 구축될 필요가 있음. 행정, 지역사회, 전문가, 대학 등 주요 지역사회 행위자들이 결집하는 마을협동경제지역회의(가칭)를 구성함.

- 지역사회의 각종 주체들이 모여 토의하는 장으로서 지역의 개인, 단체, 기업, 행정 등으로 구성되는 이 회의는 지역사회 각 부문의 주역들과의 지역협동을 구축하는 장임. 이 회의는 마을협동경제 만들기와 관련한 지역활동과 프로젝트 추진을 위한 주민교류의 장이고, 토론의 장이기도 하며, 중요한 사항을 결정하는 장임. 이 회의는 커뮤니티 재생이 우선되는 지역사회의 과제인 시민적 공공 형성을 비롯하여 지역주민의 역량 강화를 위한 다양한 활동을 전개하도록 함.

■ 추진 방안

지역화폐, 마을기업, 사회적기업, 협동조합 등의 사회적경제에 관한 지역주민과 관심과 공감을 이끌어낼 수 있도록 마을협동경제포럼을 정기적으로 개설하여 지역사회 공론장을 확보함.

■ 사업 내용

- 마을협동경제 추진에 관한 지역사회의 주요 현안 논의
- 마을협동경제센터 운영에 관한 논의
- 마을협동경제포럼 개최

③ 마을협동경제 전문인력 양성

■ 사업 개요

– 마을기업 등 마을협동경제조직에 종사할 수 있는 인력을 발굴하고,
사회적경제 종사자의 역량을 높여 사회적경제를 지역사회에서 실천
할 수 있는 전문인력을 양성하고자 함.

– 개방적인 교육기관 운영으로 지역에 기반한 사회적기업, 협동조합,
마을기업, 자활사업체 등의 사회적경제 조직에 종사하는 이들에 대
한 교육을 통하여 호혜와 연대, 나눔의 정신을 확산시키고자 함.

■ 사업 목표

– 지역사회에서 창업준비기의 협동경제사업에 대한 체계적인 교육과
실습 지원을 통하여 지역사회 문제를 해결해나가는 사회적 혁신가
배출

– 마을협동경제 사업체 창업과정에 대한 전반적인 이해와 체계적인
준비과정을 지원하고 후속 인큐베이팅 프로그램과 연결한 창업으로
연속될 수 있도록 함.

– 교육을 수료한 이들을 각종 사회적경제사업, 도시재생사업, 마을만
들기활동 등의 사업과 구체적으로 연결될 수 있도록 사후

■ 사업 내용

– 마을협동경제 전문인력 양성기관 개설

– 수료생들의 마을협동경제 사업 참여 지원활동

■ 추진 방안

– 지역 소재 대학, 사회적경제 전문가 등과 함께 연계해 전문인력 양
성 프로그램 개발 및 운용

– 전문인력 양성과정 수료생에게는 인큐베이팅 우선 선발권 부여

④ 전략사업 모델 발굴 및 실험 프로젝트 추진

■ **사업 개요**

– 공동화된 지역사회에 호혜에 바탕을 둔 사회적경제 착근은 불가피
하게 많은 시행착오를 겪게 하는 상황임. 그동안 치밀한 계획없이
열정만으로 시도하여 실패했던 경험이 부지기수임. 그런 점에서 지
역사회의 정확한 진단과 현실성있는 사업계획 수립, 또 이를 성취하
기 위한 면밀한 정책 수립이 요망되고 있음.

– 그런 점에서 실효성있는 마을협동경제 시스템을 구축하기 위해서는
시행착오를 통해 진화해가는 마을경제 시스템 설계를 통한 전략사
업 모델 찾기를 수행하고자 함.

■ **사업 목표**

– 행정, 지역주민, 기업 등 지역사회의 협동을 통해 시민적 공공성을 형
성하고 마을협동경제 정착을 위한 지역협동 시스템을 구축하고자 함.

– 지역주민의 기량, 재능, 역량 등의 유무형 자산에 기초한 개발방식
에 착목하여 지역사회의 힘을 키워 자신의 미래를 개척하는 방향을
견지하는 원칙을 견지함.

– 지역주민과 행정, 주민들간의 상호협력을 증진시킬 수 있는 사회적
자본의 증대를 이룰 수 있도록 함.

■ **사업 내용**

– 전략사업 모델 발굴을 위한 연구 · 조사활동

– 실험 프로젝트 '지역특성을 감안한 지역화폐와 공유경제 심기'

– 참여형 기획연구팀 구성 및 활동

– 지속가능한 커뮤니티 종합진단 : 지역현황 관련 각종 자산 조사 및
분석 등

– 액션리서치를 활용한 각종 현장 조사활동

– 마을 단위 협동경제 모델 보고서 발간

■ **추진 방안**

– 사업 수행과정에서 변경가능한 마을협동경제 추진계획을 수립하여 현실 변화에 따르는 능동적인 사업기획이 필요함.

– 사업추진과정에서 일정기간 주민과 이해당사자들간의 협의와 학습을 통한 모델 발굴과 실험적 성격의 협동경제사업체를 일구어나가고자 함.

– 사업 수행을 위해 지역대학, 전문가, 활동가로 기획연구팀을 구성하여 연중 활동할 수 있도록 함.

⑤ 창업인큐베이팅 및 마을협동경제 활성화 지원활동

■ 사업 개요

지역사회에서 협동조합 등으로 창업하고자 하는 개인 또는 그룹들에게 창업을 위해 지역자원 연계 지원, 상담, 컨설팅 등 실질적인 도움을 주는 지원함으로써 마을협동경제사업체의 활성화를 기하고자 함.

■ 사업 목표

– 신규로 창업하려는 사업체나 개인을 위한 맞춤형 지원을 통하여 지역사회 문제를 해결하면서 동시에 적정한 고용을 유지하는 사회적경제 확산을 꾀하고자 함.

– 기존 설립된 사회적기업, 마을기업 등의 사업체들에게는 사회적경제 특유의 어소시에이셔널한 관계를 도입하여 기업혁신과 사업의 재편성을 도모하고자 함.

■ 사업 내용

- 협동경제조직 기업가 발굴 및 교육, 멘토링
- 협동경제사업체에 대한 전문가 컨설팅 등의 연결
- 청년의 지역 창업활동 지원
- 기존 사업체의 협동조직으로의 전환 지원
- 협동경제사업체의 브랜드화 지원
- 지역사회 각종 협동경제조직 및 기관 네트워크 구축 지원
- 공공구매 확대 및 판로 지원
- 청년, 주부 협동경제사업 창업 지원 및 캠페인
- 협동경제사업 마을기자단 운영 등

■ 추진 방안

- 지역에서 창업을 희망하는 이들의 욕구와 조건을 개별적으로 충분히 파악하는 맞춤형 지원을 통해 실질적인 창업으로 연결될 수 있도록 함.
- 다양한 주제의 맞춤식 교육과 상시 멘토링시스템, 창업 희망자들이 직접 참여해 해결방안을 모색하는 각종 모임을 만들어 창업자들이 교류하고 협력할 수 있는 자리를 제공함

⑥ 마을협동기금(또는 지역창조기금) 조성

■ 사업 개요

마을협동경제나 마을만들기가 지속되기 위해서는 정책자금 또는 외부자금에 의존하기 보다는 주민의 기부와 출자에 의한 자금 조달이 원칙임. 이를 위해서는 마을협동기금 조성을 단계적으로 설정하고 서서히 형성해 나갈 수 있도록 함.

■ 사업 목표

- 지역주민에 의한 기부를 중심으로 마을협동경제 등의 활동으로 조성하고 지역주민이 운영하는 펀드라는 기본 원칙 설정.
- 기부문화가 여전히 활성화되지 못한 현실을 고려할 때, 행정과의 매칭펀드, 지역기업에 의한 마중물 기금 출연 등의 단계적인 방안을 모색함.
- 마을협동기금의 목적을 ①마을협동경제 사업체의 활성화 ②지역주민의 기부문화 활성화 ③마을만들기 등 다양한 선진적 · 혁신적 활동에 대한 자금 지원 ④지역사회의 시민센터 활성화 등을 명시하여 펀드의 공공성을 확고히 하는 것이 필요함.

■ 사업 내용
- 마을협동기금 조성 공론 캠페인 전개
- 마을협동기금 홍보를 위한 각종 미디어 · 문건 제작
- 지역미디어와 연계한 마을협동경제 홍보

■ 추진 방안
- 지역주민 펀드 조성을 통한 커뮤니티 재구축과 커뮤니티 역량 강화를 위한 취지를 부각시켜 지역주민의 동의를 얻어낼 수 있도록 함.
- 이 기금은 행정의 씨앗기금과 개인의 기부금, 지역기업의 후원금 등을 축적하는 것인만큼 믿을만한 기관을 선정하여 공정하게 관리하도록 함.
- 기금 조성은 연도별로 조성 기금액 목표를 단계별로 나누어 추진하고, 일정 금액 이상이 조성되면 지역사회 공모사업 등의 프로그램을 개설해 기금을 배분하는 것이 가능할 것임.

〈작성자 : 전중근〉

사회적기업의 재생과 지역 기반 강화

1. 제안 배경

- 사회적 기업은 사회 전반에 결쳐 인간 파괴와 소외, 사회정의의 퇴행이 심화되는 길을 걷고 있는 현재의 사회 · 경제적인 상황을 근본적으로 바꾸는 데 꼭 필요한 사회적 경제의 주요한 기업 형태이나 정부 의존의 심화와 자생력이 부족하다는 근본적인 문제가 있음.
- 이러한 우리사회의 사회적 기업의 문제를 찾아내고 다른 앞선 나라들의 시사점을 찾아 사회적 기업의 재생 방안을 제시하고자 함.

2. 현황과 문제

① 정부의 의존 지향적이고 경직된 사회적 기업 지원 시스템의 문제
현재 사회적 기업은 전국적으로 2013년 현재 862곳이 인증을 받았으

며, 이중 부산은 사회적 기업 50여 곳, 예비 사회적 기업 140여 곳이 지정되어 있다. 이렇듯 우리나라에서 사회적 기업은 일자리 창출사업의 일환으로 양적으로는 크게 성장했다. 그러나 그동안 정부의 사회적 기업 육성 정책은 신규 일자리 창출만을 위한 인건비 중심의 지원 체계로 인해, 정부 지원 의존적인 사업체가 양산되고 있다. 사회적 기업의 핵심은 스스로 하는 것인 만큼 정부의 직접적인 지원은 바람직하지 못하다.

② 일자리 창출 중심의 사회적 기업 지원 정책의 문제

정부의 사회적 기업 지원 정책은 일자리 창출에 맞추어져 있다. 특히 정부의 사회적 기업을 위한 지원 예산 중 신규 일자리 창출을 위한 인건비 지원이 큰 비중을 차지한다. 전체 지원 금액 대비하여 인건비 지원은 2007년 97%에서 2010년 72%로 낮아지기는 했지만, 여전히 높은 비중을 차지하고 있다. 지원 정책의 목표가 일자리 창출에서 대안적인 사회적 경제 구축으로 확장되어야만 사회적 기업이 지향하는 원래의 가치를 꽃피울 수 있을 것이다.

③ 사회적 기업의 확산을 가로막는 인증제

사회적기업 지원 예산 추이

(단위 : 총계 대비, %)

구 분	'07 예산		'08 예산		'09 예산		'10 예산	
총계	121,541	100%	139,772	100%	188,463	100%	148,734	100%
일자리창출 인건비 지원	117,972	97%	125,989	90%	158,748	84%	107,457	72%
사회적기업 (간접)지원	1,836	2%	12,224	9%	28,036	15%	39,585	27%
운영비	1,736	1%	1,559	1%	1,679	1%	1,692	1%

자료 : 김혜원(2010), 〈한국의 사회적기업 육성지원 정책〉, 2100 사회적기업 지원정책 국제심포지엄, 경기복지재단 · 사회적기업활성화포럼 내용 재구성.

사회적기업육성법은 취약 계층의 고용 비율, 사회 서비스 제공 비율 등을 충족시키는 조직만을 사회적 기업으로 인증하는 요건을 갖추고 있다. 사회적 기업 인증 요건은 크게 ▲ 조직 형태 ▲ 사회적 목적 실현(취약 계층을 위한 고용 창출이나 사회 서비스 제공과 관련된 실적) ▲ 유급 근로자의 고용 및 영업 활동 ▲민주적 의사 결정 구조 구비 ▲ 일정 수준의 영업 활동을 통한 수입 창출 ▲ 정관 및 규약의 구비 ▲ 이익의 재분배 (상법상 회사의 경우) 등 7가지이다. 그러나 이런 요건을 충족시키면서 사회적 기업을 설립하는 것은 대단히 어렵다. 기존의 인증제 하에서 인증을 받기 위해서는 법인격을 갖춘 상태에서 일정기간 영업 활동을 수행한 경험이 있고, 그러면서 동시에 취약 계층과 관련된 사회적 가치를 추구하는 조직이라는 조건을 충족시켜야 하는 과정을 거쳐야 한다. 또한 최종적으로는 심사위원회를 통과해야, 인증 사회적 기업으로서 지위를 얻고 법률적 효력이 발생한다. 따라서 처음부터 모든 조건을 충족시키면서 사회적 기업을 설립하는 것은 대단히 어렵다. 그런 점에서 정부의 이러한 사회적 기업 인증제는 정책 지원 대상을 사전에 걸러내는 제도라고 할 수 있다. 이 때문에 인증제는 사회적 기업으로 가는 진입을 가로막는 장벽으로 작용하여 민간의 자율성을 제약하고, 일부 인증 요건은 사회적 정당성에도 부합하지 않는 경우조차 있어 문제가 되고 있다.

④ 사회적 기업의 취약한 재원

2012년 사회적 기업을 대상으로 고용노동부가 진행한 실태 조사에 따르면, 향후 1년 내 자금 조달 계획 경로로 정부 정책 자금을 이용하겠다는 응답이 60.6%에 달했다고 한다. 이를 볼 때, 대다수 사회적 기업은 정부의 재정 지원에 의존하지 않을 수 없는 상황에 처해 있는 것으로 보인다.

3. 방향과 비전

① 고용 창출 효과를 넘어선 대안적인 사회적 경제 시스템 구축 필요

사회적 기업에 대한 지원의 목표를 사회적 가치를 유지하면서도 생존할 수 있는 사회적 경제를 구축하는 방향으로 정책 목표를 설정하는 것이 중요하다. 사회적 가치가 중심이 되는 클러스터 구축과 생산 시스템의 강화, 윤리적 구매 활동의 촉진, 사회적 가치를 인정하는 금융 시스템 구축 등이 향후 과제가 될 것이다.

② 지역 순환형 지역경제 주체로서의 사회적 기업의 위상 설정

지역에서 생산한 부의 역외 유출이 큰 문제가 되고 있다. 예를 들어 대기업의 대형 마트가 가장 많이 진출한 도시 중 하나인 부산은 대형 마트들의 연간 매출액은 몇 조 원에 달하지만, 이 가운데 기본운영비를 제외한 대부분의 수익금은 본사가 있는 서울로 송금된다. 결국 부산시민이 대형 마트에 지출한 돈은, 주민세 0.3%와 재산세 일부만을 지역에 남기고, 대부분 외지로 빠져나가는 것이다. 이렇듯 대기업을 지역에 유치해도 외형은 커지지만 성과는 외부로 유출되는 경험을 오랫동안 겪었다. 소득과 복지가 지역 주민들에게 돌아가는 지역 순환형 지역경제 활성화라는 큰 틀에서 사회적 기업의 잠재적인 역할을 고려해야 할 것이다.

③ 사회적 기업 재생을 위한 사회적 기업 혁신 및 사회적 기업가의 역량 강화

정부 정책의 전환뿐 아니라 사회적 기업도 스스로 사회적 기업 활동을 혁신하기 위한 과제가 산적되어 있다. 사회적 기업의 미션과 비전을 재점검하고, 각종 이해 당사자들과의 대화를 활발하게 하고, 사회적 기업의

성과보고서 발간 등을 통하여 추구하고자 하는 사회적 성과를 공개하고
평가받아야 할 것이다.

4. 대안과 정책

① 자립형 사회적 기업으로의 정책 전환

정부 의존을 심화시키는 정부의 지원 정책을 탈피하고 사회적 기업의
자생성과 자립성을 높이기 위해서는 인건비 지원율을 지속적으로 인하하
고 보조금 중심의 재정 지원을 기금 융자, 경영 지원 등 간접적인 지원을
강화하는 방향으로 전환하는 것이 필수적임

■ **사회적 기업의 자생성 확보를 위한 기금 조성 및 사회적 금융 활성화**

사회적 기업이 자생할 수 있는 생태계를 마련하는 것이 무엇보다 중요
함. 이를 위해서는 사회적 기업 기금 관리 전문 재단을 설립하거나, 사회
적 기업 거래소를 만드는 것이 하나의 방안이 될 수 있음. 실제로 영국에
서는 'Big Society Capital'이란 사회투자기금이 조성되어 사회투자 전문
기관들을 통해 지원하는 방식으로 운영되고 있으며, 브라질에서는
BVS&A, 남아공에서는 SASIX 등이 사회적 기업 거래소로 운영되고 있
음. 사회적 기업의 자립 기반 확보를 위해 풀뿌리 지역 금융 기관의 설립
이 절실히 필요함.

■ **사회적 기업 인증제에서 등록제로의 전환**

사회적 기업은 사람 중심의 사회적 경제 구축을 위한 주요한 경제 조
직임. 이를 달성하기 위해서는 다양한 이해 당사자들의 참여와 혁신적인
사회적 기업가들의 활동을 보장하고 사회적 기업 운동이 활성화될 수 있
도록 시민섹터의 자율성을 보장하는 제도를 구축해야 할 것임. 그러기 위

해서는 정부의 재정 지원과 밀접한 사회적 기업 인증제를 폐지하고 등록제로 전환해야 함. 등록제는 인증제와 달리 법이 정한 일정한 요건을 충족시키면 법에 귀속된 행정 행위를 할 수 있도록 하는 것임. 이와 유사한 제도로는 시민의 사회적 활동을 제도화하기 위한 비영리단체 등록제를 들 수 있음. 등록제가 시행되면 설립 요건이 완화되며 업체에서 등록 신청을 하게 되면, 기본적인 요건을 확인 후 바로 등록할 수 있음. 현재 경기도를 중심으로 사회적 기업 등록제가 도입되는 추세임.

② 지역자산 기반형 사회적 기업으로의 전환

사회적 기업은 정부 정책의 보조자 역할로 제 역할을 다하는 것이 아니라 새로운 변화의 주체로서 지역에 정착해야 함. 그기기 위해서는 지역자산을 활용한 사회적 기업의 활성화를 모색하는 것이 반드시 필요한 정책임. 이를 위해서 지방정부는 ▲사회적 기업과 지역자산을 연계시키기 위해 커뮤니티의 요구와 결핍을 발견하고 이를 어떻게 충족시킬 것인지 고민해야 하고 ▲지방정부가 속한 지역자산을 유형화해야 하며 사회적 기업간 교류·협력할 수 있는 장을 만들고 ▲공공에서 시민섹터로 양도할 수있는 자원 현황 조사와 ▲중간 지원 조직을 통한 지역기금 형성 등의 역할을 수행하는 것이 필요함.

〈작성자 : 유 홍, 전중근〉

시민적 공공 확보를 통한 사회적 경제 키우기

1. 제안 배경

- 역사적으로 오랫동안 공권력에 의해 규정하고 있던 공적 공공이 바뀌고 있음.
- 그동안의 '관 = 공공'이라는 관점에서 시민의 인권과 존엄을 기반으로 하는 시민적 공공성으로 구조전환이 이루어지고 있음.
- 이러한 공공의 구조 전환기에 시민의 자주적 경제 활동 영역인 사회적 경제를 진전시키기 위해서는 시민적 공공성의 확보를 통한 사회적 경제의 확산을 총괄적으로 도모하는 것이 필요함.

2. 현황과 문제

- 인천, 용인 등의 지방도시는 재원 부족으로 사업을 못 하는 정도가

아니라, 공무원에게 수당을 제때 지급하지 못한다는 보도가 있었다. 자체 수입으로 직원들 월급도 주지 못하는 기초자치단체가 무려 38곳이나 된다는 사실은 지방자치 자체를 위협하는 주요한 요인이 되고 있다. 부산을 비롯한 다른 지방도시의 재정 상황 역시 심각하다. 지방자치단체의 재정 악화는 앞으로도 큰 골칫거리가 될 것이다.

■ 한국지방세연구원이 최근 발표한 「2013년 지방재정 압박 진단과 과제」 보고서에 따르면 이르면 내년부터 전국 지자체의 지출이 수입보다 커진다고 한다. 써야 할 돈보다 거둬들이는 세입이 적다는 것인데, 이것이 현실로 다가오고 있다는 것이다. 부산시의 사정은 더욱 심각하다. 재정 상태 악화와 세입 기반 취약으로 올해 예산 기준 부산시의 지방채 잔액이 2조8000억 원 수준에 육박해 있어, 지방채 잔액으로 보면 전국 최고 수준이라고 한다(국제신문 2013년 10월 16일자 기사 참조).

3. 방향과 비전

■ 지방재정의 부담이 늘어나고 관료의 실질 지배, 시민의 정치적 무관심이 악순환하면서, 공적 서비스 공급과 시민의 필요 사이의 공백은 늘어나고, 국가 권력의 분권화, 다원주의적인 국가화는 피할 수 없는 경향이 되고 있다. 이러한 배경에서 시민의 자발적인 어소시에이션(association)이 적극적으로 공공성을 분담하는 양상으로 나타나고 있다. 지역주민 스스로 지역사회의 일을 맡아서 하는 것이다. 이것이 바로 시민적 공공이다.

■ 시민적 공공이란 이제까지 전적으로 정부에 내맡겨져 왔던 '공공'을 재구축하여, 정부, 시민사회단체, 시장경제를 담당하는 기업 등의 다양한 주역들과의 협동을 통해 새로이 구축하는 공간으로서 저성장 · 축소시대를 맞아 지속가능한 사회를 확립하고 유지하는 것을 가리킨다. 시민의 자주적 연대조직의 적극적인 참여를 통해 국가와 지방정부, 시장, 기업, 가족과 같은 기성 제도의 틀만으로 해결할 수 없는 역할을 수행하는 것이다. 예를 들어 실업문제 해결을 위해서는 경기 회복에 기대어서는 되지 않고 시민이 연대하고 참여하여 만들어가는 협동노동형의 협동조합이 역할을 할 수 있도록 해야 한다는 것이다. 장애인이 단순한 수동적 복지 서

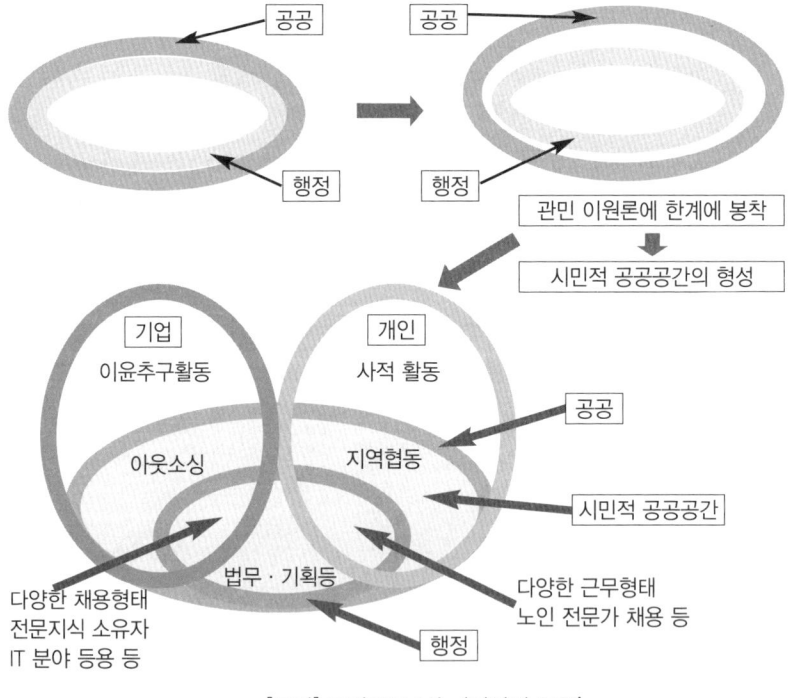

[그림] 그림으로 보는 '시민적 공공'

비스 수급자에서 복지의 연대적 주체가 되는 사회적 기업을 적극 추진해 나가야 할 것이다.

■ 21세기를 맞아 저출산 경향이나 생활 양식의 변화, 가치관의 다양화 등 우리를 둘러싸고 있는 사회 정세는 하루가 다르게 변하고 다양화하고 있다. 그러나 시민의 욕구에 행정이 공공 서비스를 적확하게 제공하는 데에는 한계를 드러내고 있다. 시민적 공공이란 이처럼 정부의 한계나 실패를 넘어서기 위하여 시민사회가 기업 등의 다양한 주역들과의 협동을 통해 새로이 구축하는 공간을 말하는 것이다. 지방자치단체의 심각한 재정 악화도 시민적 공공이 등장하는 데 일조를 하고 있다고 할 수 있다.

■ 이러한 문제해결을 위해 시민들의 자발적인 어소시에이션을 다양한 형태(상호부조활동, 자원활동, 공동주택 등 대안적인 어소시에이션)로 조직하여, 이런 문제를 해결해 나갈 새로운 형태의 커뮤니티를 구축해야 하는 것이 중요한 과제이다.

4. 대안과 정책

■ **지역사회에 필요한 공공 서비스 제공**

지역에서 지역과 관련한 문제를 협동으로 해결하기 위해서는 주민자치 역량과 NPO 등의 시민사회 역량, 지역행정, 지역 소재 기업 등이 지혜를 모아 사회적 협동방식으로 해당 지역에서 필요로 한 공공서비스를 제공하는 것이 바람직함.

〈사례〉 서울시는 사회적 협동조합 도우누리가 2013년 11월부터 시립중랑노인전문요양원을 위탁 운영하기로 하고 관련 절차를 밟고 있다고 한다. 시립중랑요양원은 치매, 중풍 등 노인성 질환을 앓는 환자 164명이 입소해 있으며, 도우누리는 보건복지부 인가 1호 사회적 협동조합으로 등록했으며, 150명 가량의 요양사가 활동하고 있다. 주로 재가 돌봄 서비스를 제공해온 늘푸른돌봄센터가 설립기반이다. 도우누리 협회장은 "우리 사회는 시설 입소 어르신이 다시 집으로 돌아가기 매우 어려운 구조"라며, "집과 시설을 오가는 선순환 구조 속에서 어르신들이 적절한 보살핌을 받을 수 있도록 하는 게 협동조합의 목표다."라고 하였다(연합뉴스 2013년 9월 24일 기사 참조.)

■ 시민적 공공에 입각한 지역협동의 추진 과정

지역협동을 추진할 때는 ① 계획, 의사결정, 집행, 평가 등의 각 단계에도 다양한 주체가 공동기획하고 참여하고 행정과 연대 ② 주민활동을 공공적인 활동으로 전개함. 주민의 선의를 살리는 것이 관건임. ③ 전문지식 인재의 활용, 사업 추진을 위한 기반(자금, 시설 등)의 정비, 주민에

[표] 시민적 공공의 지역협동 사업방식 유형

	새로운 공공서비스 유형	설 명	발의 주체	활동 · 실천주체
협동사회 만들기사업	① 지정관리자 제도 (시설의 관리운영 대행)	통상 행정 관련 단체 이외에는 사업을 실시하지 못하고 있으나 자치행정 관련 법을 개정하여 시민단체 등의 위탁 운영 관리가 가능할 수 있다.	행정	-시민 -기업
	② 행정메뉴 제시형 (사업 위탁)	행정이 대행하고 있는 기존의 공공 서비스 가운데서 행정이 포괄하고 있는 과제 등의 메뉴를 제시하고 거기에 대하여 시민활동 단체 등이 협동을 위한 개선안, 역할 분담 등이 시민이 제안하고 협동사업을 추진할 수 있다.	행정	-시민 -기업 -행정
	③ 시민 제안형 (사업위탁, 사업비 보조)	시민의 자유로운 발상과 자발적인 의지에 기초한 협동사회 만들기사업과 결합해가는 시민 제안.	시민	-시민 -행정
시민사업	④ 커뮤니티비즈니스 (시민 등 독립사업)	사회공헌활동 차원에서 자발적인 의사에 따른 시민활동이 다양화하는 시민의 욕구와 결합하여 지역밀착형 자립 사업형 비즈니스로 행해진다.	시민	-시민 -기업

의한 중간 지원 단체의 형성 등에 역점을 두어야 할 것임.

■ 지역협동의 구체적인 추진 방법

지역행정과 협동을 추진하는 방식은 다양하게 이루어질 수 있음. 작게는 시민활동에 대하여 사업의 원활한 사업 추진을 위해 행정이 사업 협력을 하는 방식이 있으며, 공유 시설물이나 재산을 이용하는 방식, 공동주최, 후원 등으로 협력하는 방식 등 다양한 방식이 모색될 수 있음. 크게는 행정이 추진하는 공공 성격의 사업을 주민이 주도하는 사회적 기업 방식으로 맡아 할 수도 있음. 도심지 주거지 재생사업의 경우나 지역관리(area management) 또는 타운 매니지먼트(town management) 활동을 지역협동으로 추진하는 경우가 있음.

■ 지역사회의 사회적 경제조직간 연대와 협력

지역사회에 개별적으로 활동하는 협동조합, 자활 공동체, 사회적 기업, 마을기업, 비영리기업 등 여러 사회적 경제조직을 통합하여 사회적 경제조직 전체 사이의 연대와 협력을 강화할 필요가 있음. 행정은 이들 사회적 경제 조직을 통합적으로 조율할 수 있도록 하고, 시민사회가 중심이 되어 사회적 경제가 국가의 중심 의제로 자리 잡을 수 있도록 사회적 경제 패러다임에 대한 자각을 해야 할 것임.

〈작성자 : 서영준, 전중근〉

마을만들기를 위한 지역사회 최적 시스템 구축

1. 제안 배경

- 마을만들기는 주민 스스로 삶터와 환경을 바꾸어가는 조용한 혁명임.
- 그러나 90년대 이후 지역주민 스스로 시작했던 마을만들기 운동이 최근 들어 정부 정책으로 흡수되고, 행정이 주도하면서 주민의 자발성이 상실되는 등의 문제로 마을만들기 본연의 취지가 퇴색하는 경향이 나타나고 있음.
- 지역사회의 특성과 주민의 자생성을 살리면서 행정과 시민사회의 적절한 역할 분담을 구현할 수 있는 최적의 마을만들기 지역사회 시스템 구축을 제안함.

2. 현황과 문제
① 마을만들기 행정 현실

부산시는 산복도로르네상스, 행복마을만들기, 커뮤니티뉴딜 등의 도시재생, 마을만들기 사업을 다각적으로 추진하고 있다. 현재 마을만들기가 추진 중인 마을 현장은 160군데에 이르며, 해마다 수백억 원의 예산이 투입되고 있다. 그러나 각 행정 부처 간에 업무가 통합적으로 처리되지 못하고, 칸막이 행정, 부서별 각개약진, 실적주의, 평가주의 등의 행정 주도형의 문제점이 계속 지적되고 있다. 2013년 상반기 부산시는 광역 단위 마을만들기지원센터를 설립하고 주민 주도의 마을만들기 지원책을 내놓았다. 예전 수준보다는 진일보했다고 할 수 있다. 그러나 이 역시 시민과 마을의 자생력이 확보되지 못하는 상태에서는 행정 주도의 부작용이 나타날 가능성이 여전하다.

② 형식적인 마을만들기 거버넌스의 문제

마을만들기는 민관의 대등한 협력이 이루어져야 성공적이고 지속가능할 것이다. 그러나 현실은 관 주도가 현저하고, 형식적으로 거버넌스 모양만 취하는 경우가 다반사이다.

또한 주민참여가 동원을 통해 포장되거나 이용되는 경우도 있으며, 이럴 경우 마지 못해 끼워 넣기 하는 식의 '형식상의 참여'가 될 위험 또한 상존한다. 지역사회가 활성화되지 못한 상태에서는 주민협의회, 추진위원회가 주민의 대표성을 구현하는 데는 근원적으로 한계가 있고, 계획가나 활동가 역시 주민과 행정 사이에서 매개 역할을 수행하기가 어려운 상황이다.

행정이 주도하는 마을만들기가 지금처럼 민관의 형식적인 거버넌스 관계로 고착된다면, 마을만들기 특유의 운동적인 성격을 상실하고, 관료적이며 형식적인 관계에서 벗어나기 어려울 것이다.

③ 소극적인 시민사회의 마을만들기 참여

마을만들기는 시민의 학습과 토론, 합의의 민주주의를 익히는 중요한 훈련장이다. 그런 점에서 마을만들기사업에 시민사회의 적극적인 참여가 필요하나, 관망하거나 자신의 일로 여기지 않는 편이다.

④ 지속가능한 마을만들기 시스템의 부재

지역사회에 뿌리내리는 마을만들기사업이 되려면 마을만들기의 지속성을 담보할 수 있는 인력, 제도, 기금 등이 체계를 갖추어야 한다. 그러나 지역사회에서 의미있는 사업을 하려면 행정의 지원 말고는 대안이 없는 게 현실이다.

3. 방향과 비전

① 마을만들기 행정 개편

마을만들기 정책의 중심은 행정 조직이 아니라, 명실상부한 시민사회가 주도하는 중간지원조직이 되어야 할 것이다. 현재의 부산시 산하의 마을만들기지원센터는 시민사회의 역량 강화를 통해 행정과 대등한 관계를 수립되는 시민사회의 적극적인 참여를 통해 거듭나야 할 것이다. 또한 지역행정체계에서는 기초자치단체별로 마을만들기 관련 부서가 설치되어야 한다. 또한 마을만들기 행정은 행정기관 간 협의와 조정 역할을 통합적으로 수행하며, 행정 내 부서별 각개약진이라는 관행을 제어하고, 성과주의의 관성을 허무는 등의 체계적인 마을만들기 사업이 이루어지도록 해야 한다. 또 마을만들기가 시민참여를 이끌어내기 위해서는 시민의 주도성과 자율성이 토대가 되어야 한다. 그러기 위해서는 행정이 먼저 자신을 변화시켜 민간이 자율성을 바탕으로 창의성이 발휘될 수 있도록 행정 시스템을 정비해야 한다. 행정혁신을 통해 시민사회와 마을만들기에 대한 주민들의 창의성을 인정하고 마을만들기에 대한 감수성을 높일 때, 주민 주도의 거버넌스가 꽃필 것이다.

② 시민사회의 적극적인 참여

시민사회는 마을만들기를 행정이 주도하는 일이라 방관하기보다는 지역주권 확립과 분권화를 위한 기본적인 활동으로 인식하는 것이 필요하다. 향후 본격적으로 전개될 인구 감소와 저출산·고령화시대를 대비하는 사회시스템이 필수적이고, 이를 위해서는 시민사회의 재생, 지역공동체의 회복이 요망되는 것이다.

4. 대안과 정책

① 마을만들기 지향 행정
■ 마을만들기 중간지원조직

마을만들기 지원을 위한 행정의 지원업무를 지금처럼 사실상의 행정 산하가 아니라, 민간위탁 방식의 중간지원조직인 마을만들기지원센터를 설치해 운영해야 함. 이 마을만들기지원센터는 마을만들기를 체계적으로 지원하기 위한 마을만들기 사업 조정과 컨설팅, 행정과의 연계 등 지역에서 전개되는 마을만들기를 위한 통합적인 지원 창구 역할을 할 수 있을 것임.

■ 마을만들기 지원사업

마을만들기 지원사업의 경우, 행정 편의가 아니라, 마을 현장에 적합한 맞춤형 지원을 펴야 함. 맞춤형 지원이란 지원이 필요한 마을의 욕구가 무엇인지, 마을 주민들의 의식과 준비 정도는 어떠한지, 마을의 자원은 어떤 것이 있는지 등을 보고 맞춤으로 지원해야 할 것임. 그래야 지원효과가 나타날 수 있고, 불필요한 재정의 낭비도 막을 수 있음. 이러한 지원도 마을의 사정에 따라 마을의 커뮤니티 형성이 거의 되지 않았거나 미약한 경우에는 끈기있게 자립할 수 있도록 지원하는 방침을 가질 필요가 있고, 어느 정도 마을활동이 이루어지고 있는 마을에는 마을의 동력이 살아나도록 약간의 지원을 하면, 탄력을 받을 수 있을 것임. 그리고 이미 커뮤니티가 활성화된 마을의 경우에는 장기적으로 마을이 안착될 수 있도

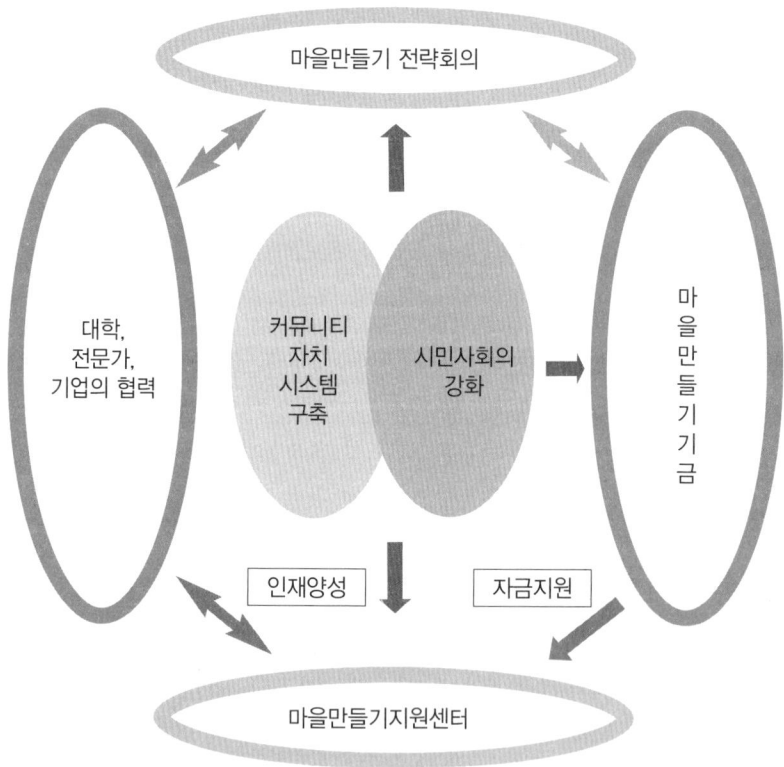

록 마을 차원의 종합적인 전략을 세워 마을활동을 지원해야 할 것임.

■ 마을만들기 공모사업

마을만들기 공모사업은 마을의 성장을 돕는 방식으로 전환해야 함. 공모방식은 자원배분의 형평성을 추구하기 위해 실시하는 방안이지만, 일반 주민들이 활용하기는 쉽지 않아 지원제도의 현실화가 필요함. 공모사업의 진행 절차도 1년 안에 집행해야 하기 때문에 형식적으로 치러지기 일쑤임. 공모사업의 행정 편의적인 문제점을 극복하려면, 준비된 수준만큼 주민 스스로가 자원을 활용할 수 있도록 하여 성장을 이끌어내는 인큐베이팅 방식으로 전환해야 함. 정해진 조건에 부합하면 지원하고 아니면 탈락시키는 방식이 아니라 준비하는 과정을 지원하는 인큐베이팅제를 도입해야 함.

■ 예산의 탄력적인 운용

마을만들기사업이 주민의 주도성이 발휘되려면 의제 설정과 계획 수립에서 주민의 주도성을 보장하고 예산계획의 운용에서도 주민들이 합리적으로 결정할 수 있도록 해야 할 것임. 공무원이 이미 짜놓은 예산과 계획대로 해야 한다면 주민의 주도성과 결정권이 훼손되는 것임. 따라서 미리 용도를 정해놓지 않고 주민들이 스스로 결정할 수 있도록 맡겨주는 포괄적인 예산제를 도입해야 할 것임.

② 마을만들기 삼위일체 시스템 구축

지속가능한 마을만들기를 위해서는 지역사회의 중론을 모아내는 숙의민주주의에 입각하여, 시민사회의 적극적인 참여가 담보되는 최적의 시스템으로 구축될 필요가 있음. 행정, 시민사회, 전문가, 대학 등 주요 지역사회 행위자들이 결집하는 마을만들기 전략회의, 중간지원기구인 마을

만들기지원센터, 공익신탁으로 공정성이 보장되는 마을만들기기금 등 체계적인 시스템으로 구축되어야 함.

③ 마을만들기 전략회의 설치

지역사회의 각종 주체들이 모여 토의하는 장으로서 지역의 개인, 단체, 기업, 행정 등으로 이루어지는 마을만들기 전략회의를 둘 수 있을 것임. 이것은 행정에서 주도할 수 있는 일이 아님. 이 회의는 시민사회에서 지역사회 각 부문의 주역들과의 지역협동을 구축하는 장임. 이 회의는 마을만들기와 관련한 지역활동과 프로젝트 추진을 위한 시민교류의 장이고, 토론의 장이기도 하며 중요한 사항을 결정하는 장임. 이 전략회의는 커뮤니티 재생이 우선되는 지역사회의 과제인 시민적 공공 형성을 비롯하여 지역주민의 역량 강화를 위한 다양한 활동을 전개하도록 함.

- 시민적 공공공간 형성과 지역협동의 구축 등
- 시민 주체 역량 강화(임파워먼트) : 지역 및 사회참여, 자원활동, 정보 활용 등
- 커뮤니티 자치 시스템 구축 : 각종 커뮤니티, 어소시에이션 등의 교차 전개
- 지역사회내 커뮤니티 형성 유형에 따른 대응 : A타입, B타입 등(커뮤니티화 정도, 공동체적 감정 정도, 공동체 규범화 수준, 지역 애착도 등)
- 마을만들기에서의 사회적 자본 증대를 위한 실질적인 정책 수립
- 시민 역량 강화를 위한 교육커뮤니티 구축

④ 마을만들기기금 조성

행정은 마을만들기에 필요한 기금을 조성할 수 있도록 제도적인 방책을 강구해야 할 것임. 도시재생 선진국에서는 시민활동을 위한 지원기금으로 쓰이는 1%법을 원용하여, 시민세 1%를 공익신탁기금으로 조성하여 마을만들기 기금으로 활용하는 경우가 있음. 이 기금은 행정의 씨앗기금과 개인의 기부금, 지역기업의 후원금 등을 축적하여 믿을만한 기관을 선정하여 공정하게 관리하는 기금임. 이러한 기금 모금방식은 주민이 낸 세금을 다시 되돌려 받는 방식인데, 우리나라처럼 기부문화가 제대로 형성돼 있지 않고, 시민의 자주적인 재원 조성 역량이 낮을 경우에는 유용하게 활용할 수 있는 제도임.

〈작성자 : 전중근〉

주민이 만들어가는 마을안전지도

1. 제안 배경

- 어슥한 골목길 쓰레기 방치 등의 고질적인 문제들을 해결하기 위해 지역주민들이 자발적으로 참여하는 마을안전지도 만들기 사업을 제안함.
- 이 마을안전지도 만들기를 통해 안전하고 깨끗한 길 조성과 살고 싶은 마을 · 길의 활성화를 통해 범죄 예방율을 낮추고, 지역주민들 간의 소통의 장과 쾌적한 마을을 만들 수 있는 계기를 가질 수 있음.

2. 현황과 문제

- 큰 대로변이나 지정된 거리는 환경미화원들이 평소 깨끗이 청소를 한다. 그러나 골목길 이면도로는 방치되는 경우가 많다. 이렇게 버

려진 거리는 오래된 쓰레기부터, 낙엽, 오물 등으로 들고양이나 개들의 서식지가 되고 만다. 길은 대체로 '내꺼, 니꺼'로 나뉘어지기 때문에 아무도 돌보지 않은채 그냥 내버려지는 경우가 부지기수다. 이러다보니 환경미화는 먼 나라 이야기이다.

> "집을 나서면 길이 있고 마을이 있다. 아파트든 주택이든 상관없이 그것은 길로 모두 연결이 된다. 학교 갈 때, 직장을 갈 때, 가게를 갈 때든 어떤 길을 지나가야만 목적지에 도달하게 된다. 이 길은 삶의 연결고리이기도 하다. 그러나 지역사회 곳곳의 이 길들은 단지 통로로서의 구실만 한다. 도구로서의 길로서만 역할을 하는 것이다. 또한 이 길들은 평소 잘 드러나지 않기 때문에 방치되기 십상이다. 행정이나 주민들의 관심에서도 제외된 길들이다. 방치된 이 길들은 특별히 신고가 들어가지 않는 이상은 그대로 방치되기 십상이다. 그것은 내가 할 일도 아니고, 또 누군가 해야 할 일로 버려지고 있을 뿐이다"

- 덕포동 재개발지역에서의 여중생 살해 사건을 계기로 도심 재개발·재건축 지역에 대한 관심이 높아지고 있다. 이는 재개발 대상지역뿐 아니라 지역사회 곳곳의 쇠퇴지역 사정은 마찬가지이다. 평소 관리가 안 되는 빈집이 많기 때문이다. 이러한 빈집들은 사람이 살지 않고 헐리기만 기다리고 있기 때문에 제대로 관리되지 않아 동네의 흉물스러운 존재일 뿐만 아니라 청소년 탈선이나 범죄의 장소로 이용되기 쉽다. 또한 이는 곧 각종 안전사고와 범죄를 유발하고 주민들의 불편과 불안을 초래하게 되는 것이다.

3. 방향과 비전

■ 주민참여를 통한 지역안전의 대응역량 강화

지역에서 실제 생활을 영위하는 지역주민이 적극적으로 참여하는 지역안전공동체를 구축하고 지역안전과 관련한 환경을 개선하려는 시도이다. 주민참여를 통한 안전문화를 생활화하여 지역주민의 능동적인 참여를 이끌어내는 방안을 모색하고자 한다.

■ **안전커뮤니티 매핑 구축**

이러한 주민참여를 통한 안전문화는 시민들이 직접 지역사회 문제를 해결하는 참여와 공유의 장으로 기대를 모으는 커뮤니티 매핑을 구축하는 작업으로도 이어질 것이다. 커뮤니티 매핑은 지역사회 곳곳에 널려있는 학교 주변 교통사고 다발지역의 개선이나 통학로 개선, 어린이 안전을 위한 각종 사업들이 구상될 수 있을 것이다. 또한 커뮤니티 매핑을 향후 자전거, 보행 등 다각적으로 특화시켜 많은 지역주민들의 필요에 따라 맞춤형 정보를 편리하게 이용하고 공유할 수 있을 것이다.

4. 대안과 정책

① 마을안전회의의 주기적인 개설과 안전교육 실시

■ 마을안전에 관심있는 주민들이 정기적으로 만나서 소통하면서 마을소식을 공유하고, 공동으로 마을안전을 위한 프로그램 개설 등의 활동을 전개함. 지역주민의 안전의식의 향상을 꾀하고 지역공동체를 활성화하는 의미를 가짐.

■ **회의 개최** : 격주 1회 정도로 소집하고 일정 시간에는 마을안전회의가 열린다는 내용을 공지하여 일반 주민 누구가 참석할 수 있도록 안내함.

■ **마을안전교육 프로그램 실시** : 안전한 마을에 대한 공감대를 형성

하기 위해 일상생활과 안전에 대한 홍보를 강화하는 학부모 간담회 개최, 아파트 대표자회의와 같은 주민조직을 통한 교육을 통해 지역주민간의 안전생활에 대한 유대감을 높임.

② 마을안전지도 만들기

마을안전지도란 지역 사정을 잘 아는 주민들이 직접 마을의 안전 요소를 찾아내어 표시한 지도임. 지역의 아이들과 어르신들이 자주 다니는 골목의 안전 · 위험 요소가 한눈에 확인될 수 있는 지도임. 마을안전지도는 주민과 지역공동체가 직접 지역의 안전요소를 발굴하고 해결할 수 있으므로 주민의 안전의식도 향상되고 지역공동체가 활성화되는 일석이조의 효과를 가져다 줄 수 있음.

■ 골목길 안전조사단 구성 및 활동 : 방치되고 있는 길이나 위생상태, 길의 위치와 지점 등을 면밀하게 조사하여 마을의 안전 요소를 파악하고 지역내 안전마을 활동자원이 서로 긴밀하게 연결될 수 있도록 실태 파악을 수행함. 이러한 사업 수행을 위해 지역사회의 학부모, 주민들이 마을

커뮤니티 매핑(community mapping)이란?
구글 맵 등 온라인 지도서비스가 제공하는 지리정보시스템을 활용해 다양한 종류의 정보를 직접 지도에 표시하는 시민참여형 지도 제작 기술을 말한다. 지도라는 매개체를 이용하여 사람과 사람, 또 커뮤니티와 커뮤니티간의 소통과 참여를 유도하여 지역주민이 지역을 더 이해할 수 있게 해주는 것이다. 2012년 가을 허리케인 샌디가 미국 뉴욕과 뉴저지 부근을 강타했을 때, 뉴저지 지역의 80%가 전기 공급이 중단된 일이 있었다. 이로 인해 많은 주유소가 기름을 제공하지 못하여 큰 혼란이 야기되었을 때, 커뮤니티 매핑 전문가인 임완수 박사는 커뮤니티 매핑을 함께 해왔던 남미계 학생들과 커뮤니티 매핑을 활용하여 기름 주유가 가능한 주유소 커뮤니티 매핑을 통하여 시민들에게 유용한 정보를 제공한 바 있었다. 이 사건으로 이 지도는 실시간으로 미국 에너지국 콜센터에서 이용이 되었으며, 연방재난국 재난지도, 구글 재난 맵에도 실시간 제공되었다. 커뮤니티 매핑으로 인해 시민들이 길에서 낭비하는 시간을 줄여 혼란을 야기하지 않게 하였다.

안전조사단을 구성하여 안전조사 활동을 전개함. 이 마을안전조사단은 한적한 취약지역 골목길 등을 순회, 점검하면서 지역의 안전/위험 요소를 파악하는 활동을 수행함.

■ 마을의 안전 · 위험 요소 조사 대상

	위험 요소
물리적	– 사람들이 잘 다니지 않는 좁은 골목길 – 주변에서 잘 보이지 않는 건물과 건물 사이 공간 – 가로등과 방범등 같은 조명이 부족한 공간 및 도로 – 인적이 드문 곳에 위치한 공지 및 폐가 – 내부를 확인할 수 없는 주차공간 – 성인PC방, 안마방, 당구장, 유흥업소 등이 밀집한 위해구역 – 가드레일 등이 설치되지 않은 보행공간
심리적	– 쓰레기가 방치되어 주변이 더러워 일반인들이 이용을 회피하는 공간 – 낙서가 방치된 시설 주변 공간 – 폐가나 빈집 등이 있는 공간 – 일반인 이용이 적은 놀이터, 공지 주변 공간 – 범죄 피해를 당했거나 소식을 들은 경험, 또는 목격한 경험이 있는 공간 – 평소 불량 청소년 등이 자주 모여 있는 공간
	안전 요소
물리적	– 경찰서, 지구대, 방범초소 등 방범시설이 위치한 공간 – CCTV, 비상벨과 같은 방범시설이 설치된 공간 – 동사무소(주민센터), 소방서, 병원 등 공공시설(관공서)이 밀집된 지역 – 아동안전지킴이집, 지역연대, 보호센터 등의 표시가 있는 시설 및 공간 – 동네 세탁소, 약국, 슈퍼, 문방구, 편의점 등 주민 이용이 많은 공간
심리적	– 순찰자가 자주 돌아다니는(발견되는) 공간 – 지역 주민들이 자주 모여있는 공간 – 경비원이 상주하고 있는 아파트나 건물 주변 공간

■ 제작방법 : 온라인 또는 종이 지도

■ **지역사회 마을 안전 관련 커뮤니티 매핑 추진**

– 지역사회의 안전 사각지대, 환경훼손지역, 학교 주변의 교통사고 위험 지역이나 개선이 필요한 시설 등의 다양한 요소들을 지도에 표시하여 문제점을 개선해 나가는 주민들이 참여하는 지도 만들기 작업

- 시민이 마을 현장에서 직접 사진을 찍고 지도 상에 올리는 작업 수행
- 커뮤니티 매핑에 대한 기본적인 이론 교육 실시
- 지역사회 현장에서의 어린이보호구역 주변 학교 안전시설, 횡단보도, 통학로 등을 사진으로 찍고 문제점이나 개선 방안을 검토
- 스마트폰 · 테블릿PC 등을 이용하여 매플러 프로그램을 이용해 지도에 사진, 위치 등을 표시
- 문제점이나 개선 사항은 지역 행정에 요청하여 해결할 수 있도록 함
- 스마트폰, PC 등을 이용하여 지역사회의 안전, 환경문제를 해결하는 새로운 혁신적인 시민참여형 활동으로 생활정보, 편의시설 등 다양한 부문으로 계속 확대 추진

■ **마을안전지도의 활용** : 마을안전계획 수립에 활용하되, 공개 여부는 마을주민이 결정함.

〈작성자 : 황선희〉

민 · 관협력단체* 활성화 시키기

1. 제안 배경

- 지역사회를 가꾸어나가기 위해서는 민 · 관협력기관의 역할이 무엇보다 필요함.
- 그러나 관 중심의 민관협력기관의 운영은 능동적인 기관의 목표 수행보다는 관에 예속되어 기관의 자주성은 물론, 가치 및 정체성의 상실이 발생하고 관의 과도한 관여로 자율성을 침해받고 있는 것이 오늘의 현실임.
- 따라서 기관의 운영이 지역사회의 발전에 능동적인 기여를 하기 위해서는 획기적인 방안이 강구되어야 할 필요성이 제기됨.

* 여기서 민 · 간협력단체란 자원봉사센터, 자활센터, 평생교육센터, 사회복지기관 등을 지칭한다.

2. 현황과 문제

① 민 · 관협력기관의 문제점

현재 나타나고 있는 민 · 관협력기관의 문제점을 일반 시민에게 질의해 보면 공통적으로 다음과 같은 답변을 얻을 수 있다.

- 광역 · 기초센터의 역할 중복
- 광역센터와 지역의 유관기관 간의 네트워크 미비
- 광역센터 관리자의 역량 부족
- 정치적 중립이 어려움
- 자원봉사에 대한 이해 부족
- 센터 직원과 공무원간 상호 교류 및 이해 부족
- 관변 단체화 되고 있음
- 민 · 관협력기관 직원의 신분보장 불안정
- 사회적으로 이슈가 되는 분야에 일시적으로 행정적 지원이 편중되는 경향 있음
- 같은 광역시 중에서도 지역별 특성으로 인해 성장의 불균형

이상의 내용들은 다음과 같이 세 가지 문제로 압축하여 정리해 볼 수가 있겠다.

② 칸막이 행정

정부와 지방자치 단체의 부속기관들이 각기 민 · 관협력 관련 정책을 서로 경쟁하듯 수립하고 예산을 지원하고 있다. 이를테면 노동 관련 부서와 복지 관련 부서는 자활센터를, 행정 관련 부서는 자원봉사센터, 교육

관련 부서는 평생교육센터에 정책과 예산을 집중하고 있다. 하지만 그 현장인 마을에서는 문화와 교육, 복지와 경제가 따로 돌아가지 않고 생명체의 세포처럼 같이 돌아가는 유기적 구조를 가지고 있다. 따라서 행정과 현장이 따로 놀며 서로 소통하지 못하는 엇박자 현상이 나타난다. 더욱 큰 문제는 이들이 모두 칸막이를 치고 부처별로 따로 움직이니 하나의 생명체 속에서 유기적으로 함께 움직이며 성장하고 발전하는 모습을 보이지 못하고 세포들이 제각기 활동하여 생명체가 제대로 성장하지 못하고 괴사하는 것처럼 중복된 사업과 낭비되는 예산으로 결국 마을에는 효과적인 혜택이 돌아가지 못하는 모습이 많다.

③ 형식적 거버넌스

민·관 거버넌스, 즉, 협치協治는 민과 관이 대등하게 협력하여 행정의 목적을 달성해야 하는데, 현실은 관이 주도하는 형국이고 민간은 그저 행정전달체계의 말단부에서 공무원의 업무를 대행하는 정도에 머무는 경우가 허다하다. 각종 자문위원회도 공공적 역할을 해야 함에도 겉으로는 민간 전문가의 의견을 듣지만 안으로는 의제도 공무원이 정하고, 그 자문의 방향과 내용 또한 공무원이 사전에 의도한대로 진행되기 일쑤이다. 민·관협력기관의 정책이 이렇게 된다면 큰일이다. 다른 정책분야는 몰라도 민·관협력기관은 마을의 어렵거나 취약한 그룹의 능력을 활성화 시켜 마을에 다시 재투자되는 역할을 해야 한다. 마을에 필요한 내용은 마을에 실제 살고 있는 주민들이 잘 알며, 그 해결의 방향 역시 마을에 실제 살고 있는 주민들이 잘 안다. 정책 방향의 옳고 그름을 떠나 주민들 스스로 필요를 인식하고 해결의 방향을 모색하는 과정에서 스스로 주체가 되고, 그 일에 책임과 열의를 가지게 된다. 진정한 의미의 거버넌스는 그러한 환경 속에서 자치적인 모습으로 실현될 수 있다.

④ 조급한 성과주의

행정은 항상 가시적인 성과에만 몰두한다. 시민의 세금이 헛되이 사용되는 일이 없도록 해야 하는 것은 공무원으로서 당연한 책무이다. 하지만 그 성과가 정책의 진정한 효과나 잠재적 효율을 측정하는 것이 아니라 눈에 보이는 통계 계량이 용이한 가시적인 양적 지표에 매달리게 된다는 점이다. 그래서 센터의 건물을 세우거나, 참여자 숫자 등에 집착하다 보니 정작 챙겨야 할 정책의 질적 효과는 뒤로 밀리는 경우가 있다. 또한 정부는 1년을 단위로 돌아간다. 행정의 편의를 위해 1년 단위의 공모형 사업을 많이 추진한다. 그래고 성과를 1년 단위로 측정한다. 하지만 실제로는 6개월도 안 되는 경우가 일반적이다. 연초에 사업집행계획 수립하고, 4~5월에 공모하여 5~6월에 집행하면, 10~11월이면 벌써 평가를 위한 성과를 증명해야 한다. 하지만 마을은 10년 정도의 주기로 성과를 측정해야 제대로 된 성과라 할 수 있다. 따라서 장기적인 계획과 실행이 필요하다. 하지만 지금과 같은 1년 단위의 공모형 사업으로는 거버넌스의 체질을 강화시키지도 못하고 마을에도 형식적인 결과물들만 만들게 되는 비발전형 모델로 남게 될 것이다.

3. 방향과 비전

이상의 세 가지 문제점을 극복하기 위해서는 민·관이 함께하는 민·관 거버넌스의 구축이 필요하다. 지금도 민·관이 함께하는 거버넌스 구조가 있지 않느냐라는 반론을 펼 수도 있지만, 현재의 거버넌스는 관에 치우쳐 있는 종속 협력체의 성격이 짙다.

① 민이 주도하는 중간 지원 조직의 구성

마을에는 민간이 주도하는 중간지원조직이 필요하다. 그렇다고 관이 관여하면 안 된다는 뜻은 아니다. 이미 마을에는 오래 전부터 다양한 마을 사업을 해오던 풀뿌리 단체들이 있고, 취약계층들을 중심으로 주민사업을 펼쳐온 복지 단체들도 있다. 이들과 관, 그리고 기업과 주민이 함께 어우러지는 중간집단의 네트워크를 형성하면 된다. 그러기 위해서는 모여서 마을 이야기를 나누고, 하고 싶은 사업계획을 세우고, 서로 경험과 자원을 교류하는, 주민과 활동가들이 함께 어우러지는 공론의 장이 필요하다.

② 마을 공동체의 자치를 위한 행정 정책

민·관협력기관의 행정적 칸막이를 없애고 서로 공유하고 협력하는 서로간의 노력이 필요하다. 장기적인 이익을 위해 이타적이고 호혜적인 자세로 자기 기관 이기주의를 벗어 버려야 한다. 예산의 지원도 현행 1년 단위 공모형 예산이 아니라 좋은 마을 만들기라는 기본적 합의 아래 주민 주도를 위한 행정상의 개선과 지원절차와 예산제도, 평가방법의 대안적인 제도화가 중요하다. 물론 '주민 주도형 마을만들기'는 민-관의 '대등한' 거버넌스를 넘어 '민이 주도하는' 협치를 전제로 해야 한다.

③ 민·관협력기관의 활성화를 위해 필요한 정책과 방향
- 포괄예산제 도입
- 자원봉사센터, 자활센터, 평생교육센터, 사회복지기관 등의 중복된 기능의 공유 및 자치적 관리
- 마을 중심의 민관협력기관 운영

■ 시민사회와의 네트워크 형성

4. 대안과 정책

① 사회자본의 형성

사회자본은 여러 가지로 형태로 정의되어 있지만 간단히 정리해보면 공동체의 상호이익을 위해 집단행동을 촉진시키는 신뢰와 규범, 그리고 네트워크라 할 수 있음. 민·관기관의 활성화를 위해서는 결국 행정 기관으로부터 독립을 하고 민간이 주도하는 민과 관, 그리고 기업과 시민이 함께 어우러지는 사회자본을 형성하는 것이라 할 수 있음. 다시 말하면 주민이 하고 싶은 일을 주민 스스로 할 수 있도록 사회적 지원과 사회적 협조를 하고 이를 통해 민·관협력기관이 역할을 한다면 쉽게 해결할 수 있다고 봄. 물론 스스로 합당한 평가 지표를 만들고, 충분한 자금과 사회적 동의, 주민 스스로의 노력이 필요한 것은 당연한 일이라 하겠음.

② 중간집단적 기구의 설립

캐나다 퀘백의 경우 정부와 시민단체가 협업적 사회적 경제 네트워크를 형성하고 사회적 정책을 수립하고 실행한 이상적인 사회적 서비스의 공급 모델로 평가를 받고 있음. 물론 제조업 부재로 인한 고용의 한계가 단점으로 부각되기도 하지만, 우리의 현실에 맞는 시스템으로 변형 발전시켜볼 가치가 있다고 하겠음. 이러한 점들을 고려해 볼 때 지금 우리에게는 정부와 기업, 그리고 시민사회단체와 주민이 사회적 책임의 공유를 통한 기금조성과 공동의 정책수립을 하는 기관의 설립이 필요함. 따라서 아래와 같은 역할을 하는 중간 집단적 기구(가칭 협동시민행복기구)의 설립을 대안으로 제안함.

　■ 마을과 구성원의 자립과 자활, 마을간의 연대가 가능하도록 하는 인
큐베이팅, 교육, 금융 지원, 컨설팅을 지원

　■ 민·관협력기관의 역할을 재정립 – 정책과 운영을 지역주민이 주
도하도록 하는 자치적 운영제도의 도입

　■ 마을은 복지와 문화, 교육과 경제가 함께 어우러지는 곳임. 따라서
복지재단, 문화재단, 평생교육센터, 자원봉사센터, 자활센터, 사회적 경
제 네트워크 등 다양한 부문들과의 협업의 실현

　■ 정부와 기업이 사회적 책임을 실현할 수 있고, 공동으로 기금을 조
성하고 운영함.

〈작성자 : 신병훈〉

지역사회 활성화를 위한 '사회적 자본 증대 조례' 제정

1. 제안 배경

- 지역사회를 가꾸어 나가기 위해서는 주민들의 능동적인 참여가 무엇보다 필요함.
- 그러나 뿌리깊은 수동성의 문화로 인해 스스로 참여하기보다는 누군가 나서서 해결해주기를 바라는 경향이 강함.
- 지역 주민들의 자발적이고 능동적인 지역사회 참여를 이끌어내기 위해서는 사회적 자본을 높일 수 있는 기본조례 제정 등의 획기적인 방안을 강구할 필요가 있음.

2. 현황과 문제

① 낮은 참여와 약한 지역사회에 대한 관심

부산시민들의 사회단체 참여율이 극히 낮다. 통계청『사회조사』(2011년도)를 보면, 부산시민들은 친목 및 사교단체 참여하는 비율이 53.9%에 비해, 시민사회단체 5.0%, 정치단체 0.3%, 지역사회모임 1.9%로 사적인 연고 모임에 참여하는 비중은 대단히 높으나, 공공성이 있는 사회 활동을 하거나 지역사회에 참여하는 비중은 아주 낮은 것으로 나타난다. 이를 통해서 알 수 있는 것은 시민의 자율적인 공공성의 영역이 제대로 자랄 수 있는 토양이 형성되지 못한 탓에 지역사회에 무관심한 타율과 타치他治에 익숙한 개인들이 많이 양산되고 있는 게 현실이다. 이것은 또한 부산시민으로서의 자부심을 떨어뜨리는 것으로 보인다. 부산광역시『사회조사』(2010년도) 통계에서 보듯이 '매우 자랑스럽다' 7.7%, '약간 자랑스럽다' 26.8%로 자부심을 갖는 쪽보다 '그저 그렇다' 62.0%, '약간 부끄럽다' 2.6%, '매우 부끄럽다' 0.9%의 자부심을 갖지 못하는 시민들이 월등히 많은 것을 알 수 있다.

② 중앙에 포획된 미약한 지역의 시민사회

우리나라 시민사회는 국가권력이 집중된 수도권을 중심으로 활성화되어 있는 반면에 지방에서는 여전히 더디게 발전하고 있다. 그나마 미약한 지방의 시민사회는 토호세력에 의해 장악되어 있어 중앙 차원의 시민사회보다는 국가에 의한 시민사회의 포섭이 상대적으로 더 뚜렷하다. 이처럼 국가에 맞선 지방자치 공간을 지역시민에 의한 자율적인 통치공간으로 만들어내지 못한 결과, 지역의 시민사회 활성화는 여전히 미약하고 시민들의 참여를 통한 분권과 자치를 위한 민주주의는 요원하다. 특히 부산은 도시환경의 급격한 변화와 도시 쇠퇴화가 심한 편이어서 고령화, 저출산 등으로 심각한 위기에 직면해 있다.

3. 방향과 비전

①사회적 자본을 활용하여 시민참여를 높일 수 있다

국내외 경험이나 사례로 볼 때, 신뢰, 규범, 협력, 네트워크 등으로 특징지어지는 사회적 자본이 높게 형성된 지역일수록 경제적 · 사회적 활성화를 비롯하여 지역 발전 수준이 높다고 한다. 그러므로 명목상의 주민참여에서 실질적으로 주민이 주도하고 참여하는 지역사회의 활성화를 위해서는 사회적 자본을 확장시키는 지방정부의 적극적인 노력이 필요하다.

② 지역행정은 사회적 자본 증대를 위한 정책을 수립해야 한다

우리사회와 같이 낮은 지역주민들의 지역사회 참여, 약한 시민사회를 활성화하기 위해서는 지방자치단체가 나서서 사회적 자본을 증대시킬 수 있는 방안을 찾아야 한다. 지역사회의 사회적 자본 기초 현황을 파악하고

사회적 자본이란?
사회적 자본은 물리적 자본이나 인적 자본과는 달리, 개인들간의 사회적 관계를 통해 형성되고 포착되는 자본으로서 "공동의 이익을 위한 조정과 협조를 가능하게 하는 네트워크, 규범, 신뢰 등의 사회적 구성물"을 가리킨다.

사회적 자본 확충을 위한 대전시와 해운대구의 사례
일부 지방자치단체가 사회적 자본에 대해 적극적인 자세다. 2012년 해운대구청은 사회적 자본에 대한 공감대 형성을 위해서 직원 교육 실시, 사회적 자본의 필요성과 구청의 사업 방향에 대해 토론하는 시민포럼 개최, 구청 차원의 사회적 자본 확충 운동 추진, '사회적자본증진조례' 제정, 세계시민사회센터 내에 '사회적 자본 높이기 범시민운동본부' 설치 등을 내세우고 있으며, 비슷한 시기 대전시 역시 사회적 자본 증대를 위한 기본계획을 수립해, 사회적 자본이 증가될 수 있도록 붐을 조성해 나가며, 구체적으로는 '사회적 자본 전문연구센터'를 설립해 피드백 장치를 구축, 종교 및 기부단체, 민간 비영리단체 등 '지역사회재단'의 조성 및 활성화 지원 방침 표방. 구체적으로는 지역사회 공동체 활성화를 위해 동별 합창단 조직, 마을 단위 작은 축제, 마을신문 발간, 은퇴 과학자 활용, 시민대학, 배달 강좌제, 거리 청결, 도시 미관 등에 대한 준법과 질서 의식 고취, 시민들 스스로 참여하는 동별, 거리별 특색 있는 캠페인 추진 등을 내세우고 있다.

궁극적으로 지역사회의 사회적 자본을 향상시키는 방안을 도출하고, 사회적 자본 형성을 위한 지역사회 시스템 구축 및 체계화 방안 연구와 구체적인 사회적 자본 증대 방안을 제시하는 것이 필요하다.

③ '사회적자본증대조례'는 사회적 자본 증진에 대한 사회적인 공감대를 형성할 수 있다

'사회적자본증대조례'는 사회적 자본 증진을 위한 종합적이고 체계적인 방안을 뒷받침할 수 있을 것이다. 사회적 자본 증진을 위한 기본 계획을 세워 사회적 자본 증진을 위한 방안 마련과 사회적 자본 추진 체계, 기반 구축에 관한 사항, 시민사회 협력 네트워크 구축에 관한 정책을 수립할 수 있을 것이다.

4. 대안과 정책

① (지방행정 및 의회) 지방자치단체의 '사회적자본증대조례' 제정

이제는 지방자치단체가 나서서 사회적 자본 증대를 획기적으로 높이는 방안을 강구하고, 사회적 자본 증대를 위한 조례를 제정하여, 지역 시민사회를 활성화하고, 주민의 참여와 자치 역능力能이 높아질 수 있도록 해야 함. 그러기 위해서는 사회적 자본 증진 기본 계획, 시행 계획 등을 심의하기 위한 사회적 자본 증대위원회 구성, 사회적 자본 사례 수집 및 지표 개발, 중장기 발전 방안 마련을 위한 전문연구원 설립, 거버넌스 증진 사업, 공익활동가 발굴, 사회적자본지원센터 설립 등에 대한 구체적인 내용을 담은 '사회적자본증대조례'를 제정해야 함. 특히 조례에는 주민의 지역사회 참여를 높일 수 있도록 NPO, 시민단체, 지역모임 등의 다양한

모임이 활성화될 수 있도록 지역사회 참여 활동을 높이는 효과적인 방안들을 제시할 수 있어야 한다.

② (시민사회) 지역NPO 활동의 활성화

시민사회 역시 지역사회에서의 다양한 시민활동을 적극적으로 모색해야 할 것임. 시민들의 자발성과 창의성을 높일 수 있는 커뮤니티 활동은 약한 시민사회를 튼튼히 할 수 있는 중요한 거점임. 그러기 위해서는 지역에서 작은 단위의 모임들을 만들어내고 활동 성과를 공유하는 것은 우선적인 과제임. 지역사회에서 지금까지는 행정당국이 알아서 하는 일로 치부되었던 소외·취약계층, 노인복지, 보육, 방범, 환경, 마을만들기 등과 사업들을 이제는 시민들이 주체가 되어 문제 해결을 시도해야 할 것임. 이는 지역사회 스스로 할 수 있는 일은 지역주민이 나서서 해결하는 것이 문제 해결을 잘 할 수 있는 것이며, 시민이 주체적으로 참여하고 기획하는 속에서 살기 좋은 지속가능한 지역만들기가 가능할 것임. 아래 그림은 개인이 지역사회에 참여하는 과정을 통해 축적되는 사회적자본의 축적과정, 지역커뮤니티 재생과의 연관을 표시한 그림임.

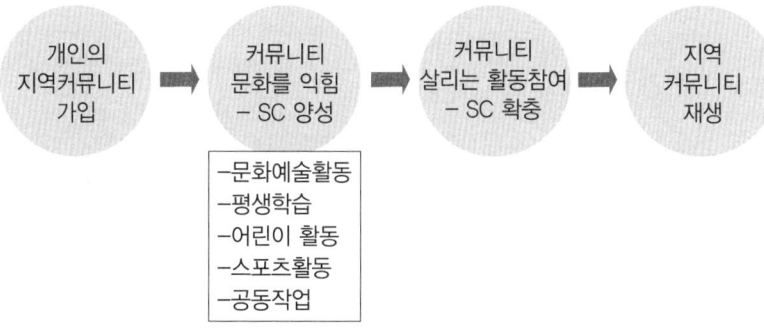

사회적 자본 증대를 위한 커뮤니티 활동 프로세스

③ (지역행정) 지방자치단체의 사회적 자본 증대를 위한 다양한 역할 제고

■ 사회적 자본의 포괄적이고 연속적인 조사, 지역 특성의 파악
 － 커뮤니티 조직 생활의 지표 : 각종 지역 활동 참여와 소속
 － 공적이거나 지역문제 해결을 위한 참여 지표 : 각종 선거시 투표율, 지역과 학교에서의 공적 모임 출석율
 － 커뮤니티 관련 자원봉사활동의 지표 : 지역NPO 수, 커뮤니티 사업, 자원활동 참여 회수
 － 비공식적인 사교성 지표
 － 사회적 신뢰 지표

■ 사회적 자본의 관점에서 각종 지방정부 정책의 평가
 지역행정과 관련한 정책 분야에서 환경영향평가와 같은 사회적 자본 영향을 고려하는 것이 필요함.

■ 도시재생, 마을만들기 사업 등에서의 사회적 자본의 육성 및 활용
 － 마을만들기운동 활성화 및 지원 확대
 － 지역시민사회 활성화를 위한 지원
 － 도시의 물리적 환경 설계에서의 사회적 자본의 고려
 － 취약동네 주민 일자리를 위한 사회적 네트워크 지원 정책
 － 정보통신기술을 활용한 지역사회 정보 제공과 활성화
 － 독서 또는 비공식적 학습조직의 지원
 － 지역사회 리더 육성 프로그램 개발과 지원
 ■ 사회적 자본을 향상을 위한 각종 정책 연계

- 신뢰 사회의 형성
- 행정 정보의 공개 및 공익적 검증
- 사회 갈등의 중재와 조정
- 정책 결정과 집행의 투명성과 공정성
- 지방 거버넌스의 확대, 강화
- 주민자치활동의 적극적 지원
- 자발적 결사체의 확대와 NPO 시민활동의 활성화 지원
- 시민교육과 주민 역량 강화
- 커뮤니티의 재생을 통한 지역시민사회의 활성화
- 볼런티어 활동의 활성화 등

〈작성자 : 서영준, 신병훈, 유 홍, 전중근, 황선희〉

시민의제 25

시민의 임파워먼트 촉진을 위한 시민토론기구 설치

1. 제안 배경

- '침묵하는 다수'(silent majority) 또는 참여하지 않는 시민의 존재는 많은 점에서 사회에 부담을 주고 있음. 우선 시민자치와 지역협동을 위한 도전에 큰 걸림돌이 되고 있음.
- 식민지 지배, 군사독재 경험 등으로 구조화된 수동성의 문화는 개인들의 연대를 통한 문제해결보다는 힘있는 자에 대한 의존을 심화시키고 있는 상황임.
- 이처럼 뿌리깊은 수동성에서 벗어나 스스로 지역사회 활동에 적극 참여하고 활동하는 시민을 길러내기 위해서는 시민들끼리 머리를 맞대고 논의하고 협의하는 지역사회 전반을 아우르는 시민토론마당이 필요함.

2. 현황과 문제

① 지역사회에 무관심한 시민

지역재생을 위한 각종 사업에서 당장 부딪히는 것은 주민들의 무관심이다. 빠듯하게 삶을 살아가는 주민들은 자신을 돌보기에도 바빠, 마을전체의 공공 의제를 생각할 여지가 없는 것이다. 예를 들어 현재 부산시가 역점을 두고 추진하는 도시재생사업인 산복도로르네상스는 주민참여형 도시재생사업을 표방하고 있음에도 불구하고, 여전히 행정이 주도하고 주민이 동원되는 형국이다. 이 사업 시스템에는 사업 추진을 위해 마을활동가 등의 매개 인력을 투입하는 참여형 조직체계를 갖추고 있지만 폭넓은 주민참여가 이루어지고 있다고 보긴 어렵다.

② 사회적 합의 형성의 부재

우리사회는 상충된 이해관계와 가치들이 비제도적인 방식으로 표출되면서 갈수록 갈등이 심화되는 형국이다. 현재 국가적인 차원에서 대표적 사례로서는 국가기관에 의한 조직적인 대선 개입 사건과 밀양 송전탑 사태를 둘 수 있고, 지역사회에서는 북항재개발, 오페라하우스 건립, 에코델타시티, 해운대 관광리조트 건설 등 지역사회의 미래와 관련된 사업들이 그것이다. 바람직한 방향은 이러한 첨예한 대립과 갈등을 사회적으로 합의하고 수용하는 방안을 모색하는 것일 것이나 현실은 힘있는 '갑'이 갈등을 짓누르고 일방적으로 독주하는 게 다반사다. 예를 들어 에코델타시티 사업의 경우를 보면, 초대형 지역개발사업이 사회적 공론화 과정 없이 일방적으로 추진되고 있는 대표적인 케이스이다. 이 사업은 근거 법령인 '친수구역활용에관한특별법'에 따라 다른 도시계획 관련 규정을 따르지 않아도 되며, 건축물 용적률 · 건폐율 등의 자의적인 기준이 적용되어 극심한 난개발이 우려된다. 그런 점에서 부산대 윤일성 교수의 "정부와 시는 진정한 생태도시가 어떤 모습을 갖춰야 하는지를 민주적인 절차에 따라 공개적으로 논의해야 한다"고 지적하는 것은 적절하다.

3. 방향과 비전

① 명목적인 주민참여에서 실질적인 주민참여로

도시의 주인은 주민이지만, 도시계획을 수립하는 등의 행위는 여전히 행정과 전문가의 몫이다. 도시계획를 둘러싼 논의 과정에 주민이 참여하면, 도시정책에 대한 주민의 이해를 높일 수 있고, 다양한 지역사회 이해당사자 사이의 갈등을 사전에 예방하거나 타협할 수 있게 도와줄 수 있을 것이다. 또한 주민의 지역사회에 대한 책임성을 높여 지속가능한 지역사회의 기반을 다질 수 있는 계기가 될 것이다. 그런 점에서 독일의 졸링겐시가 플라눙스젤레(계획 세포) 제도를 통해 도시계획의 주민참여를 실현하고 있는 것은 시사하는 바가 많다. 행정이 주민을 무작위로 뽑고 이들이 모여 토론을 통해 계획을 작성하면, 행정에서 이를 바탕으로 도시계획을 수립하는 방식인데, 계획 수립 단계부터 주민 의견을 반영할 수 있는 획기적인 제도이다.

② 합의 형성을 위한 새로운 조류와 숙의민주주의의 실현

최근 들어 민주주의의 쇠퇴 · 퇴행 · 약화 등이 이야기되고 있다. 이러한 민주주의의 위기를 맞아 단순한 참여가 아닌 토의의 중요성이 부각되고 있다. 정책 결정에 영향을 받는 시민들이 이성적 토론, 합의 도모 등을

통해 직접 정책결정에 참여하는 숙의민주주의(deliberative democracy)가 거론되고 있는 것이다. 문제는 우리사회가 그동안 첨예한 정치적 이해를 둘러싼 대립적인 지형 탓에 독립된 공론장을 형성하는 경험이 없다는 것이다. 그러나 최근 수도권 지역의 지방자치단체나 시민단체들도 이러한 숙의민주주의 실현을 위한 구체적인 방안을 모색하고 시도하고 있다. 코리아스픽스에서 추진하는 미국식 전자회의를 원용한 원탁 회의 방식이나 대화 모임, 오픈 스페이스, 월드 카페, 플라눙스젤레 등의 시민참여 토론 기법에 대한 관심이 늘고 있는 것이다. 그중 무작위로 선정된 수십 명의 시민들로 이뤄진 시민들이 특정 정책을 평가하는 '시민 토론'이나 대표성을 갖는 시민들을 선발, 충분한 정보 제공과 논의 이후 의견을 조사하는 '숙의적 여론조사' 등과 같은 시민 주도의 시민 토론의 공론장 시도는 주목할 만하다.

③ 합의 형성을 위한 대표적인 시민 토론 기법들

■ 오픈 스페이스(Open Space) : 최대 2천 명까지 참여가 가능한 대규모 토론 방식

■ 월드 카페(World Cafe) : 사람들이 카페와 유사한 공간에서 창조적인 집단 토론을 함으로써 지식의 공유나 생성을 유도하는 토론 기법

■ 아메리카 스픽스(America Speaks) : 21세기형 타운 미팅(town meeting)으로 루켄스 마이어 박사가 무선 투표 방식을 최초로 도입함. 2002년 4천3백 명의 'Listening to the city' 프로젝트, 2005, 2006년 두 차례에 걸친 2만6천 명의 뉴올리온스의 'Citizen's Council 1, 2'가 대표적인 사례.

■ 플라눙스젤레(계획 세포)란 참가자를 무작위로 추출·선발하여, 모

인 멤버들이 소수 정예의 기본 단위로 나누어 토의하고 그 토의를 기반으로 시민제안문을 작성하고 계획을 수립하는 제도를 말한다. 참가자에게 일정한 경제적 보상을 하며, 일정 기간 참여의 원칙과 중립적인 독립 기관이 실시 기관이 되는 원칙 등이 중시된다.

④ 시민참여를 촉진시키는 포괄적인 지역 시민포럼 개최

시민들에게 정치에 대한 관심을 촉구하고, 공동체 의식 고취를 위해서는 다양한 지역이 연계하는 시민포럼이 유용할 것이다. 참고로 독일에서는 2010년 12월에 참가자를 무작위로 선발하고, 가능한 한 많은 시민의 의견을 수렴하기 위해 25개 지역에 시민포럼을 구축했으며, 지역 전역에 골고루 분포되도록 구성했다. 시와 구와 군들 간의 대화, 시민 간의 대화, 시장과 시민 간의 대화가 이루어질 수 있도록 한 바 있다. 시민포럼을 위해 시민들에게 무작위로 전화를 걸어 1만 명에게 참여 의사를 물어, 각계각층에서 참여할 수 있게 선정했으며, 2011년 3월 개최되었다. 각 지역별로 4백 명씩 큰 홀에 모이도록 하여, 5개의 그룹을 만들어 토론을 진행하였다.

4. 대안과 정책

① 숙의민주주의를 열어갈 시민 토론 기구 개설

그동안 선진국에서 시도했던 다양한 시민참여를 위한 논의 틀을 두루 익혀, 우리 실정에 맞는 기법을 찾아야 할 것임. 지역사회의 미래 비전을 위한 논의 틀을 정립하고자 한다면 오픈 스페이스나 월드 카페 등이 적절하고, 침묵하는 대중의 문제가 무시 못하는 상황에서 진짜 일반시민의 의향을 듣기 위해서는 플라눙스젤레가 유용할 것임.

② 부산판 플라눙스젤레 '시민토론광장' 개최
- 개요 : 많은 지역 시민들이 함께 참여하고 만들어가는 공론의 장을 열어가기 위하여 지역 시민들이 모여 지역사회의 현안에 대해 심층적으로 논의하고 토론할 수 있는 시민 토론의 장을 형성하고자 함. 향후 이 시민 토론체가 지역사회의 여러 현안을 둘러싼 갈등을 조정하고 해결하는 시민적 공공 공간으로 자리할 수 있도록 함.
- 부산시민토론광장 실행위원회 구성과 활동 : 시민, 지방의원, 시민사회 대표, 행정 등을 포괄할 수 있는 범시민적인 실행위원회를 구성하여 사업의 기획과 운영을 담당하게 함. 이 실행위원회는 시민토론광장의 주제 선정, 발제자 등의 정보 제공자의 선정, 토론 방법 기획, 프로그램 확정 등의 활동을 수행함.
- 참여 시민 공모 : 인터넷, 전단, 포스터, 언론 보도 자료 등으로 널리 알리는 게 필요함. 시민 참여자 선정에서 특히 중요한 것은 무작위 선정이라는 원칙임.
- 무작위 선정 : 주민등록에 의한 추출하는 것이 바람직하며, 개인정보보호법 등에 따라 정보 이용이 어려울 경우는 다른 방안을 모색하는 것이 필요함. 사람을 뽑을 때 작위적인 기준에 의거해 선정하는 것은 금물.
- 개최 방식 : 2일간, 활동비 지급, 토의 때마다 구성원 교체 원칙, 1주제 1시간 정도 토론, 그룹별 의견을 집약하여 참여자 전원이 투표함.
- 시민제안서 작성 : 실행위원회에서 토론 내용을 객관적으로 분석하여 서술함.

- 중간보고 : 참여자들이 확인
- 시민제안서 또는 보고서 제출 : 제출된 토론 내용이 의제 또는 행정
  에 반영되는지 지켜봄. 가능하다면 상설 사무국을 두어 의제 실현을
  지속적으로 모니터링 하는 것이 바람직함.

〈작성자 : 서영준, 유 홍, 전중근, 황선희〉

변경가능한 제도 설계와 실험을 통한 지역화폐 심기

1. 제안 배경

■ 지역화폐는 지역·커뮤니티에서만 유통하는 이자가 붙지 않는 돈으로 호혜적인 커뮤니티를 구축해가는 데 유용한 도구임. 그러나 이 지역화폐는 사업 초기 설계 단계에서부터 해당 커뮤니티에 대해 면밀하게 종합적인 진단을 위시한 조사·연구와 함께 지역화폐 설계, 단계적인 유통 실험 등을 거치지 않으면 실패할 수 있는 요인이 적지 않으므로 지역화폐의 안정적인 제도화를 위한 방안을 제시하고자 함.

2. 현황과 문제

■ 세계적으로도 많은 지역화폐들이 치밀한 계획없이 열정만으로 출발했던 점이 실패의 원인으로 지적받고 있다. 이를 극복하기 위해서는 지

역화폐운동 현실에 대한 정확한 진단과 사업계획, 이를 성취하기 위한 면밀한 정책수립이 필요하다. 지역화폐가 도전적인 사회적 실험인 이상, 실패로부터 배우고, 새로운 방법을 계속해서 시도하는 것을 통해 시행착오를 거쳐 실효성을 갖춘 시스템으로 진화해나갈 것이다. 그런 과정 속에서 어떤 지역통화 시스템 설계가 바람직한 것인지, 현실적으로 유효한 시스템인지, 그것을 실현하기 위해서는 어떤 기술과 규칙, 문화와 윤리가 요구되는 것인지 등이 충분히 검토되어야 할 것이다.

지역화폐란 사람들이 자주적으로 설계, 발행, 관리하고 특정지역 · 커뮤니티에서만 유통하는 이자가 붙지 않는 돈이다. 또한 사람들끼리 어울려 공통의 가치와 관심사를 표현하고 전달, 공유하는 호혜적인 커뮤니티를 공적인 영역으로 만들어내기 위한 도구이기도 하다. 그런 점에서 지역화폐는 화폐적인 '경제미디어'와 언어적인 '사회 · 문화미디어' 양 측면을 가진 종합적인 커뮤니케이션 미디어여서, 지역경제 활성화라는 경제적 목적과 지역커뮤니티의 창조, 재생이라는 사회 · 문화적인 목적을 동시에 달성할 수 있다.

3. 방향과 비전

■ 지역의 자원과 자산, 재능 등의 연결을 통한 지역화폐 설계

지역화폐의 성공을 위해서는 구성원의 헌신적 노력도 중요하지만 어느 정도의 개인주의적인 사고와 기존 공동체가 깨진 상황 속에서 새로운 공동체를 갈망하는 심리적 욕구도 필요하다.

지역사회에서의 지역화폐 설계는 지역의 자원과 자산, 재능 등을 잘

연결시키는 것에서부터 시작되어야 할 것이다. 예를 들어 보일러 수리 등 자신이 가진 기술을 제공하고 3만원의 가상화폐를 쌓은 뒤, 다른 회원에게서 자전거를 1만원에 구입할 수 있다면, 실제로 돈을 쓰지 않고도 자신이 지닌 재능으로 필요한 물품을 구입할 수 있는 것이다. 지역화폐로 나눌 수 있는 품목은 아이 돌보기 등의 돌봄, 학습지도, 상담 등의 교육, 각종 수리, 가사 보조, 사진 찍기, 이 · 미용, 의료 등 서비스 거래에서부터 식품, 의류, 패션잡화, 출산 · 유아동용품, 가구, 전자제품, 책, 스포츠용품, 자동차, 생활용품, 악기 등의 물품거래까지 다양하다. 또한 지역 주민이 주체가 되는 지역화폐는 이미 지역에 있는 인적 · 물적 자원을 나누는 사랑과 돌봄, 참여의 경제 공동체를 지향하며, 사소하게 여겨지는 노동이나 기술도 당당하게 인정받는 귀중한 자원으로 대접받을 수 있을 것이다.

■ 'Community Dock' 기법을 통한 지역통화 활성화 모색

최근 들어 주민참여형 도시재생을 표방하는 지역이 부쩍 늘고 있다. 지역경제 활성화 뿐만 아니라, 교육, 의료, 복지서비스 분야와 개별적인 분야에서도 주민의 목소리를 반영하는 정책 설계와 실시가 검토되고 있는 추세이다. 이처럼 주민이 주체가 되는 지역개발에 대한 요청이 높아지고 있음에도 여전히 행정이 도시재생이나 마을만들기의 큰 골격을 짜놓은 다음, 주민의 뜻을 그속에 부분적으로 반영하는 정도에 지나지 않는 경우가 많아, 지역주민이 진정으로 자주적이고 내발적인 형태의 마을만들기를 진척시키기는 쉽지 않은 상황이다. 이런 시점에서 지역주민만이 아니

커뮤니티독(Community Dock)이란
커뮤니티 독이란 조사연구 주체가 지역의 경제사회에 관한 종합적인 검진을 정기적으로 수행하고, 그것을 주민과 각종 단체, 조직 등으로 구성된 커뮤니티에 제시함과 아울러 커뮤니티 스스로 현재 생겨나는 경제사회적인 문제를 인식하고 평가하여 문제를 제거하고 개선하기 위한 종합적인 평가, 개선방법임.

'인간 독'과 '커뮤니티 독'의 유사점

인간 독	커뮤니티 독
1. 의사에 의한 진단, 치료	1. 연구자에 의한 조사분석, 정책 제언
2. 의사에 의한 상담진료(의사와 검진 대상자와의 대화)+검진 대상자에 의한 자기 점검 및 자기 수정 → 각성 및 자제	2. 연구자에 의한 결과보고(연구자와 커뮤니티 협동 워크샵)+커뮤니티에 의한 자기 점검, 자기 수정 → 각성 및 자제

라 각종 단체와 기업, 행정으로 이루어진 커뮤니티가 주체가 되어 수행하는 마을만들기를 보다 효과적으로 지원하기 위한 수법인 'Community Dock'를 주목해야 할 것이다.

4. 대안과 정책

■ 진화주의적 지역화폐 실험 프로젝트 추진

① 사업 개요

- 공동화된 지역사회에 호혜에 바탕을 둔 사회적경제 착근은 불가피하게 많은 시행착오를 겪게 하는 상황임. 그동안 치밀한 계획없이 열정만으로 시도하여 실패했던 경험이 부지기수임. 그런 점에서 지역사회의 정확한 진단과 현실성있는 사업계획 수립, 또 이를 성취하기 위한 면밀한 정책 수립이 요망됨.

- 그런 점에서 실효성있는 지역화폐 경제시스템 구축을 위해서는 시행착오를 통해 진화해가는 진화주의적 제도 설계를 통한 실험 프로젝트를 수행하는 것이 필요함.

② 사업 목표

- 행정, 지역주민, 기업 등 지역사회의 협동을 통해 시민적 공공성을 형

성하고 마을협동경제 정착을 위한 지역협동 시스템을 구축하고자 함.
– 지역주민의 기량, 재능, 역량 등의 유무형 자산에 기초한 개발방식
  에 착목하여 지역사회의 힘을 키워 자신의 미래를 개척하는 방향을
  견지하는 원칙을 견지함.
– 지역주민과 행정, 주민들간의 상호협력을 증진시킬 수 있는 사회적
  자본의 증대를 이룰 수 있도록 함.

③ 사업 내용
– 전략사업 모델 발굴을 위한 연구 · 조사활동
– 실험 프로젝트 '지역특성을 감안한 지역화폐와 공유경제 심기'
– 참여형 기획연구팀 구성 및 활동
– 지속가능한 커뮤니티 종합진단 : 지역현황 관련 각종 자산 조사 및
  분석 등
– 액션리서치를 활용한 각종 현장 조사활동

④ 추진 방안
– 사업추진과정에서 일정기간 주민과 이해당사자들간의 협의와 학습
  을 통한 지역화폐 전략 모델 발굴과 실험적 성격의 지역화폐 게임을
  수행함.
– 사업 수행을 위해 지역대학, 전문가, 활동가로 기획연구팀을 구성
  하여 연중 활동할 수 있도록 함.

〈작성자 : 전중근〉

사회부시장 · 보건정책담당관제 도입

1. 제안 배경

'건강 최악 도시'으로 표현되는 지역 내 건강문제 해결을 위하여, 건강한 공공정책 수립과 건강문제의 해결을 주도할 핵심 체계로서 사회부시장제 도입과 보건정책담당관제를 제안함.

2. 현황과 문제

① 압축 성장의 그늘 '건강 최악 도시'

한국사회의 건강 문제는 복지 등 다른 사회영역의 주요 문제와 마찬가지로 보건의료 서비스를 이용하여 개인이 책임을 져야 할 영역이었다. 건강하지 않으면 모든 것을 잃는다는 말이 있듯이 한 개인에 있어서 본질적인 중요성을 가지고 있고, 무언가 의미있는 일을 하기 위해서 필요한 수단적 가치로서의 중요성도 있다.

'위험 사회'로 일컬어지듯이 안전 문제가 체계 속에 배태되어 산업화된 사회 자체가 위험의 속성을 내포하고 있고, 사회경제적 수준에 따른 흡연, 음주, 불건강 식이, 신체적 활동 수준의 격차가 보여주듯이 개인의 선택의 항목으로 보여지는 것들 역시 사회적으로 큰 영향을 주며, 개인의 의사결정들에 영향을 주고 있다. 달리 보면, 사회적으로 세심하고 특별한 노력이 기울여지지 않을 경우 사회경제적 수준에 따른 건강 격차는 발생할 수밖에 없는 구조적 속성을 가지고 있다고도 할 수 있다.

"모든 사람이 건강과 안녕을 위해 적절한 생활수준을 향유할 권리가 있다."는 1948년의 세계인권선언의 조항이나, "모든 사람이 도달 가능한 최고 수준의 신체적/정신적 건강을 향유할 권리가 있다."는 경제적 사회적 문화적 권리에 대한 국제규약의 선언에서 보듯이 무려 반 세기 전부터 건강의 사회적 책임을 강조하고 있으며, "모든 사람에게 건강을"이라는 세계보건기구의 슬로건 역시 사회적 노력을 강조하고 있다. 한국사회는 압축성장을 통해 경제적 수준을 향상시키는데 성공하였을 수는 있지만, 그 과정에서 밀려난 문제를 해결하기 위해 노력을 한 경험이 부족하다. 오히려 지역간 경제적 수준의 격차로 인해 지방자치단체마저도 경쟁적으로 '지역경제 살리기'의 블랙홀로 자청해서 끌려가고 있는 현실이다.

부산의 건강 문제는 한국사회의 속성으로 생길 수 있는 가장 나쁜 결과들이 집합적으로 발생한 것으로, 지금까지의 모습처럼 사회적 노력과 관심에서 밀려난 채로 개인의 힘든 결정 속에 올바른 방향으로 선택되기만을 기다린다면 더 악화될 수밖에 없다. 특히, 우연의 힘에 삶을 내맡기고 어디까지 갈 수 있는지 사회적 실험을 하는 것이 아니라면, 이를 경감하기 위한 적극적인 사회적 노력이 필요하다.

② 보건의료 기관이 <u>스스로</u> 해결할 수 있는 문제인가?

더구나 한국사회 전체와 부산지역에서 의료 서비스를 공급하는 병의원의 경우 85%~90%는 공공적 속성을 가지기 어려운 곳으로, 영리적 속성이 강화된 소유·운영 형태를 가지고 있다. 게다가 수도권 의료 집중에 따른 무한 경쟁, 의료 관광, 의료 산업화 이슈 등으로 사회적 담론이 형성되고 있어, 소수의 공공 의료 기관까지도 그 존재의 근거를 필수적 의료 서비스를 보편적으로 제공하여 의료 기관 및 사회적으로 높은 질적 수준을 만들어가고, 사회적 책임과 역할을 다하기보다는 보건의료 시장에서의 기여도와 그 역량, 수익성 여부로 기관에 대한 가치 판단을 강제당하고 있다.

지역사회의 거점 보건 기관 역시 필수 공통 기능이 중앙정부 수준에서 일괄적으로 결정된 가운데, 풀어가고 지원해야 할 지역별 건강 문제의 규모와 중요성 여부에 따라 행정적·재정적으로 지원되기 보다는, 지역사회의 사회경제적 수준, 재정 능력에 따라 차등 지원 되어 이미 건강 문제의 중요성이 높은 지역일수록 자체적인 사업을 기획하기 보다는, 필수 공통 기능을 시행하는데 대부분의 역량을 쏟아 부으면서도 결과는 나쁠 수밖에 없는 구조적 요인에 처해 있어, 풀어갈 해답을 모색하기가 매우 어렵다.

③ 건강 불평등 해소를 위한 지방의 재발견

초고령사회, 양극화, 지역간 격차는 한국사회를 설명하는 핵심 용어이다. 그러나 굴곡 많았던 지방자치제도가 시행되어 지역에 뿌리를 내리는 동안 지방자치 단체장은 기업 마인드로 무장하고, 지역경제 활성화를 외치고 있어 국가적 수준에서 여러 사회적 문제를 만들어 왔던 담론과 체계를 지역으로 그 저변을 넓히고 있다. '기업 국가', '기업 지자체'라고 해도 과언이 아니다. 외환 위기 이후 한국사회에서는 경제 재건을 위한 노력으로 마치 모든 것이 일거에 해소될 것이라고 보는 이른바 '낙수 효과'로 모든 것을 유예하고 참아내었다. 그러나 현재 한국사회에서 보여지고 있는 여러 문제점은 해소되기는커녕 일일이 열거하기에도 "감내하기 힘든 수준"으로 점차 확대되고 있다. 모든 것이 자연스럽게 해결되기를 기대하는 동안 오히려 중첩된 문제를 가진 사회적으로 소외된 노인 · 계층 · 지역은 고통과 죽음의 그림자가 점점 짙어지고 있는 상황이다. 이들이 모두 소멸해 가길 기다리는 것이 아니라면 더 이상 두고 기다려서는 안 되는 상황이다.

지방자치 단체는 고유 사무로 주민 생활과 복리에 관련된 사무가 정해진 것에서 알 수 있듯이 지역의 건강 · 복지 등 사회적 역할을 수행하는 것을 지방자치단체의 존립 목적과 직결시키고 있다. 사회적 공통 수준의 제도는 중앙정부로부터 위임받은 역할로서 수행될 수 있지만, 지역 특성이 만들어낸 문제를 해결하기 위한 역할을 지방자치정부가 자임하고 노력해야하는 것은 중심 가치와 수단으로 재발견해 낼 필요가 있다.

부산지역은 높은 노령 인구와 빈곤율, 높은 총사망률, 피할 수 있는 사망률, 높은 심뇌혈관 사망률, 자살율 등 사회경제적으로 만들어진 상황에서 비롯되는 여러 문제들을 복합적으로 가지고 있다. '주민 생활과 복리'에 대한 역할을 해야만 하는 지방정부로서는 매우 풀기 어려운 난제를 가지고 있는 것이 분명하다. 지방정부의 운영 방향을 전적으로 사회분야 문제를 풀어가기 위해 '거대한 전환'을 하지 않을 경우 풀기가 쉽지 않아 보인다. 따라서 훌륭한 역량을 갖춘 몇 개의 부서 역할만으로는 제대로 된 해결책을 고민하고 제한된 자원을 동원하는 것은 불가능하다고 결론 내

려도 무방할 것이다.

지금의 문제 수준을 시간이 해결해줄 것 또는 해결할 수 없는 것으로 인식하는 것이 아니라면, 지방자치단체 수준의 새로운 전략 수립, 분배의 우선 순위 조정, 해결을 위한 통합적 거버넌스 등을 모색하는 것은 당연하고, 이의 핵심에 사회부시장과 보건정책담당관제가 필요하다.

3. 방향과 비전

① 시민의 삶인 사회영역 정책을 시정의 최우선 순위로 설정

'건강 최악 도시' 뿐만 아니라, 사회적 지표 역시 최악 수준인 만큼 이를 해결할 수 있는 정책 개발을 시정의 최우선 순위로 설정하며, 이를 지원하기 위한 제도적 기반과 행정적 · 재정적 지원을 전국 최고 수준으로 확보하기 위해 시장이 공표하고 이를 시행하고 지원할 책임을 지는 책임직제로 사회부시장 제도를 신설한다.

② 모든 지역경제 및 개발정책에서 사회 분야(건강 · 환경에서부터 사회적 삶)의 영향 평가 제도 시행

신설된 사회부시장은 지역 내 사회적 삶의 수준을 향상시키고, 타 지역과의 격차와 부산지역 내 시군구 · 동별, 계층간 격차를 완화하기 위한 정책 목표와 수단을 개발하고, 이를 시행함에 최선의 역량을 동원할 뿐만 아니라, 다른 분야의 정책(지역경제 및 개발정책 등)이 사회 분야에 주는 영향을 평가하고 이를 사회적 분야의 문제 해결에 도움을 주는 방향으로 조정할 책임을 가진다.

③시민참여기전을 통한 정책 개발과 적극적 의미의 사회적 시민권 보장 의무 신설

시민건강위원회 등을 통해 실질적 참여기전을 확보하고, 숙의형 민주주의 등을 통해 다수의 공감을 확보한 정책을 개발하며, 이와 동시에 이를 지원하고 시행할 책임을 시장이 가지도록 하며, 이를 사회부시장이 지원하여 적극적 의미의 사회적 시민권을 보장할 수 있는 체계를 확보한다.

④건강 분야 정책의 컨트롤 타워 기능 강화

부산지역의 보건 분야 인프라를 국내 상위 수준의 지자체 수준으로 확보하는 것과 함께 건강정책 분야를 주도하고, 시민의 참여에 의해 개발된 의제를 실행할 보건담당관제를 국장급 이상으로 신설하고 적임자를 현재 시청 보건행정 조직의 외부에서 발탁하여 책임을 부여한다.

4. 대안과 정책

① 시민의 삶인 사회 영역 정책을 시정의 최우선 순위로 설정
■ 시장의 공약 및 주요 시정 과제에 포함
– 일회성으로 작성되는 공약과 시정 과제가 아니라, 매년 rolling plan 형태로 지속적으로 보완될 수 있도록 함
– 공표된 과제와 공약은 실적위주 · 결과위주의 단순한 평가보다는 과정과 역량에 비추어 평가될 수 있도록 보완할 제도 마련
■ 신설된 사회부시장은 사회 분야 공약과 과제의 시행을 책임을 지며, 규정된 임무를 성실히 시행할 수 없는 경우 시민의 요구에 의해 해임될 수 있음을 명시하여 시민과 시장 모두를 책임질 수 있도록 제도적으로 보완

– 시장 역시 사회부시장이 사무와 과제를 진행할 때 단순 보좌 역할
이 아닌 책임 부시장이 될 수 있도록 제도적, 행정적·재정적 지
원을 해야 할 의무를 지도록 하며, 그렇지 아니할 경우 정치적 중
간평가제도 형식으로 책임을 질 수 있는 구조를 마련

② 모든 지역경제 및 개발정책에서 사회 분야(건강·환경에서부터 사회
적 삶)의 영향평가제도 시행
■ 사회부시장은 새로이 신설된 보건담당관의 보좌를 받아 지역 내 사
회적 삶의 수준을 향상시키고, 타 지역과의 격차와 부산지역 내 시군구·
동별, 계층간 격차를 완화하기 위한 정책 목표를 개발하고, 시행 수단을
강구함
■ 신설된 건강정책 지원 기관(가칭 '건강정책연구원')이 국내외 사례
를 조사하고, 지역 내 현황을 파악하여 마련한 정책 목표를 구체적으로
구현할 수 있는 로드맵(road map)과 행동 계획을 부산광역시 내 모든 기
관에서 시행할 수 있도록 조정하며, 가능한 재원 등 확보의 책임을 가지
도록 함
■ 사회적 영역에 영향을 주는 지역경제 및 개발정책이 사회 분야에 주
는 영향을 평가할 책임을 가지고, 주요 경제 부서와 개발 부서의 정책을
조정할 책임을 가지도록 직제시행규칙에 규정하고, 이를 지원할 기관을
설치할 수 있도록 함

③ 시민참여기전을 통한 정책 개발과 적극적 사회적 시민권의 보장 의
무 신설
■ 시민건강위원회 등이 제안한 정책과 의제를 시행할 책임을 시장과

사회부시장이 지도록 하며, 시민건강위원회나 사회부시장이 제안하고 시행해야 사항에 대해서는 시장은 지원할 책임을 명시하고, 정치적 중간평가제도 등 책임성을 구현할 수 있는 장치를 도입.

④ 건강 분야 정책의 컨트롤 타워 기능 강화

■ 건강정책 지원 기관 신설

- 부산의 건강 문제와 그 해결을 위한 지역 내 수준과 현황에 대한 진단하고, 주요한 사회적·건강 영역의 삶에 영향을 주는 요인을 파악하기 위해서는 (가칭)건강정책연구원을 설립하고, 필요한 과제에 부합할 수 있는 수준의 인적, 재정적 지원이 될 수 있어야 함.
- 주요 과제별로 관련 영역에 대한 교수 등 연구 인력 확보, 대학원과정 신설 등을 통하여 필요한 인력을 양성하고, 지원할 수 있도록 지역 내 보건의료 관련 대학과 연구소에 폭넓게 참여할 수 있는 지원이 병행되어야 함.

■ 보건담당관의 책임성 강화

- 필요 수준에 맞는 해결책으로 제시된 주요 과제와 시민건강위원회 등 시민참여형 제도로부터 제안된 의제를 시행할 실무적 책임을 가지도록 함.
- 위 주요 과제와 의제는 지속적으로 시민들에게 알려질 수 있도록 월별 진행 상황과 계획에 대하여 공표하고, 시장 및 사회부시장이 이를 지원할 수 있도록 함.
- 보건담당관이 시행할 책임을 지원할 수 있는 행정적 직제를 신설함.

〈작성자 : 김창훈〉

시민들의 건강정책 참여 제도화

1. 제안 배경

　가장 중요성 높은 가치 중 하나로 생각되는 건강 문제에 대하여 시민들이 직접 참여할 수 있는 제도를 만드는 것은 실질적으로 건강 수준을 높일 수 있는 방법이 되며, 상시적으로 이를 고려한 다양한 영역의 정책이 시행될 수 있는 방법임

2. 현황과 문제

　① 건강은 보건의료 전문가가 해결해 주는 문제인가?

　건강이 나빠질 경우 병원에 가서 치료를 받는 것은 상식이자 하나의 권리로 인식되고 있다. 그러나 전문가가 다수 있는 병원에서 모든 건강 문제를 다 해결해 주고 있는가? 건강은 팔자(타고난 유전적 경향)와, 사

회와 다른 사람의 영향에 크게 좌우되는 환경과 습관, 인생의 경험들이 복잡한 상호작용을 하여 나타나는 하나의 결과이다. 감염병, 손상과 사고가 주된 건강 문제였던 시기에서는 의료 기술과 의료인이 매우 큰 역할을 할 수 있을 것이지만, 지금처럼 평상시에 꾸준히 건강한 생활 습관을 가지기 위해 노력해야 하는 만성 질환의 경우에는 훨씬 무게의 추가 다른 쪽으로 기울고 있다. 감염병이 창궐하던 시기에도 사회경제적 발전에 따라 위생 수준이 좋아진 것이 감염병을 줄이고, 예방용 백신이나 항생제는 부가적인 역할을 했다는 것이 오히려 정설이다. 사회적 근본 원인을 해결해 가는 것은 건강에 도움이 되는 건강한 사회정책인 것이 최근 다시 조명되고 있는 주요한 이론이다. 물론 건강이 나빠져 의료인을 찾게 되는 경우도 보험 제도, 보건의료 이용을 돕는 제도, 치료 후 재활 치료와 요양을 돕는 제도 등에 의하여 치료의 양상과 결과에 큰 영향을 주게 된다. 건강은 사회적 정책의 문제이지 전문가가 전적으로 해결해 줄 수 있는 문제가 아니다.

② 건강을 위하여 필요한 정책이 제대로 시행된 적이 있는가?

삶의 대부분이 이루어지는 지역사회와 직장에서 건강을 고려한 무엇인가가 고려된 적이 있는지를 찾아보면 별로 그런 기억이 없다는 것을 알게 될 것이다. 물론 최근에 생태 환경 복원, 공기 오염 문제 등 많은 논란들이 있으나, 대부분 '먹고사니즘'에 밀려 진지한 고려의 대상이 되지 못한 채 '재원이 확보되고, 제도가 정비되면, 멀지 않는 미래에 검토'하겠다는 원론적 수준의 대답을 넘어서지 못하고 있다. 가장 많은 정책이 쏟아지는 금연 분야에서도 건강을 고려해서 담배세를 논의하기보다는 오히려 건강 · 보건의료 관련 사업에 필요한 예산을 고려해 이루어지는 측면이 강

하며, 절주를 이야기 하면서 지역의 소주 회사의 경쟁력을 고려하여 절주 조례조차 만들지 못하고 있다. 운동 · 건강한 식이 역시 마찬가지이다. 직장 생활을 하는 직장인이 운동을 할 수 있는 상황을 만들어주고 있는지? 지역사회에서 헬스 클럽을 가지 않고 안전하게 운동을 할 수 있는 공간이 있는지? 건강에 도움이 되는 신선한 야채, 저지방 식품을 구매할 수 있도록 배려하고 있는가? 모두 다 개인이 많은 어려움들을 극복하고 아주 불편하게 선택하고, 구매해야만 가능한 것이다.

사회경제적으로 어려움에 처해 있는 사람들은 오히려 더욱 더 필요함에도 이들이 건강에 필요한 여러 생활 습관, 생활양식을 선택할 수 없다. 오히려 더 위험한 직업 환경, 생활 조건, 작업 조건에 내몰리며, 건강에 문제가 있거나, 질병에 있는 경우 건강 회복과 질병 치료를 지원 받기보다 그나마 나쁜 조건들마저 박탈당할 가능성이 높다.

③ 누군가 해줄 수 있는 사람을 계속 기다려야 하는가?

의료인이 주요한 역할을 담당하는 질병치료 · 관리제도 위주로 살펴보자. 과거의 경우 전염병과 사고와 손상이 대부분의 건강의 위협이 되었을 경우에는 의료인의 역할이 무엇보다 중요하게 생각될 수 있었겠지만, 현재와 같이 대부분 만성적 질환이 건강 문제의 대부분을 차지하는 경우는 더욱 평상시의 생활 습관, 생활 환경을 지원해주는 사회적 지원 체계가 그 속에서 진료를 담당하는 의료인의 역할보다 중요할 수 있다는 것은 경험적으로 알아낼 수 있다. 특히 한국사회에서는 '3분 진료'로 설명되는 것처럼 자신의 주치의(한 번 갔던 병 · 의원이 마음에 들지 않거나 믿음을 가지지 못할 경우 다른 병원으로 다시 가기도 한다)로부터 약물을 처방 받기는 하지만, 의사도 약국도 평상시에 어떻게 해야 하는지 환자들의 입장에서 도움을 주지 않고 있어, 개인이 주변 사람의 도움을 받아서 알아서 자기에게 잘 맞는 형태의 건강 관리, 질병 관리 방법을 습득하고 터득하여 가는 것을 보면, 현실에서는 개인이 더 중요하다. 그 때문에 물론 필요한 처치와 처방이 잘되지 않고 있으며, 필수적인 검진과 검사가 잘 이루어지고 있지 못해서 문제점으로 지적되고 있기는 하다. 이러한 문제를 누가 해결할 수 있는가?

건강보험 재정 위주로 걱정하는 정부와 국민건강보험공단? 우리의 소관 사항이 아니라는 지방정부? 애쓰고는 있으나, 제대로 된 방법과 수단을 시행할 수 없는 보건소? 의료 시장에서 생존을 고민하며 이윤이 되는 의료 행위에 주된 관심을 쏟고 있는 의료인들? 시민이 직접 참여하여 요구자, 중재자로 나서지 않을 경우 당분간 해결책은 난망하다.

직접적으로 보건의료 전문가의 영역에서도 이러한 상황이므로 나머지 사회적 · 정책적 영역의 어려움은 더 설명조차 필요 없을 것이다.

④ 새로운 해결책과 방안은 시민참여형 정책에서 가능하다

부산시민이 문제로 하고 있는 다수의 문제를 해결할 수 있는 '훌륭한 지도자'가 나타날 경우 이를 다 해결해 줄 수 있는가? 복잡다단한 이해관계가 얽혀있는 정치 · 경제 · 사회 · 문화 · 건강 · 복지 영역의 문제를 선한 의지와 탁월한 리더쉽으로 근본적으로 해결하여, 건강에 필요한 세수를 확보하고, 산업계 · 경제계를 설득하고 시민들의 공감을 이루어내어서 필요한 순서에 따라 하나씩 구현해 낼 수 있을까?

설사 훌륭한 지도자가 나타나 일부를 구현해 낸다고 하더라도, 지속적으로 이를 지원할 수 있는 기반인 시민들이 지속적으로 참여하여 감시하고 노력을 더하지 않는다면 산업 경제적 효율성이 원하는 방향으로 언제

나 되돌려 질 수 있다.

최근 숙의민주주의의 형태로 많은 실험들이 진행 중에 있다. 단순하게 투표나 다수결의 원칙으로 기계적으로 다수의 의견을 수렴하는 것이 아니라, 논의의 과정을 결정 과정에 도입한 결과, 중립적인 전문가들이 합리적이라고 생각하는 것과 상당수 일치할 뿐 아니라, 더 사회적으로 합리적인 대안들까지 나타날 수 있었다는 사례가 많이 있다. 특히 이런 형태의 결정 과정은 찬성 · 반대를 정치적으로 할 수 있는 사람들조차 동의를 할 수밖에 없도록 만드는 힘이 있고, 지속적으로 실행해 나갈 수 있는 가능성이 높아진다. 그 과정 속에 참여할 수 있었을 경우에는 더욱 그 효과가 커진다.

복잡한 이해관계, 다수와 개인이 상충하는 사회적 가치의 문제일 수 있는 건강 문제의 경우 효과가 극대화될 수 있을 것이다.

3. 방향과 비전

① 지방정부 내 시민건강위원회 도입을 위한 기반 확보

부산지역 내 사회정책에서 건강 영역이 필수적으로 고려될 수 있도록 광역지방자치정부의 시정 원칙을 규정하고 지원 계획을 수립한다.

② 이해관계에 관여되지 않은 일반 시민들의 참여 보장

설치된 건강위원회에 참여할 수 있는 사람은 기존의 이해관계에 관련되지 않은 지역 내 일반 시민으로 하고, 충분한 사회경제적 요인들을 고려하여 충분한 위원 수(100인 이상)를 확보하고, 이들을 지원할 수 있는 지원 조직을 산하에 둔다.

③ 참여 시민의 경험 활용 및 지역 내 기반 확대

한번 구성된 시민건강위원회의 위원은 지속적으로 부산지역 내 건강문제에 참여할 수 있도록 지원하며, 필요한 정보와 교육이 제공될 수 있도록 지원하여 지역 내 건강한 공공정책을 시행하는 핵심 요원으로 활용하는 등 기반을 확대해 나간다.

4. 대안과 정책

① 지방정부 내 시민건강위원회 도입을 위한 기반 확보

■ 법적 체계와 지원 체계 확보
- 부산지역의 주요한 사회문제임을 고려하여 시민건강위원회는 조례로 법적 근거를 마련하여 설치하고, 형식적 조례가 아닌 실행력을 갖춘 규정을 마련하기 위하여 1년 이내 필요한 사항을 위원회가 직접 제안하는 내용이 위원회 지원 조례에 포함될 수 있도록 사전에 단서 조항을 마련하여 지속적인 역할을 강화할 수 있도록 함
- 충분한 예산과 인력이 시민건강위원회 운영에 지원될 수 있도록 제도적 지원 방안을 수립함

■ 시민건강위원회의 실행력 확보를 위한 방안 마련
- 부산광역시장과 부산광역시는 제안된 정책을 특별한 이유가 없는 경우 시행해야 한다는 의무 규정을 두어 실행력을 높임
- 구체적 실행 방안 마련에 도움을 줄 수 있는 연구원, 특별 행정 조직 등을 설치하여 지원함

② 이해관계에 관여되지 않은 일반 시민들의 참여 보장

■ 일반 시민의 참여가 확대될 수 있는 제반 정책 시행

– 관심을 높일 수 있는 지역 내 홍보 방안 강구

– 참여를 원하는 시민에 대한 면접 시행 및 이해관계가 있는 경우 기피 · 제척 제도 도입

■ 참여 시민에 대한 지원 제도 확보

– 참여한 시민에 대해서는 직장 내에서 배려될 수 있도록 행정적 지원 제도 및 소정의 수당 제도 도입

③ 참여 시민의 경험 활용 및 지역 내 기반 확대

■ 시민건강위원회 참여 시민의 활동 영역 확대

– 지역 내 보건의료 기관의 각종 위원회와 모니터링 요원으로 활용

– 각종 사회 정책에 대한 의견 청취 기회 제공

■ 지속적 지원 제도 확보

– 주기적 자료 제공과 교육 제도 운영으로 활동 영역 확대 및 지역 내 역량 강화에 활용 등.

〈작성자 : 김창훈〉

담배소비세의 건강 부분 투자

1. 제안 배경

- 보건의료 분야에서 부산 시민의제가 실현되기 위해서는 재원 확보 대책이 따라야 실현 가능함.
- 지방세의 상당 부분을 차지하는 담배세 중 담배소비세를 보건의료 분야에 부분적으로 혹은 전액을 이용하는 것이 필요함.
- 시민들이 동의한다면 구체적으로 실현할 방법을 근거를 고민해 보고자 제안함.

2. 현황과 문제

① 부산시의 현황
  - 2011년 통계청의 발표에 의하면 부산시민의 평균 기대수명은 80.22

세로서 7대 도시(서울 대구 인천 광주 대전 울산) 중 최하위를 기록하고 있다. 기대 수명에 영향을 주는 건강 지표인 사망률도 7대 도시 중, 모든 연령대에 걸쳐서 지난 20년간 지속적으로 높은 수치를 기록하고 있다. 출산율 역시 전국 최하위권을 맴돌고 있는 실정이다.

■ 부산시는 이러한 건강지표가 최악을 면치 못하는 '최악의 건강도시'라는 평가 속에서도 이를 개선하려는 노력은 보이지 않는 실정이다. 시민의 입장에서 부산시의 노력을 재정적 측면에서 살펴보고 재정확보가 가능한 방안이 있는지와 있다면 무엇이 될 것인가를 찾아내고 그것을 현실화 시키는 방안을 모색해야 할 상황이다.

② 담배세의 구성

■ 담배세는 담배소비세, 지방교육세, 국민건강증진기금, 폐기물부담금 및 부가가치세로 구성이 된다. 담배소비세 및 지방교육세는 지방세수로서 특별시·광역시 또는 시·군의 교육비특별회계와 일반회계 재원으로 활용되며, 국민건강증진부담금 수입의 65%는 건강보험공단을 지원하게 된다. 세부적으로 보면 특별시·광역시세로 걷힌 담배소비세의 45%는 교육비특별회계로 전출되고 55%가 일반회계 재원이 되는 반면 시·군세로 걷힌 담배소비세는 100% 일반회계의 재원이 된다. 지방교육세는 특별·광역시세 또는 도세로서 100% 교육비특별회계로 전출된다. 건강보험료 예상수입의 6%를 국민건강증진기금에서 지원하도록 규정하고 있으나, 법정 최대 지원인 65%를 지원하더라도 실제 건보료 수입 대비 비율은 2011년도 기준 2.8%에 불과하다.

■ 폐질환 등을 포함하여 담배와 관련한 질병의 증가 추세에 따라 담

배세에 포함된 국민건강증진기금 등을 흡연자에게 직접적으로, 혹은 관련 질병을 예방 및 치료하는 용도로 사용되도록 해야 한다는 제안이 대두되고 논의되기 시작하였다.

■ 그러나 이는 국가적인 의제이고 시도이다. 그래서 부산시민의 건강권을 지키기 위한 여러 가지 정책과 제안에 대하여 그 것을 실현할 재원을 확보한다는 측면에서 담배세 중 지방세수로 편입되는 55%의 담배소비세를 주목해 보자.

2500원짜리 담배의 가격 구조

구분		가격(원/갑)	가격 구성비	근거법령
조세	부가가치세	227.27	9.1%	부가가치세법
부담금	담배소비세	641	25.6%	지방세법
	지방교육세	320.5	12.8%	지방세법
	소계	1188.77	47.6%	
	국민건강증진기금	354	14.2%	국민건강증진법
	폐기물부담금	7	0.3%	자원의 절약과 재활용 촉진에 관한 법률
	소계	361	14.4%	
조세및 부담금 합계		62.0%		

자료 : 경제풍월

③ 부산광역시 지방세의 규모

■ 2013년의 예산안으로 재정적으로만 살펴보면, 부산시 예산은 지방세 수입이 32.67%, 지방교부세 11.91% 그리고 정부보조금 28.79% 및 기타로 구성되어 있다. 이중 보건의료분야(식품의약안전 포함)에는 총 지출의 1.04%가 편성되어 있고 금액으로는 764억 원이 된다. 담배소비세는 지방세 수입원의 하나로 2013년 세입에서는 1,771억 원으로 책정이 되어 있다. 부산광역시의 경우 담배소비세의 45%가 지방의 교육비 특별회계로 전출이 되고, 나머지 55%는 일반회계로 편입된다. 실제적으로 부산시

가 재정으로 활용하는 담배소비세는 45%을 제외한 55%만을 의미한다. 위에서 언급한 1,771억 원이 그것이다.

④ 담배소비세의 시민건강을 위한 활용

■ 부산시의 보건의료는 국가적인 보건의료정책과 더불어 부산이 처한 상황을 반영한 지역 보건의료 정책이 절실하다. 지역 보건의료 정책이 제안되면 그것을 실현할 재원도 부산시 자체에서 조달하여야 할 것으로 판단된다. 그러므로 건강과 관련되는 지방세수인 담배소비세를 지역 보건의료 정책의 재원으로 전적으로 이용하거나 부분적으로 이용하는 것을 고민하는 것은 필요한 일이다.

3. 방향과 비전

① 담배소비세의 건강부문 투자

■ 담배소비세는 45%가 교육비 특별회계로 전출되고 55%는 일반회계로 편입되는 세금이다. 목적세로 거둬들인 경우에는 그 목적에 맞게 편성하면 될 일이나 담배소비세는 목적세가 아니어 보건의료분야에 전액 사용을 주장할 근거가 약하다. 목적세가 아니지만 이미 국민건강진흥기금으로 14.2%가 준조세로 편성될 뿐만 아니라 45%가 이미 목적세처럼 교육비로 사용되고 있다. 이미 목적세로 사용하고 있으니 나머지도 목적세처럼 사용하자는 의견이 있을 수가 있는 반면, 이미 목적세의 용도로 사용이 되고 있으니 나머지는 일반회계의 목적에 맞게 사용하자는 의견이 팽배하다.

■ 일반회계에서 적절하게 보건의료분야에 예산이 책정이 된다면 굳

이 담배소비세를 보건의료분야에 일부 혹은 전부를 사용하자고 주장할 필요가 있겠는가 하는 주장이 있다. 그렇게 해야 한다고 의견을 내는 이유는 두 가지로 대별할 수 있다. 첫째는 일반 회계에서는 다른 용도와의 경쟁이나 정책 환경에 따라 변동 폭이 큰 반면에 일부 혹은 전부를 보건의료분야로 책정해 두는 것은 지속적인 보건의료 정책의 진행을 도모할 수 있다는 것이다. 둘째 이유는 담배소비세가 역진세의 성격을 띠어 조세 평형에 위반되는 경향이 있을 뿐만 아니라, 담배로 인하여 발생하는 질병이 증가함에 따라 직접 흡연자와 간접 흡연자를 위하여 (특히 저소득층에서 흡연율이 높다는 점을 감안할 때) 담배소비세의 일부 혹은 전부를 시민건강을 위한 사업에 사용하는 것이 바람직하다는 것이다.

② 협의적인 보건의료서비스가 아니라 포괄적인 시민건강 분야에 투자

■ 시민건강은 보건의료서비스와 관련이 되어 있다고 쉽게 생각하지만 사실은 보건의료서비스 외적 요소들과 밀접한 연관이 있다. 시민들이 건강하게 살아가는 '건강 도시'는 주거와 도시계획, 생태 공간 확보, 건강 관련시설 확충, 이웃과의 공동체 형성, 안전한 도로등과 같은 환경 조성, 대기오염관리, 범죄 및 범죄 위험관리 등 총체적인 것으로 보건의료 분야에 국한되는 것이 아니라 여러 부처간의 협력을 바탕으로 시민들의 참여가 함께 어우러질 때 바람직하게 확보될 수 있다. 그러므로 담배소비세를 건강도시사업에 사용하자는 주장은 보건의료서비스 예산에 국한하는 것이 아니라 포괄적인 시민건강을 위한 사업을 수행하기 위한 예산으로 활용하자는 것이다.

■ 담배소비세가 지방세 수입과 지출에 어떤 위치를 차지하든, 궁극적으로 부산시를 건강한 도시로 만들고자 하는 것을 근저로 그 실현 방안을

지역적으로 고민하여 아주 구체적인 정책을 수립한다면 시민들에 대한 설득은 좋은 결과를 나을 수 있다고 보여진다. 기억하여야 할 것은 일반 회계에서 양보받은 그 '돈'을 '어떤 정책'에 사용할 것인가에서 정책을 시민들이 참여하는 공론의 장을 만들어내는 것이 시민들로 하여금 담배소비세를 일부 혹은 전부 보건의료에 사용하는데 동의하게 할 수 있는 첩경이라는 것이다.

4. 대안과 정책

① 건강도시 예산 투자의 연차적 증액

■ 건강도시 예산을 보건의료부문 예산에 국한하지 않고, 시민들의 건강을 위한 포괄적 예산으로 편성함. 현행 건강도시 관련 예산을 추산하기는 어려우나, 담배소비세의 50% 이상을 건강도시 사업 수행을 위한 예산으로 편성함.

② 보건의료부문 예산 투자의 연차적 증액

■ 현행 부산시 예산의 1.04%에 불과한 보건의료부문 예산을 2020년까지 2%로 확대함.

〈작성자 : 서진혜〉

시민건강교육정보센터 설립 · 운영

1. 제안 배경

가족 중에 암으로 진단을 받는다면, 아니면 며칠간 목 관절에서 소리가 난다면, 건강검진결과서를 받았는데 정말 괜찮은 건지, 누구나 건강이나 질병에 대해서 궁금해질 때가 있다. 요즘 인터넷으로 지식검색을 해보기도 하지만, 수많은 정보 속에서 정말 믿을만한 정보도 없고, 이럴 때 건강에 대한 도움을 줄 수 있는 가까운 사람이나 기관이 있었으면….

병원에서 물어보고 싶어도 많은 의사들은 친절하게 답해 주지 않고 진료 시간은 짧아서 물어보기도 힘들다. 인터넷에 수많은 정보도 흔히 열리는 건강 강좌도 내가 필요로 할 때 쉽게 구할 수 있고 믿을 수 있는 정보 제공처가 되지는 못한다.

2. 현황과 문제

① 다양한 콜센터의 운영이 되고 있다

콜센터는 전화로 업무를 보는 곳, 고객의 전화 통화를 조직적으로 처리하는 컴퓨터 자동화가 되어 있는 중추적인 장소로, 대표적으로 보건복지콜센터(129)가 있는데, 보건복지 분야의 도움이 필요하거나 문의가 있는 민원인을 위한 상담 및 안내를 위해 설립된 보건복지부의 소속 기관이다. 하지만, 콜센터는 전화를 이용하여 상담을 하는 곳이라 전화의 특성상 심도 깊은 상담이나 정보 제공은 어렵고 주로 사업 안내 등 간단한 상담이 중심이 되는 곳이라 건강과 관련하여서는 제한적일 수밖에 없는 상황이다.

② 대학병원에 질환센터가 있으나 접근이 어렵다

대학병원에서는 자체적으로 질환센터를 두고 있으나, 주로 환자의 진단 · 치료 · 연구 · 교육 업무를 하고 있어서 일반인이 접근하기 어렵다.

③ 서울시 등 타 지역에서의 질환정보센터를 운영하고 있다

- 현재 서울에는 각 보건소마다 치매상담센터와 대사성질환센터를 운영하고 있다(대사성질환센터는 고혈압 · 당뇨 · 고지혈증 · 비만 환자를 등록, 관리하는 곳임).
- 서울시와 경기도는 아토피 · 천식 교육정보센터를 운영 중에 있다.
- 대구시에서는 시에서 운영하는 고혈압 · 당뇨환자 교육센터가 있다.
- 다른 지역에서도 국비 지원을 받거나, 아니면 시 자체 예산으로 교육정보센터, 건강지원센터 등을 운영하고 있다.

④ 부산시는 상황이 열악하다

■ 부산시에서는 보건소별로 교육이나 정보를 제공하고 있다. 하지만, 보건소 프로그램은 상설 프로그램이 아니고, 전문적인 상담을 할 인력도 부족한 실정이다 보니 보건소 프로그램에 대해 시민들의 인지도도 떨어져서 주민들의 참여가 낮은 수준이다.

3. 방향과 비전

① 보건소 사업을 지원하고 연계가 가능한 교육정보센터

■ 보건소의 경우에는 환자의 등록, 관리와 필요시 의료비 지원 업무를 하고, 교육정보센터에서는 환자에게 올바른 정보를 제공하고 상설 교육과 상담, 체험 프로그램을 운영하는 것이 필요하다.

■ 통합적 접근을 할 수 있는 역량이 되면 좋겠지만 시작 지점에 있어서는 시민들의 관심이 높은 부분의 문제를 가지고 접근하는 것이 필요하다.

■ 타 지역에서 이루어지는 있는 건강정보 교육센터, 고혈압·당뇨등 만성질환센터, 아토피 교육정보센터, 치매상담센터, 암 정보센터 등으로 향후 그 기능을 확대하는 것이 필요할 것이다.

② 일반 시민들이 접근하기 쉬운 교육정보센터

■ 교육정보센터는 온라인과 오프라인 모두 가능하겠지만, 시민들의 접근을 반드시 고려해야 한다. 그리고 건강정보센터의 문턱을 없애야 한다. 많은 종합병원과 대학병원에서 '~센터'라는 이름의 시설들이 있으나 일반 시민들은 감히 접근하기 어려운 곳으로 인식되곤 한다.

③ 시민들이 믿을 수 있는 정보를 제공

■ 인터넷 등을 통해 수많은 건강과 의료 정보가 범람하고 있으나, 실제 시민들이 믿을 수 있는 정보는 취약하기 그지없다. 그 결과 시민들은 건강에 아무런 효과도 없고, 오히려 부작용만 있는 각종 건강기능 식품 등에 노출되어 있다. 시민들이 믿을 수 있는 정보를 제공해야 한다.

④ 교육과 상담을 동시에 제공

■ 교육정보센터에서는 별도의 콜센터를 운영함으로써 시민들이 일상적인 질병 예방과 건강 증진에 관한 교육과 상담을 받을 수 있도록 해야 한다.

⑤ 시민들이 직접 체험할 수 있는 프로그램 운영

■ 교육정보센터는 시민들이 직접 체험하는 프로그램이 있어야 하고, 체험을 통해 스스로 자기 관리를 할 수 있는 역량을 갖추도록 해야 한다.

■ 교육정보센터에서는 건강과 관련하여 관심이 유사한 시민들이 소모임 활동을 하는 기회를 보장하도록 한다.

4. 대안과 정책

① 교육정보센터의 운영

■ 믿을 수 있는 정보 제공을 위하여 전문 인력의 확보가 필요하고, 지역의 의료 기관이나 전문가 단체와의 연계가 원활히 이루어지도록 함.

- 조직적으로는 자문위원회나 학술지원단 등을 두어서 전문성을 높이고, 운영위원회에는 다양한 집단이 참여할 수 있도록 함.
- 양의학적인 관점뿐만 아니라 대체의학이나 한의학적 관점에서도 접근하는 등, 다양한 정보를 제공하도록 함.
- 상담과 교육을 담당하는 인원은 전문성이 확보된 인력이 배치되어야 하며, 기타 부분에서는 지역주민들의 소모임 활동 등이 이루어지도록 하는 것이 좋을 것.
- 시민들의 접근성을 좋게 하기 위하여 운영 시간을 주중 야간이나 토요일 운영 등 다양한 시도들이 필요할 것임
- 대중교통 접근이 좋은 곳에 위치하여 부산 시민이 누구나 쉽게 방문할 수 있도록 하고, 여건이 된다면 권역별로 확보함

② 교육정보센터의 활동 내용
- 건강 상담 : 개인이나 가족 단위.
- 상설 교육 : 필요시 언제라도 교육을 받을 수 있도록.
- 건강정보관(도서관) : 건강과 관련된 자료와 책을 구비하여 정보를 얻거나 필요할 때 책이나 자료를 대여할 수 있도록.
- 상설 체험관 운영 : 건강과 관련된 체험 프로그램을 만들어서 어린이집, 유치원, 초ㆍ중등학생들이 견학을 할 수 있도록, 가족 단위의 체험도 가능하도록.
- 영양 체험, 운동 체험, 손씻기 체험, 양치 체험, 조리 실습 등등.

③ 교육정보센터의 시설 규모
- 필요 면적

- 연면적 8백~1천 평
- 보건 교육장(소, 중, 대)
- 상담실 : 규모에 따라 다르나 필요시 10여 개 이상 필요함
- 건강 정보관
- 상설 체험관
- 사무 공간
- 건립 비용(대지비+건축비) : 약 1백억 원
- 운영 인력 : 전문 인력 20명 이상과 보조 인력 20명 이상
- 연간 운영비 : 15억

〈작성자 : 안병선〉

시민이 참여하고 주도하는 의료생협 설립

1. 제안 배경

- 의료생협은 의료 · 건강 · 생활과 관련된 문제를 해결하기 위해 지역 주민과 의료인이 함께 하는 조직으로 소비자생활협동조합법에 근거해 만든 협동조합임.

- 의료생협은 지역 주민들이 의료 전문가와 협동하여 민주적으로 운영하며 환자 권리장전을 실천하는 의료 기관이며, 따라서 일반 의료 기관과는 달리 다양한 보건 예방 활동, 건강 증진 활동, 지역 복지 사업, 자원 봉사 활동 등 소모임 활동을 조직하여 건강한 마을을 만들고 올바른 공동체성을 회복하기 위해 노력함.

- 진정한 의료생협은 민간 기관이면서도 환자 중심성과 의료의 공공적 가치를 가장 중요하게 생각하는 곳으로 현행 수익성 중심의 의료 체계에서 대안적 의료기관으로 자리매김하고 있음. 이러한 의료생

협을 부산시에서 시민들이 주도해서 만드는 것은 지역에서 상당한
반향을 불러일으킬 것임.

2. 현황과 문제

① 의료생협이라고 다 같은 의료생협은 아니다

■ 최근 민주당 김성주 의원의 조사에 따르면, 의료생협은 2012년 현
재 285곳에 달하고 있다고 한다. 하지만, 많은 의료생협이 불법 행위를
통해 영리를 추구하는 일명 '사무장 병원'으로 불리는 가짜 의료생협 문제
가 심각한 것으로 확인되었다. 건강보험심사평가원의 현지 조사 결과,
2008년부터 2013년 상반기까지 54곳의 의료생협 중 39곳이 불법 행위를
하다 적발되었다. 조사대상 의료생협 10곳 중 7곳이 허위 부당 청구 등으
로 적발된 셈이다.

■ 부산의 한 의료생협 요양병원의 경우 거짓 청구, 산정 기준 위반,
부당 청구 등으로 총 2억여 원의 부당진료비를 지역주민에게 청구하다 적
발됐고, 경남의 의료생협 의원은 3년간 지역주민들에게 거짓 부당 청구
로 2억4000만 원을 부당하게 청구한 것으로 드러났다.

■ 현재 부산에는 27개의 의료생협이 있다고 한다. 하지만, 시민들이
참여하고 주도하는 의료생협은 아직 요원한 상황이다.

② 한국의료생협연합회를 중심으로 의료생협의 원칙을 지키려는 노력
이 있다

■ 한국의료생협연합회는 고객이 아닌 주인으로서의 환자의 존엄성 강
조, 처방 중심이 아닌 예방과 건강 증진을 중심으로 하는 일상적 건강관

리의 중심 등 의료생협의 설립 취지를 살리면서 이를 실천하고자 하는 의료생협들의 자발적 모임이다. 2013년 현재 16개의 의료생협이 연합회에 가입하고 있으며, 이중 12개가 수도권에 집중되어 있다. 그 외 대전, 강원, 충북, 전북에 1개소씩 있다.

■ 현재 이 연합회는 2013년 11월 20일에 기획재정부로부터 "한국의료복지 사회적협동조합연합회"로 설립인가를 받았는데, 이는 협동조합의 기본적 가치를 강조함으로써 현재 우후죽순격으로 생겨나고 있는 유사 의료생협들과의 차별성을 위한 노력이다.

③ 의료생협의 활동은 진료소에만 한정하는 것이 아니다
■ 현재 우리나라의 대부분 의료 기관의 활동 공간은 진료소에, 활동 내용은 환자에 대한 치료에 국한되어 있다. 이에 비해 의료생협의 활동 공간과 내용은 매우 다양하다. 그 한 사례로 인천평화의료생협의 활동들은 다음과 같다.
- 사업소 운영 : 평화의원, 한의원, 가정간호사업소, 건강검진센터,

[표] 한국의료생협연합회에 가입한 의료생협

지역	생활협동조합
서울	서울의료생협, 마포의료생협, 함께걸음의료생협, 살림의료생협
인천	인천평화의료생협
경기	안성의료생협, 안산의료생협, 성남의료생협, 용인해바라기의료생협, 수원새날의료생협, 시흥희망의료생협, 올바른의료생협
대전	민들레의료생협
강원	원주의료생협
충북	청주아울의료생협
전북	전주의료생협

이사회 및 각종 위원회 활동
- 건강한 마을 만들기 : 살기좋은 마을 만들기, 걷기대회, 다양한 건
  강 증진 소모임
- 각종 소모임 운영 : 산행모임, 탁구모임, 노래교실, 건강체조와 댄
  스교실, 한글교실, 희망엄마모임, 디카 · 영상모임, 왕초보영어교
  실, 태극권교실, 평지걷기모임, 무지개모임 등
- 지역사회 참여 : 시민단체 연계활동, 협동조합간 협동 활동

■ 따라서 의료생협은 조합원과 의료 전문가가 협력하여 조합원의 건
강뿐 아니라 지역의 건강을 함께 고민하고 실천하는 공익적 민간 기관이
라 할 수 있다.

3. 방향과 비전

① 지역 주민이 주도하는 의료생협
■ 의료생협은 의료를 그 핵심적 활동 내용으로 하지만, 전문가에 의
존하는 방식이 아니라 지역 주민이 주도하는 협동조합이다. 지금까지 지
역 주민은 보건의료 서비스의 수혜자 내지는 대상자에 불과하였다. 더군
다나 이에 너무 익숙한 나머지 서비스 의존 현상이 계속 강화되고 있다.

② 지역 주민과 의료 전문가들이 협력하는 의료생협
■ 의료생협은 의료 전문가가 중심이 되는 기존의 의료 기관들과 분명
한 차별성이 있다. 기존의 의료 기관은 치료 서비스 영역에 집중을 하는
반면, 의료생협은 건강 증진과 질병의 예방에 집중을 한다. 치료 서비스

는 의료 전문가에게 의존을 하게 되지만, 건강 증진과 질병 예방은 지역 주민과 의료 전문가의 상호 협조 없이는 불가능하다. 의료생협은 의료가 아닌 건강의 관점에서 지역 주민과 의료 전문가들이 서로 협력하는 방식을 지향한다.

③ 참여민주주의와 숙의민주주의가 실현되는 운영 구조

■ 대의민주주의의 한계가 분명해 지고 있고, 이를 해결하기 위한 방안으로 참여민주주의, 숙의민주주의 등 대안적 민주주의에 대한 논의가 활발히 진행되고 있다. 정치 민주화, 경제 민주화 뿐 아니라 보건의료의 민주화도 필요하다. 지금까지 보건의료 부문은 정보의 비대칭성 현상이 강하게 작용하고, 공급자 독점적 특성으로 인하여 민주주의의 실현이 가장 더딘 곳 중의 하나였다. 하지만 보건의료 부문은 더 이상 성역이 될 수는 없다.

■ 의료생협에서의 조합원 활동을 통해 제한적이지만, 참여민주주의와 숙의민주주의를 경험하고 학습할 기회를 제공해야 한다. 이러한 활동이 지역사회로 퍼져 나감으로써 보건의료에서 민주주의를 실현할 수 있는 기반을 조성한다.

④ 건강한 마을의 지향과 공동체성을 회복하는 활동

■ 의료생협의 활동 공간은 진료실 내에서만 국한되는 것이 아니라 마을, 지역사회로 확장되어야 한다. 조합원들을 중심으로 마을의 건강지킴이가 됨으로써 나 자신의 건강 뿐 아니라 내 이웃의 건강, 우리 마을 주민들의 건강, 우리 마을의 건강을 위해 활동할 수 있도록 한다.

⑤ 의료의 공공성을 실현

■ 우리나라는 OECD 국가들 중에서 공공의료가 가장 낮은 국가군에 속하지만, 의료의 공공적 가치는 계속 사라져 가고 있다. 의료를 돈벌이 수단으로 생각하는 것이 보편화되고 있는 듯하다. 의료생협은 민간 부문에서 의료의 공공적 가치를 실현하는 공간을 확대한다는 의미를 가진다.

4. 대안과 정책

① 시민운동으로서 의료 사회적 협동조합 추진위원회(이하 추진위) 활동 추진

■ 의료생협을 시민운동화 하도록 한다. 이를 위해 부산에 의료생협의 취지에 동의하고 그 필요성을 절감하는 시민들을 중심으로 추진위를 구성한다.

■ 추진위에서는 부산지역에 의료생협에 대한 여론을 확산시키고, 시민들의 참여를 위하여 기존 부산시에서 활동을 하고 있는 생활협동조합들과의 연대를 한다.

② 건강마을 만들기 사업의 의료생협 활동으로 전환

■ 현재 부산시에서 추진하고 있는 건강마을 만들기 사업의 주민 주도적 방식으로 지속가능하게 하기 위한 방안으로 해당 지역에 의료생협을 만들기 위한 노력을 동시에 진행한다.

③ 부산에 좋은 의료생협 5개 만들기

■ 먼저 추진위를 중심으로 부산시 1호 의료생협을 만들기 위해 실현 가능하고 적절한 지역을 탐색하고, 그 지역의 주민들을 중심으로 의료생협이 만들어지기 위한 지원을 한다.

■ 부산시 제1호 의료생협을 출발점으로 하여 향후 5년 동안 부산에 의료생협 5개를 만드는 것을 목표로 한다.

〈작성자 : 윤태호〉

건강한 마을 공동체 사업의 확산

1. 제안 배경

- 현재 부산시에서 추진하고 있는 건강한 마을 만들기 사업은 '개인'
  보다는 '지역'에 좀더 강조점을 둔 것으로, 주민들이 살고 있는 생활
  공간의 물리적·사회적 환경을 건강하게 바꿈으로써 건강한 생활을
  선택할 수 있는 기회를 증대시키고, 지역 주민 전체의 건강 형태와
  건강 수준을 개선하는 것임.
- '건강한 마을 만들기' 사업은 그 마을에 거주하는 주민들이 주체로
  나서고, 건강의 사회적·물리적 결정 요인과 관련된 다양한 자원들
  이 지역의 건강 문제를 해결하기 위하여 서로 협력을 해야 한다는
  것임.

2. 현황과 문제

① '건강 불평등' 지역은 개인의 선택이 아니다

건강불평등 지역에 사는 시민들은 원해서 살고 있지 않다. 여러 가지 사회적인 문제를 원인으로 그럴 수밖에 없는 선택을 할 수밖에 없다. 그래서 이런 지역에 사는 사람에게 어쩔 수 없지 않느냐고 하는 것은 무책임한 일이며 근본적인 건강의 결정 요인을 바꿀 수 있는 정책이 필요하다

② '건강한 마을 만들기' 시행 중

부산시 건강증진과를 중심으로 건강도시사업의 일환으로 '건강한 마을 만들기' 사업을 시행 중이다. 지역의 보건소와 민간 기관(복지관, 시민 단체)가 서로 협력하는 것을 기본 전제로 '지역 간 건강 격차의 해결을 통한 부산시민의 건강 수준 및 삶의 질 향상'을 목적으로 건강도시 사업이 시행되고 있다.

③ 아직도 '건강 불평등' 지역은 많다

현재 부산시는 '건강한 마을 만들기' 사업을 통해 구군별로 1개 마을을 지정해 지원하고 있지만, 표준사망비가 전국 평균의 20%를 초과해 사업 필요성이 높은 마을이 1개 이상 포함되는 구군도 많아 확대를 검토해야 한다.

건강도시란?
· 도시의 물리적 · 사회적 환경을 개선하고 지역사회의 모든 구성원이 상호 협력하여 시민의 건강과 삶의 질을 향상시키기 위해 지속적으로 노력해 가는 도시(WHO).
· 특정 건강 수준을 달성한 도시가 아니라 건강 친화적 환경(Healthy Friendly Environment) 조성과 건강 지향적 공공정책(Health in All Policies)을 지역 단위에서 실천하는 것.

3. 방향과 비전

① 주민 참여와 상호 학습

'건강한 마을 만들기'의 주 핵심은 지역 주민의 참여이다. 개인의 서비스 지원에 대한 기존의 보건 사업과는 달리 지역에 방점을 두고 마을의 건강 문화를 변화시키기 위한 방법으로 주민의 참여와 관여하고 있는 보건소 및 민간 기관이 지역에 대한 인식 변화를 위한 상호 학습이 필요하다. 지역 공동체의 건강 문제와 현실적 해결 방안은 지역 주민들이 가장 잘 알고 있다는 인식에 기초하여 늘 생각하고 행동하여야 한다.

② 지역 자원들과의 파트너십

건강에 영향을 미치는 요인들이 다양하기 때문에 보건소를 중심으로 하는 보건의료 부문의 노력으로 해결이 어려움으로 복지관, 주민센터, 마을 자치조직들이 공동의 노력을 해야 한다는 것에 다들 동의 할 것이다. 자생적인 주민 모임과 함께 마을의 건강 문제를 고민하고 해결하려고 하는 노력이 필요하다.

③ 마을의 건강 친화적 환경 조성

개인 건강에 영향을 미치는 사회적·물리적 환경 요인들인 주거, 생태 공간의 조성, 범죄 및 범죄 위험의 감소, 건강 관련 시설의 활용 및 확충, 도로 안전, 대기 오염 모니터링 등 생활 속의 건강 환경 개선에 중점을 두어야 한다.

④ 건강 서비스 전달의 혁신적 방법의 개발

개인에게 주는 직접적인 서비스보다는 건강에 영향을 미치는 요인
들을 해결하는 것이며, 기존의 보건소의 역할에 의존하기보다는 주민이
주체가 되어 결정된 마을의 건강 문제를 해결하기 위해 내어놓은 대안을
수용하여 함께 풀어 나가는 포용적인 자세가 필요하다.

⑤ 건강에 대한 지역공동체의 규범 변화

건강지킴이, 마을 모니터링, 청소년 술·담배 판매 암행단 등 주민 스
스로 건강한 환경 개선을 위한 문제 인식 및 필요성을 자각하고 해결하려
는 실천 활동 전개가 따라야만 진정한 마을만들기 사업이라 할 수 있겠
다. 이러한 변화를 위해 주민뿐만 아니라 보건소와 민간기관의 담당자들
은 적극적인 지원을 해야 한다.

4. 대안과 정책

① 타 부처와의 연계를 통한 포괄적 접근

■ 현재 여러 부처에서 시행하고 있는 마을만들기 사업과의 연계를 강
화함. 여러 마을만들기가 시행되고 있는 마을에서는 자연스럽게 두 개 이
상의 마을사업을 같이 연계해서 운영하고 있는 곳이 있음. 이는 서로 다
른 주무 부처에서 시행되는 사업이지만 마을 주민들은 그냥 똑같은 마을
사업으로 인식을 하고 있음을 의미함. 따라서 실제 사업이 이루어지는 마
을 현장에서처럼 주무 부처 역시 연계한다면 더욱 나은 시너지 효과를 볼
수 있을 것임.

② 마을만들기 평가 지표에 건강 지표를 의무적으로 포함

마을만들기 사업의 지향점은 마을의 공동체성을 회복하고 주민들의 삶의 질 향상에 있음. 이러한 측면에서 볼 때, 마을의 건강 지표는 매우 중요한 사업의 결과 지표가 될 수 있음.

건강한 마을만들기에서만 건강이 중요하고, 다른 이름의 마을만들기에서는 건강이 중요하지 않는 것이 아님. 건강의 개념은 단순한 보건의료서비스의 제공에 있는 것이 아니라, 건강에 영향을 미치는 지역의 다양한 요인의 해결은 타 마을만들기 사업과 무관할 수 없기 때문임. 이렇게 마을만들기사업에 건강 사업이 기본 내용으로 포함된다면 건강이라는 이름을 걸지 않더라도 건강한 마을만들기 사업의 효과를 거둘 수 있을 것임.

③ 건강한 마을만들기 사업 마을의 확대

표준사망비가 전국 평균의 20%를 초과하는 지역들에 대하여 본 사업을 확대하도록 함. 현재 부산시에서 시행하고 있는 사업은 자치구별로 1개 마을을 지정하여 지원하는 수준이지만, 해운대구의 경우에는 3개 마을로 확대되어 시행되고 있어, 각 자치구에서 할 수 있다는 의지를 보인다면 확대될 수 있는 사업이나, 이들 마을들에 대해서는 지원이 필요함.

③ 마을 외 타공동체 중심 사업으로의 확대

모든 마을 만들기 사업이 마을의 모든 것을 해결할 수 없음. 인력과 예산의 한계 등으로 모든 마을에서 할 수도 없는 노릇임. 어떤 자치구의 경우에는 마을마다 건강 수준의 격차가 별로 없어서 한 마을을 지정해서 하는 것보다는 건강이 취약한 사람들이 모여 있는 다른 생활터(공동체)를 중심으로 하는 사업이 더 효과적일 수 있음. 건강한 마을만들기 사업의 기본 지향과 내용을 같이 공유하면서 활동의 공간을 마을이 아닌, 다른 생활터(공동체)로 확대하는 것도 좋은 방안이 될 것임.

④ 안정적인 예산 확보

마을만들기 사업은 장기적인 안목에서 주민들의 참여와 자체 역량 강화를 해 나가야 하는 사업으로 사업 단위의 기간이 기존의 사업과는 달리 장기적인 지원이 필요함. 그래서 주민 중심의 사업으로 전환할 수 있도록 지원을 해야 함. 새로운 건강마을의 확대를 위해 지원을 중단하기보다는 점차적으로 예산을 조금씩 줄여 나가면서 추가되는 마을에 예산을 확보하는 방향도 고려해 봄직함.

〈작성자 : 석연실〉

보육 서비스를 보편적 복지로

1. 제안 배경

- 0~5세 전계층의 무상보육정책의 실시로 인해 어린이집 및 유치원 아동의 지속적인 증가가 예상됨.
- 민간 보육 서비스를 따라가지 못하는 공공 부문의 보육 서비스와 시설 부족으로 보편적 무상보육정책의 의미와 보육 서비스의 질적 향상이 필요함.
- 현재 초등학교에 남아도는 교실 및 시설을 활용한 공공 어린이집 및 유치원의 확충을 제안함.

2. 현황과 문제점

① 우리는 흔히 보편적 무상보육을 얘기할 때면 북유럽의 국가들을 들

먹이고 또 그 중 단연 스웨덴이란 나라를 주목하고, 그 나라의 복지정책과 그 국민들이 누리는 혜택에 대해서 우리도 언제쯤이면 그와 같은 수준의 보편적 복지 혜택을 받으며 살지 의문 부호를 붙일 수밖에 없는지, 첫 자녀 이후 둘째 자녀를 가져할지 어쩔지의 걱정으로 가계부를 적는다.

스웨덴의 거의 모든 엄마들은 1년6개월의 육아 휴직을 사용하고 소득의 약 80%를 보장받으며 육아휴직의 사용률은 90% 가량 된다. 그래서 생후 24개월 이상 아이들 대부분은 최고의 보육 서비스 질을 보장하는 보육 시설을 이용한다. 전체 보육 시설의 80%는 공공이며, 나머지 20%는 지방정부의 관리를 받는 공립과 같은 지원을 받고 있다.

② 올해 2013년부터 만 0~5세 전계층 자녀에 보육료, 양육수당이 지급되는 이른바 무상보육정책이 시작되었다. 하지만 무상보육이 무색한 사항들이 발생한다. 이른바 별도 필요 경비. 항목을 살펴보면 현장학습비, 특별활동비, 급식비, 행사지원비, 차량운행비, 지자체특화비용, 입학준비금 등등, 학부모들이 필히 어린이집에 내야 할 경비들이다.

③ 전체 어린이집 수는 매년 증가하여 2012년 12월 현재 42,527개소로 2000년 대비 2.2배 증가하였고, 어린이집 이용 아동 수 또한 2012년 12월 현재 1,487,361명으로 2000년 대비 2배 이상 증가.
- **2000년 * : 19,276개소 → 2012년 : 42,527개소**
- 어린이집 수 중 국공립 어린이집이 차지하는 비율은 5.2%(2,203개소)
- 민간과 가정 어린이집은 87.9%를 차지하고 있음.

* 출처 : 보육 통계 (국가승인통계 제15407호, 어린이집 및 이용자 통계), 보건복지부 보육정책과.

■ 2000년 * : 686,000명 → 2012년 : 1,487,361명
- 민간과 가정 어린이집에서 76.3%인 1,139,927명을 보육하고 있음.
- 국공립 어린이집에서는 10.1%를 보육하고 있음.

④ 민간과 가정 어린이집에서 보육 서비스 공급의 상당수를 차지하고 있는 것은 '98년 영유아보육법 개정으로 어린이집 시설 기준 완화 및 인가제를 신고제로 전환한 것이 주요 원인으로 작용하였다.

위의 보건복지부 보육 통계를 보면 보육료 지원 확대 등으로 어린이집 및 유치원 이용 아동이 꾸준히 증가할 것으로 예상된다. 또한 국공립 어린이집의 지속적인 확충과 우수 민간 어린이집 지원 등 다양한 정책을 통한 보육 서비스의 질적 향상이 필요하다.

3. 방향과 비전

① 0~5세 전계층의 무상보육정책의 실시로 인해 어린이집 및 유치원 이용 아동의 지속적인 증가가 예상되며 민간 어린이집은 우후죽순처럼 꾸준히 늘어나는 반면 국공립 어린이집의 시설 확충은 제 자리 걸음이다. 위 통계를 보듯이 단 2년 사이에 민간 어린이집은 무려 두 배로 증가 했으며, 어린이집 이용 아동의 수도 배 이상의 증가세를 볼 수 있다. 이에 보육 서비스의 물적, 질적 향상과 보편적 무상보육을 하나의 권리로 보장하고 공교육 과정의 일환인 3~5세 누리과정의 통일된 교육을 우리 어린이들이 받을 수 있게 국공립 어린이집 시설의 조속한 확충을 바라며 초등학교 병설유치원 설립을 보육 서비스의 한 획으로 추진해야 한다.

이에 병설유치원 또는 단설유치원을 설립함과 병행한 방법으로 전국

각 초등학교에 남아 있는 잉여의 시설들(교실 및 기타)을 사용하고 부족한 부분은 증축 혹 개축 사업을 통하여 시설을 확보하고 공공 어린이집의 현 누리과정인 3~5세 3학반의 보편적 보육을 목적으로 부족한 시설을 대체해야 한다.

② 최근 3년간 광역별 초등학교 입학생 변화 추이

(단위 : 명)

지역	2013년		2012년		2011년		2010년	
구분	입학생소계	입학생 평균	입학생소계	입학생 평균	입학생소계	입학생 평균	입학생소계	입학생 평균
서울	74,125	124	72,108	121	79,528	135	83,361	142
부산	24,343	81	23,811	80	26,069	88	27,780	93
대구	20,163	92	20,339	94	21,917	102	23,656	111
인천	25,037	100	23,882	97	25,113	103	26,696	118
광주	14,535	97	13,965	93	15,429	104	16,412	113
대전	14,743	102	14,185	98	15,394	108	15,991	116
울산	10,562	88	10,129	84	10,911	89	11,396	97
세종	1,137	52	852	43	807	42	818	43
경기	119,601	99	113,318	94	122,763	103	125,655	110
강원	12,418	31	12,608	31	13,529	33	14,003	40
충북	14,308	50	14,056	49	15,254	53	15,541	58
충남	18,687	44	17,842	42	19,002	44	19,016	46
전북	15,658	37	15,764	38	16,935	40	17,651	43
전남	14,989	30	14,703	29	16,116	31	17,015	39
경북	21,076	40	20,708	39	22,064	40	23,195	47
경남	29,924	58	28,835	56	31,222	60	32,520	66
제주	5,943	50	5,750	49	6,017	52	6,465	61
[전국]	437,249	71	422,855	68	458,070	74	477,171	81
수도권	218,763	(50.0%)	209,308	(49.5%)	227,404	(49.6%)	235,712	(49.4%)

자료 : 이투스청솔

위 자료를 보면 2010년을 기준으로 해마다 광역별 초등학교의 입학생의 수가 줄어드는 것을 알 수 있으며, 한 학급당 학생 수는 현재 25.5명으로 한국교육개발원의 연도별 학생 수를 살펴보아도 2000년도에 4,019,991명이었던 것이 2012년 기준 2,951,995명으로 25%로 가량 줄었다는 것을 알 수 있다.

③ 지난 13년간 초등학교 현황(2000년~2012년)

(단위 : 개교)

연도	2000	2001	2002	2003	2004	2005	2006	2007	2008	2009	2010	2011	2012
본교	5,267	5,322	5,384	5,463	5,541	5,646	5,733	5,756	5,813	5,829	5,854	5,882	5,895
분교	664	631	603	578	551	533	514	461	416	374	355	328	302

자료 : 한국교육개발원

이에 반면 초등학교의 수는 위의 표에 보듯이 2000년 이후 꾸준히 늘어나고 있음을 알 수 있다. 물론 인구 과밀 지역 초등학교 수와 다른 지역과의 격차는 다소 차이를 보이지만 현재 대안으로 제시될 방법에는 큰 무리가 따르지 않을 것이다.

빈 교실과 기타 기존 시설을 이용한 공공 부문 보육 서비스를 밑거름으로 보편적 복지의 재정적 부담도 줄이고 공공 보육 시설의 양적인 혜택과 조금이나마 보육 시설을 직접 선택할 수 있도록 선택권을 보장해 주어야 한다.

4. 대안과 정책

① 부산은 어린이집을 제외한 유치원은 전체 371개 원이며 공립의 수는 불과 64개 원이 전부

■ 현 초등학교의 남는 교실과 시설을 활용 (부족한 시설은 증축이나 개축 사업을 통하여 확충).

② 초등학교 이하 어린이 교육은 공립 64개 원(전체 5.2%)을 제외한 나머지 사교육이 모든 걸 책임지고 셈이며, 지금도 민간 어린이집은 지속적으로 늘어나고 있다.

■ 민간 어린이집에 대한 양질의 보육서비스의 책임을 철저히 관리 감독할 제도적 필요성.

■ 민간어린이집의 권익을 상호 보장할 수 있도록 사회적 협의가 필요한 시점.

③ 소득의 수준과 무관한 보편적인 보육 서비스의 제공은 모든 아이의 건강한 성장과 발달을 위한 제도적 조치이자 저출산 대책의 하나이며 보육 서비스 부분의 일자리 창출과 미래에 대한 설계임.

〈작성자 : 조황익〉

탈학교 아동 · 청소년을 위한 밥퍼 사업

1. 현황과 문제점

① 탈학교 청소년들의 현황

■ 부산지역 초 · 중등학생 중 매년 3천5백~4천 명이 학교를 떠난다.

「2010~2012 부산지역 초 · 중등학교 학업중단 실태」(부산교육청)에 의하면 초등학교를 빼고 중등학교의 학업 중단자 수는 2010년 3,613명, 2011년 3,660명, 2012년 3,119명으로 3년간 10,392명이며, 이중 3년간 학교 복귀 자수는 18,9%에 불과하고, 80% 이상이 '학교밖 아이들'로 남아 있는 실정이다.

최근 3년간 부산지역 초·중등학교 학업중단 학생 현황

	학년도	학업중단 학생수(명)
초등학교	2010년	611
	2011년	611
	2012년	356
	계	1,578
중학교	2010년	1,200
	2011년	1,089
	2012년	857
	계	3,146
고등학교	2010년	2,413
	2011년	2,571
	2012년	2,262
	계	7,246

자료 : 부산시교육청

■ 한국청소년정책연구원의 연구 결과(2009년)에 따르면 중등 재학생의 가출 경험을 포함해 매년 약 7만 명의 가출 청소년이 발생하는 것으로 추정한다(물론 실수치는 2배 이상 차이가 날 것으로 전망된다). 부산시의 경우 2010년 11월말까지 1,832건의 가출 청소년 신고 건수가 지방경찰청에 접수되었다.

② 탈학교 청소년들의 학교밖 실태

■ 서부산 할배(부산, 57세, 성폭력 전과 5범, 전자 발찌 2년째) : 가출 청소년들에게 음식(컵라면)과 잠자리를 제공해 아지트로 만든 뒤 제 발로 줄지어 찾아오는 가출 청소년들을 성폭행한 사건.

■ 가출 청소년 사이에서의 성폭력 문제와 숙식(용돈) 제공을 명분으로 하는 성인들의 성매매 행위에 노출 되어 있다(미혼모 문제도 야기시킨다).

■ 한 · 청 · 연의 「청소년 가출 현황과 문제점 및 대책 연구」에 따르면 가족 문제(제1요인으로 63%) 등 다양한 이유로 가출한 청소년들은 가출로 일시적 해방감을 느끼기도 하지만 시간이 흐를수록 무기력에 빠지고 의식주 해결에 어려움을 겪으면서 절도, 폭력, 성폭력, 성매매, 부당노동 행위 등 범죄에 쉽게 노출되는 취약 계층의 증가로 사회 안전도 위협한다. 학교 밖 청소년들의 규모가 커질수록 우리사회의 안전은 더욱 위협받을 것이다.

■ 청소년들은 학교를 다니는 동안에는 교과부에서 '관리'하지만 학교를 떠나는 순간 여성가족부로 '이관' 된다. 따라서 교과부가 지역교육청에

내려보내는 예산 가운데 학교 밖 청소년에 대한 것은 없다.

■ 탈학교 청소년들이 7만 명이 넘는데, 왜 청소년들이 학업을 중단해야 했는지, 학업 중단 이후 어떻게 생활하고 있는지 귀 기울이고 관심 갖는 사람이 없다. 학업 중단 청소년들을 '찾아내는 것'이 중요하다. 학교를 벗어나면 일정한 소속이 없어 어디서 무엇을 하는지 찾아내기 어렵다. 복지 영역 중에서도 투자에 대한 실질 효과가 가장 큰 데도 청소년은 우선순위에서 밀린다. 청소년 문제가 심각한데도 사회적 이슈가 되지 않는 이유가 이들에게 투표권이 없어서인가?

■ 가정에서 문제가 있으면 학교가 안아야 하고, 학교에서 문제가 있으면 사회가 안아야 한다. 그런데 그런 안전망이 없다.

■ 아이들에게 밥이란?
한빛 청소년 대안센터(학교밖 청소년들의 검정고시 배움터, 서울 송파구, 1998)
: '한빛길거리상담소'란 이름으로 검정고시를 가르치는데, 라면을 끓일 수 있는 작은 버너와 김치, 단무지, 쌀 조금이 전부였지만 항상 아이들로 바글바글했다. 자기들에게 집중해주고, 이야기 들어주고, 이렇게 받아주는 곳이 여기밖에 없었다. 검정고시를 가르치면서, 토요일 야간엔 주먹밥과 김밥을 싸들고 아이들이 모이는 공원이나 거리 상담을 나선다.

③ 탈학교 청소년들의 관리 실태
■ 가출 청소년 쉼터의 운영
– 일시(24시간) 쉼터 : 식사 제공 및 상담을 통해 앞으로의 거처를 연

결해 준다.

- 단기(3~6개월) 쉼터 및 중 · 장기(1~3년) 쉼터 : 숙식 제공, 검정고시 및 교육 프로그램과 문화 시설 운영
- 대구 3개 소, 부산과 광주 4개 소, 대전 6개 소
- 부산 단기 쉼터 정원 15명, 직원 3명이 24시간 교대 근무(숙직), 전문 상담 인력 부족(부산 2010년 11월까지 가출 청소년 신고 건수 1,732건)
- 쉼터에 대한 부정적 인식(규율, 통제) 때문에 집도 싫고 쉼터도 싫다

■ 각 지역의 가출 청소년 정책

- 대전시 '드롭인센터'– 청소년 센터(오전9시~오후7시까지 자유롭게 이용): '이동청소년센터'라는 차량을 통해 아이들에게 자연스럽게 노출시킨다. 이런 가시적인 쉼터의 모습을 보여줘 가출 청소년들이 거부감을 느끼지 않도록 유도함과 동시에, 1차적 가출 문제를 넘어 2차적 문제 발생을 막아주는 효과적인 방안으로 보인다.)
- 광주시 '광주광역시학교밖소년의보호및교육지원조례' 제정(2011년 11월 전국 최초) : 아이들이 모여 있는 곳으로 밥차가 가고 상담도 간다.
- 부산시 '아웃 리치(out reach)' 사업 : 밖으로 나가서 가출 청소년들을 조기 발견하는 사업(여름철 광안리 해수욕장 등).

■ 가출 청소년들은 가정 폭력이나 그 시기 심리 상태 등에 의해 어쩔 수 없는 선택일 수 있는데, 나쁜 낙인을 찍는 것은 상황을 더욱 악화시킬 수 있는 요인이 된다.

2. 대안과 정책

① 학교밖 청소년 대상 필요 정책

> 학교밖 청소년들이 겪는 가장 큰 어려움은 지원 체계 부족(18.4%), 낮은 존재감(12.9%), 불규칙한 생활 태도(12.5%),낮은 학업 성취도(11.5%), 미래에 대한 계획 부재(10%)순이고, 이들에게 가장 필요한 정책으로 상담 지원(22.4%), 진로 지도(20%), 발견 강화(18.4%), 학업 지원(14.3%)순이었다.

② 학업 중단 예방 및 학교 밖 청소년 지원 방안 토론회(2013. 10. 16) 제안

- 학교 내 대안 교실 운영 활성화를 통한 진로, 적성 등 다양한 교육 수요 충족
- 공립 대안학교 설립 및 민·관협력형 대안학교 도입
- 대학, 청소년 상담 복지 센터, 종교 시설, 청소년 수련 시설, 예체능

등 전문 분야 단체 프로그램 통한 위탁형 대안교육 활성화

"아이 하나를 온동네가 같이 먹이고 돌보면서 키워야 한다는데, 이제 정부가, 지방정부가 이 아이들의 부모가 되어야 한다."

〈작성자 : 박동범〉

공립형 대안학교 'Wee'(정원 40명, 학장 구학마을)
주민 반대로 설립 무산. 반대 이유는 아파트 밀집 지역에 대안학교가 들어서면 마을 환경은 물론 학생교육에 잘못된 영향을 미칠 수 있다는 것과, 초·중·고생들이 많은데 학교 부적응 학생들로 인해 안전에 위협을 받을 수 있다는 것.

사회복지시설 평가 체계의 개선

1. 제안 배경

- 사회복지시설은 시설 운영 및 사업 운영의 상당 부분을 지원을 받기 때문에 그에 대한 검증 과정으로 3년에 한 번 사회복지시설 평가를 수행함.
- 평가로 인해 사회복지시설은 업무 부담이 발생.
- 1999년 첫 평가 이후로 4회에 걸쳐서 평가를 해오는 과정에서 순기능적인 역할을 수행해 왔으나 미흡한 부분들이 많이 제기되어 옴.
- 대략적으로 논의되는 문제점은 평가 지표의 현실성, 평가 결과의 유의미한 활용, 평가 과정의 공정성, 평가의 비효율성 등.

2. 현황 및 문제점

평가의 개선을 논하기 전에 현재의 평가가 어떻게 진행되고 있고, 또 그러한 평가에서 지역주민, 나아가 시민의 복지향상에 있어서 걸림돌이 되는 부분이 무엇인지를 알아볼 필요가 있다.

① 평가 지표의 구성이다

2009년 기준으로 사회복지시설 평가는 '시설 및 환경', '재정 및 조직운영', '인적자원관리', '프로그램 및 서비스'. '지역사회관계' 등 총 6개 영역의 80개의 지표로 이루어졌다. 세부적인 80개의 지표는 6개 영역에 고르게 분포되어있는 것이 아니라 특정영역에 더 분포되어있어 실제적으로 가중치를 부여하고 있는 격이다. 이는 평가 대상인 사회복지시설이 가중치를 두는 영역에 맞추어 가게끔 함으로써 해당 사회복지시설의 특성을 간과하게 하는 위험성이 있다. 이는 지역주민들의 특정한 욕구에 맞는 서비스를 제공하는 것에 있어서 경직될 수 있음을 의미한다고 볼 수 있다.

② 평가 지표에 의한 수량적 평가다

지역주민의 삶의 질을 향상시키기 위한 사회복지시설의 과업은 수량적으로 평가되지 않는 것들이 많다. 예를 들어 사회복지시설이 지역 내에 많이 분포되어있는 독거노인들의 삶의 질을 위해 만든 경로식당이 식당을 이용하는 노인들의 친목모임을 형성하도록 하여, 서로 사소하지만 일상의 큰 도움들을 주고받을 수 있는 체계가 형성된 사례를 들 수 있다. 이러한 변화는 경로식당 이용자 수, 경로식당 유무와 같은 정량적 평가로는 측정될 수 없는 성질의 것이다.

정량적 평가로 사회복지시설의 우수함이 가려진다면, 이면의 가치적인 영역의 성과는 상대적으로 과소평가되어 양적인 성과를 우선시하는 풍조를 조장할 위험이 있다.

③ 평가로 인해 발생되는 비효율이다

평가가 현장의 성과와 괴리되는 부분이 있다 보니 시설의 종사자들은 평가 기간이 되면 평가를 위해 따로 준비해야 하는 노력이 커지게 된다. 이로 인해 평가 기간 동안 사회복지시설의 기능은 위축되게 되고 이는 시설이 제공하는 사회복지 서비스 질을 떨어뜨리게 될 것이다. 시설 운영 효율성과 서비스의 질을 고양하고자 하는 취지의 평가가 오히려 반대의 효과를 낼 수 있는 우려가 있다.

④ 획일화된 평가 지표다

현재 진행되는 평가 지표는 전국 사회복지시설에 획일적으로 적용되는 평가 지표로서 지역 고유의 특수성과 성과를 담아내지를 못하고 있다. 앞서도 말했지만 사회복지시설은 지역민의 욕구를 기반으로 사업을 진행해야 한다. 욕구가 제대로 반영된 사업이 이용자의 만족과 사회적인 가치의 창출을 달성할 수 있을 것인데, 지역민의 욕구는 해당 지역의 환경적, 사회적, 지리적 특성에 따라 다양하기 때문에 유연한 지표는 매우 중요하다고 할 수 있다.

3. 방향과 비전

■ 앞서 정리한 문제점을 통해 앞으로의 개선 방안을 고민해 볼 수 있다. 앞의 문제점은 시민정책의제로서 시민의 삶을 증진시키기 위한 한 분야라는 초점에서 정리해보았다. 마찬가지로 그에 대한 개선과 보완 또한 시민의 복지를 증진시키는 방향에서 그려져야 할 것이다.

■ 위의 문제들은 사실 시민의 입장에서 주도적으로 변화시켜 나가기

어려운 부분이다. 사회복지 전문 영역과 복지행정의 영역에서 이루어지기 때문이다. 정확히 말한다면 사회복지 현장의 실무자들의 목소리가 중요한 영역이다. 하지만 사회복지 현장의 실무자들이 위와 같은 문제점들에 대해 목소리를 낼 때 가장 중요한 근거는 지역주민의 복지이다. 때문에 시민들이 이를 잘 알고 관심을 가져서 그런 목소리의 든든한 지지 기반이 되어주는 것이 매우 중요하다.

■ 획일적이고 정량적인 평가 성향이 짙은 평가 지표는 조금 더 지역사회의 고유성을 반영할 수 있도록, 정성적인 평가를 할 수 있도록 변화되어야 할 것이다. 또한 평가로 인해 발생할 수 있는 비효율을 최소화할 수 있도록 평가 지표는 현장 중심으로 설계되어야 할 것이며, 평가를 위한 평가가 되지 않도록 융통성 있는 평가 일정이 될 수 있도록 법적인 차원에서 보장해야 할 것이다.

4. 대안과 정책

① 지표 자체의 개선을 위해 질적 조사와 양적 조사 방법을 병행
■ 사회복지시설이 기본적으로 갖추어야할 도덕성, 윤리성(예: 시설의 재정 건전성, 프로그램의 윤리성, 시설의 물리적 환경(안전성))과 같은 영역에서는 기존의 양적조사의 틀에서 설계를 하고, 시설이 고유한 가치와 철학으로 진행하는 과업은 질적 조사의 방법으로 유연성 있게 설계를 함.

② 정책적인 뒷받침으로써 법률의 개선
■ 현재 3년에 한번 특정 기간에, 전국 규모에서 같은 지표로 수행되는 평가를 법에서 개정하여 3년에 한번 시설의 운영에 부정적인 영향을 끼치

지 않는 시기에 수행되도록 하며, 전국이 아닌 시 · 도, 구 · 군 차원에서 계획하여 수행할 수 있도록 함.

■ 평가의 과정에 해당 지역의 주민이 참여하여 사회복지시설 평가가 될 수 있도록 함.

③ 위 두 가지 대안을 정리하여 최종적으로 나온 대안

■ 엄선된 다양한 전문가(담당공무원, 중간관리자, 교수, 관련 기관인 등)들로 구성된 평가단 설립.

■ 사회복지시설의 장과 협의된 일정에 진행을 하며, 1차적으로 위에서 언급했던 윤리성을 정량적 지표로 측정하고, 2차적으로 지역민, 시설 이용자들이 함께 참여하여 질적 조사 방법을 기초로 하여 기관의 목적 실현과 지역주민의 복지 증진에 기여한 정도를 평가함.

■ 평가의 결과는 시민에게 공유될 수 있도록 하며, 평가의 결과에 따른 인센티브는 최소화하고 보조금 지급에서 약간의 차등을 두도록 함.

〈작성자 : 안동휘〉

시민 복지 증진을 위한 정책적 참여 활성화 방안

1. 제안 배경

- 사회복지 관련 단체나 개인이 각종 현장에서 노력하고 있음에도 불구하고 시민들의 삶의 질은 크게 나아지지 않는 것은 구조적인 수준에서의 변화 또한 필요함을 시사.
- 그 중에서도 부산 시민의 지역적인 특성을 가장 잘 반영하는 것은 부산지방자치단체의 조례임.
- 조례를 제·개정함으로써 부산 지역 시민에 대한 복지를 의무와 책임 수준에서 규정할 수 있음.
- 시민들은 이러한 조례의 제·개정 과정과 심지어 내용에 대하여 잘 모르고 있는 경우가 대부분임.
- 조례에 대한 관심이 높아지게 되면 조례의 제·개정 과정에 직·간접적으로 참여하게 될 것이고, 이렇게 형성된 정책은 시민의 삶을

많이 반영하게 될 수밖에 없음.

2. 현황 및 문제점

■ **지방자치에 대한 시민들의 인식이 부족하다.**

일반 시민들은 자신의 불편함을 의원에게 어떻게 전달해야 할지 모르는 것은 물론이고, 의원이 무엇을 하는 사람인지 몰라서 자신의 불편함을 전달하는 것이 당연한 권리임을 모르는 경우가 대다수이다.

■ **시민의 참여의식이 부족하다.**

공공영역에 대한 불신·회의감, 어려움을 개인의 책임으로 생각하는 경향, 바쁜 생활로 인한 무관심, 민주주의에 대한 지식 결여 등이 원인일 것이다.

■ 사회복지 관련 조례의 제·개정 과정 및 결과에 대한 홍보가 부족하다. 지방자치법 제 66조의 2(조례안예고)에 심사 대상인 조례안에 예고할 수 있다고 명시되어 있으나, 의무 수준에서 규정하지 않아서 지방의회의 재량에 달려있는 상황이다.

> 사회복지 관련 조례는 따로 정의되어 있지 않다. 다만 지방자치법 제9조의 지방자치단체의 사무 범위에서 2항의 두 번째의 주민의 복지증진에 관한 사무의 하위 10개 항목이 예시로 규정되어 있다.
> 가. 주민의 복지증진에 관한 사무
> 나. 사회복지시설의 설치·운영 및 관리
> 다. 생활이 곤궁(困窮)한 자의 보호 및 지원
> 라. 노인·아동·심신장애인·청소년 및 여성의 보호와 복지증진
> 마. 보건진료기관의 설치·운영
> 바. 전염병과 그 밖의 질병의 예방과 방역
> 사. 묘지·화장장(火葬場) 및 납골당의 운영·관리
> 아. 공중접객업소의 위생을 개선하기 위한 지도
> 자. 청소, 오물의 수거 및 처리
> 차. 지방공기업의 설치 및 운영

■ 의원들의 의식이 부족하다.

지방의회에 구성원으로서 의원은 주민을 대변하여 공공의 이익을 우선하여 양심에 따라 직무를 성실히 수행하여야함이 의무로 규정되어 있다. 하지만 명시된 '성실함'은 주관적인 기준으로서 시민의 역할을 대변하기 위한 지속적인 소통의 노력을 구체적으로 규정하지 않았다. 이는 선출된 의원이 스스로의 활동의 성실함을 자의적으로 해석하여 공공의 이익실현에 이바지 하지 못할 여지를 남겨둘 수 있다.

3. 방향과 비전

■ 민주적 시민의 의식과 태도를 고양시킨다. 이는 직·간접적인 시민교육을 통하여 달성해야 할 것이다. 이를 위해 개인의 노력도 필요하지만, 시민사회 차원의 노력도 겸해져야 한다고 본다. 공공 차원에서 제도로 수립하여 추진한다면 더할 나위 없을 것이다.

■ 참여의 효능감을 향상시킬 수 있는 방법을 찾는다. 시민들이 참여하였을 때 그들의 의견이 수용되어 개선된다면 자연스레 그 효능감이 향상될 수 있을 것이다.

■ 홍보에 대한 부족은 조례의 제정을 통하여 의무화 한다. 홍보의 내용은 조례의 제·개정 과정 및 결과이다. 의사결정 과정에서 주민의 의사가 반영될 수 있도록 적극적으로 홍보될 수 있도록 하여야 하며, 의결된 내용에 대하여도 마찬가지이다.

부산시에서 2013년 현재까지 제·개정한 조례의 건수는 총 564건이며 조례 이하 훈령, 규칙 등 하위 내용까지 합하면 총 872건이다. 그 중에서 복지와 직접적으로 연관된 조례 및 이하 내용에 대한 제·개정은 총 66건이며 간접적으로 연관된 내용까지 포함하면 약 200여건에 달한다.

■ 지방의원과 주민의 소통을 의무화하고, 의원이 조례 홍보의 주체로서 활동할 수 있도록 제도를 마련한다. 의회 의원은 조례에 직접 관련되어 있기도 하며 시민과 거리가 가장 가까운 공인이다. 의원의 활동은 시민의 참여에 중요한 자원이 된다. 의원은 필요에 따라 의제를 이끌어 내거나 발전시키기 위해 공청회와 같은 모임을 조직할 수 있으며 시민의 민원을 공론화 할 수도 있다.

4. 대안과 정책

① 법령 및 조례의 개선을 통한 지방자치단체의 책무 강화

■ 지방자치법 제 66조의 2(조례안예고)의 ①'지방의회는 심사대상인 조례안에 대하여 5일 이상의 기간을 정하여 그 취지, 주요 내용, 전문을 공보나 인터넷 홈페이지 등에 게재하는 방법으로 예고할 수 있다.'에서 '예고할 수 있다.'를 '예고해야 한다.'로 개정.

  - 심사대상인 조례안의 의결 전에 주민의 의견이 반영될 수 있도록 한다.

■ **지방의회 홈페이지의 개편 및 SNS 홍보활동**

  - 홈페이지 개편 : 회의 결과와 내용에 대한 접근성을 한층 더 높이고, 의회의 역할에 대하여 시민 입장에서 쉽게 이해할 수 있도록 안내 내용을 친절하고 상세하게 설명한 의회 소개란을 만듦, 의회의 설문 · 여론조사와 민원 · 청원 게시판에 대한 접근성을 높임.

  - SNS를 활용하여 의회 일정, 주요 조례 재 · 개정, 설문/여론조사를 업로드 할 수 있도록 하여 의회의 활동을 적극 홍보.

■ **주민 자원 봉사자의 활용**

  - 선진국에서는 자원봉사를 통한 시민들의 자발적인 참여가 이루어졌

고 그러한 경험의 축적 위에서 지방자치의 정착이 가능했다고 함.

– 시민자원봉사자들이 주축이 된 '의회 홍보단'(가칭)을 만들어 의회 홍보의 효율 달성과 동시에 참여 시민에 대한 교육 효과 도모.

■ 정기 공청회 개최

– 접근성을 높이고 그 실효성을 높이기 위해서 구 · 군 단위의 의원들이 일정 횟수(예를 들어 년 2회 이상)만큼 의무적으로 시행하여 주민들과의 소통을 유지 · 강화하여 주민 대표로서의 역할을 성실히 수행할 수 있도록 함. 이는 법령 혹은 조례로 제정하여 법적인 의무로서 이행할 수 있도록 함.

② 주민참여 활성화 협의회(가칭) 설립

■ 시민의식 고양을 위한 교육의 역할

– 스스로의 복지를 실현할 수 있는 방법과 권리/의무에 대한 내용을 교육하는 프로그램을 기획 · 수행하여 민주주의 사회의 주체적인 시민이 될 수 있도록 함.

■ 지방자치단체의 활동에 대한 홍보 활동

– 기존의 민간 언론과 지방자치단체의 언론은 조례의 제 · 개정과 그 함의에 대하여 주민들에게 알권리 수준에서 알려주지 못하기 때문에 조례에 대한 제 · 개정 내용과 그 함의를 알리는 역할을 충실히 수행하여 시민들이 충분히 알 수 있도록 보장하여야 한다.

■ 민원 및 청원의 중재

– 현재 민원과 청원은 지방의회의 역할로 규정되고 있긴 하지만, 해당 민원과 청원에 대해 수용할 것인지의 여부를 지방의회에서 결정할 수 있도록 하여 해당 지방의회의 이해관계 혹은 주관성에 따라 주민

의 권리가 침해당할 여지가 있음.

– 소비자보호원과 같이 민원, 청원에서의 중재 역할을 할 수 있도록
  한다.

〈작성자 : 안동휘〉

탈핵도시 부산 만들기

1. 제안 배경

- 2011년 3월 11일 후쿠시마 원전 대참사는 아직도 계속되고 있음. '청정 에너지'라고 선전해 오던 원자력 에너지가 위험한 에너지, 감당하지 못하는 에너지임이 만천하에 드러났음. 독일, 스위스, 이탈리아, 벨기에는 후쿠시마 사고 이후 탈원전정책을 선언했음.

- 전력 비중 75%의 세계 최대 원전 국가인 프랑스는 2025년까지 원전 비중을 50%까지 줄여가기로 결정했음. 이러한 세계적 탈원전 흐름에도 불구하고 중국은 후쿠시마 원전 사고 이후 원전 건설을 잠시 보류 했었지만 2011년 13기에서 2013년 18기로 원전을 계속 건설하고 있음.

- 그러나 우리나라는 에너지 소비가 늘어난다는 전제로 원전 비중 확대 정책을 유지하는 쪽으로 가닥을 잡고 있음. 후쿠시마 원전 대참사

이후 최초로 2012년에 강원도 삼척, 경북 영덕을 핵발전소 신규 후보지로 선정했음.

- 우리나라 국민 대다수 반대하는 원전 확대 정책이 유지되고, 고리 1호기 수명 연장 운전이 가능한 이유가 뭔가? 거짓과 사고 은폐의 역사가 원전의 역사임에도 불구하고 여전히 원자력 확대 정책이 결정되는 이유는 어디에 있는가?
- 원전을 확대하는 정책을 중단시키기 위한 시민들의 노력이 절실하다. 원전 산업·원전 정책을 추진하는 정부, 원전 정책을 옹호하는 언론에서 벗어나는 노력과 실천이 어느 때보다 절실함.
- 에너지의 이동 거리가 길고 발전소 규모가 커질수록 효율은 떨어지고, 또 다른 환경 파괴가 일어났음. 규모가 작은 재생 에너지로 전환해야 할 이유가 여기에 있음. 에너지 위기 시대를 살아가는 시민들의 집단적인 노력이 필요한 이유이기도 함.

2. 현황과 문제점

■ '원전 도시' 부산

설계 수명이 다한 고리 1호기를 포함 6기의 원전이 가동 중이며, 2기는 건설 중이고, 추가로 4기의 원전 건설이 전력 수급 계획에 포함되어 있다. 12기의 원전이 모여 있는 세계 최대의 핵 단지를 조성하고 있다. 원전 반경 30Km 이내 인구 수가 322만 명인 원전을 머리에 얹고 살고 있다. 에너지·환경 문제를 넘어선 생존의 문제이다.

■ 부산지역 재생 에너지는 2010년 기준 44,319Mw로 0.1% 비중을 차지하는데 불과 함 : 원자력과 LNG가 98.82%로 재생 에너지 정책이 걸음

마 단계다.

■ 차별적 전기 요금 제도

우리나라 전력 시스템은 철저하게 기업 중심이다. 전체 전력의 70% 가량은 산업용 전기와 상업용 건물에서 쓰인다. 발전 원가보다 싸게 공급되는 산업용 전기 요금은 가정용 전기 요금의 절반 수준으로, 일본과 독일에 비교하면 1/3에 불과하다. 차별적 전기 요금 제도를 개선하면 산업용 전기의 낭비와 기업의 전기 의존도를 충분히 낮출 수 있다.

■ 허술한 방사능 검역과 수입 규제

원산지를 속인 일본산 수산물이 학교 급식 재료로 사용되고 있다. 방사능 물질인 세슘이 검출되고 있지만 일본산 수산물이 허용치 기준 미달이라는 이유로 아무런 제재 없이 유통되고 있다. 현재 국내에 환경 기준치가 없는 스트론튬, 플루토늄 등의 방사능 기준치를 설정하고 전수 조사가 가능하도록 검사 인력과 검사 장비도 늘여야 한다.

3. 방향과 원칙

① 원전 제로 시대

국가에너지기본계획 민관워킹그룹이 2035년까지 원전의 발전 설비 비중 목표치를 22~29%로 제안했는데, 이 범위 내에선 현재 계획된 신고리 5~8호기, 신한울 3, 4호기 원전은 예정대로 지어야 한다. 에너지 소비가 늘어난다는 전제로 수요 관리를 예측한 결과이다. 에너지 효율화, 에너지 절감, 전기 요금 합리적 조정, 소규모 재생 에너지, 자립 에너지 등으로 원전 제로 시대를 충분히 열 수가 있다.

② 폐기물 제로 시대

③ 에너지주권(민주주의)

전기 에너지는 식의주와 함께 생활 필수 조건이 되었지만, 우리는 어떤 에너지를 어떻게 쓸 것인지 선택할 권리가 없다. 정부와 한전이 전기 생산과 공급에 대한 모든 결정권을 가졌기 때문이다. 에너지 체계가 독점 체계이다. 가장 비효율적인 중앙 집중 시스템에서 벗어나야 한다.

④ 폐로 계획(산업)

노후 원전을 해체할 경우 해체 기간이 15년~60년, 1995년 기준 해체 비용 약 2억2천4백만 달러, 부비 복구 비용 약 6천4백만 달러, 합쳐서 총 2억8천8백만 달러(약 3천2백억 원)에 이른다(2013년 정부에서 폐로 비용을 재산정해 본 결과 6천억 원이 넘는 것으로 발표함). 이제는 노후 원전 해체 방식과 비용에 대한 연구가 이루어져야 한다. 해체 방식에 대해 합의하는 기구 구성도 고민해야 한다.

4. 대안과 정책

① 안전 대책 분야
- **방사선 비상 계획 구역 30km 확대**
- 예방적 보호 조치 구역도 확대하고, 방사능 피폭의 90%는 식품 피폭에서 유발하므로 식품 보호 조치 구역을 300km로 해야 함(미국 80km, 헝가리 300km).
- **투명한 국가 안전 감시 기구를 구성해야 함.**
  - 기장군 지역만이 아닌, 부산광역시 법령 조례에 근거하고, 전문가와 시민사회가 참여한 부산시 안전감시위원회를 구성한다.

- 원전 거리 깃발 · 표식 세우기, 방사능 지표 식물 자주달개비 심기 등 시민 참여 실천 추진.
- 고리 1호기는 전체 전력 수요의 0.9% 미만으로 전력 수요에 영향이 거의 없기에 즉각 폐쇄해야 함.
- 방사선 보호 약품(반경 30km 이내 전체 주민 약품 구비 확보 필요) 조달, 대피소 점검(방사능 방재 기능을 구비한 대피소 및 구호소 건립 필요), 방재교육 활성화 등 긴급방재 계획을 수립, 실천함.
- 일본 수산물 수입 전면 금지 및 수산물 주요 수입 국가에 대한 검역 강화 (일본 인근 해역에서 조업하고 있는 국적에 따라 원산지 표기가 달라짐, 즉 같은 해역에서 조업하더라도 잡는 나라의 국적에 따라 원산지가 러시아나 대만산으로 표기되고 있음. 또한 우리나라 전체 수입 수산물 중 비중은 2013년 8월 기준 러시아산이 32%, 중국산 28%, 일본은 수입 수산물 7위로 2.3% 내외, 중국은 10개 지역에서만 전면 수입 금지, 기타 나라도 전체 식품에 대한 전면 금지는 하지 않고 있음)
- 방사능으로부터 안전한 학교급식조례 제정
- 기금을 통한 감마 핵종 분석기 자체 구입 운동(또는 시민 모니터링단을 구성해서 정부 기관 조사 의뢰)으로 안전한 먹을거리를 위한 시민조사단 구성
- 사용 후 핵연료 공론화 위원회 구성 및 폐로 계획 마스트플랜 수립
- 원자력 통제기술원, 원자력 안전기술을 위해 원자력 현장 이전 필요

② 요금 체계 개편
- 요금 체계 공급 중심에서 수요 관리 중심으로 전환함.
- 산업용 전기요금 현실화로 산업용 전기소비 절약

- 2012년 한전 발표 통계 결과 전체 전기 소비량 중 산업용 전기 비
중은 55%, 주택용 14%
- OECD 국가 평균 주택용은 1240 : 2448kwh, 산업용 전기 소비
량은 4617 : 2445kwh
■ 원자력 안전 요금 분담금 및 전기 요금 거리 병산제 도입

③ 재생에너지 정책 대안
■ 에너지 절약, 효율성 높이기
■ 재생에너지 농부되기 (소형 태양광 발전기)
■ 기장 고리 핵 단지 중단 및 재생에너지 산업단지 전환 요구
■ 재생에너지 생산량 국가 지원 확대 (녹색시민보조금)
■ 탈원전, 에너지 자립마을 만들기
■ 탈원전, 재생에너지 교육 확대
- 성대골 절전소마을, 에너지 제로 페시브하우스, 명지 삼성자동차
태양광 발전 단지 등
■ 3차 산업혁명, 재생에너지 산업 전환 및 녹색에너지 일자리 창출 확대
■ 원전 중심 에너지 정책 폐기 및 탈핵 · 탈원전 에너지 정책 선언

〈작성자 : 최종태, 이준경, 최대현, 김범수, 서토덕〉

맑고 안전한 물 · 하천만들기

1. 제안 배경

- 부산은 낙동강 최하류에 위치하여 상수원수의 94%를 낙동강 표류수
  에 의존하고 있으나, 낙동강 중류에 위치하고 있는 대도시 생활용수
  와 구미 국가공단 등 수십 곳 공단에서 배출되는 난분해성 유해화학
  물질의 위험에 그대로 노출되어 부산시민의 맑고 안전한 먹는물 확
  보는 몇 십년 전부터 숙원 사업으로 사회적 합의가 이뤄진 상태임.
- 부산시는 맑고 안전한 먹는물 확보와 유해화학물질 제거를 위한 다
  양한 노력은 하지 않은 채 남강댐 광역상수원 확보에만 목메달고 있
  음. 그러나 남강댐 광역상수원 확보에는 1조 5천억 원 이상이 소요
  되고, 사천만 홍수 피해, 남강 수질 악화, 지리산 환경 파괴 등의 문
  제로 경남도민의 반발, 부적합한 사업방향에 대한 부산 시민사회의
  지적 등으로 이뤄지지 못하고 있음.

- 우리나라 인구의 80% 이상이 맑고 안전한 원수를 수돗물로 먹고 있으나, 부산과 서부경남 7백만 명은 유해 화학물질의 위험에 노출된 낙동강 물을 원수를 먹고 있음. 이는 국민의 건강과 생명을 지켜야 할 국가가 국가의 의무를 방기한 채 10여 년 동안 불가능한 '남강댐 물 광역상수도 도수' 사업만 추진하고 있음.

- 부산의 44개소 지방하천 생태하천복원 및 하천정비 사업이 15년을 넘어서고, 매년 1천억 원 이상을 투여함에도 불구하고, 하수도 관거 시설과 연계되지 못하고, 공사를 위한 생태 파괴 공사로 인해, 수질 개선을 통한 진정한 생태하천으로 거듭나지 못하고 있는 상황임.

2. 현황과 문제

■ 부산은 낙동강 최하류에 위치한 대도시로 상수원수의 94%를 낙동강 표류수에 의존함에 따라 고도정수처리시설, 생산된 수돗물 먼 거리 공급, 고지대 주거지로 인한 가압 및 배수지 시설 설치 등으로 타 도시에 비하여 급수 생산시설 관리 비용이 과다하게 소요되고 있다.

■ 2011년 12월 말 현재 부산시민 급수를 위한 1일 취수 능력은 낙동강에서 1일 2,775천㎥, 수원지에서 1일 349천㎥, 총 1일 3,124천㎥를 취수할 수 있으며, 수돗물 정수 능력은 1일 2,643천㎥ 보유하고 있다.

■ 2011년 12월 말 현재 1일 급수 현황은 정수량의 50% 안 되는 1일 1,095천㎥로 부산시 전체 인구 358만6천 명 중 358만3천 명에게 공급하여 급수 보급률은 99.9%이고, 1인당 하루 급수량은 306ℓ이지만 직접 먹는물 비율은 3%도 채 되지 않는다.

■ 2011년 12월 말 현재 부산시의 하수관거 보급률은 76.4%이지만 하

수관거의 대부분은 빗물 배수를 위한 시설일 뿐, 가정 오수나 공장 폐수만 흘려보내는 순수한 오수관거 비율은 26% 정도밖에 되지 않아, 비가 오면 하수가 넘쳐 강 하천 오염의 주범이 되고 있어, 오수관 확충이 시급한 실정에 있다.

　■ 부산과 서부경남 7백만 명은 유해 화학물질의 위험에 노출된 낙동강 물을 원수로 먹고 있다. 국민의 건강과 생명을 지키는 것을 국가의 의무이기에 국가가 앞장서서 남강댐 물 광역상수도 도수가 아니라, 낙동강 수질 오염의 주원인인 '낙동강 유해 화학물질' 제거를 위한 다양한 방안을 실천해야 할 것이다.

3. 방향과 원칙

　■ 부산 시민의 건강과 생명을 위해 맑고 안전한 먹는물을 확보한다.
　■ 생태하천 복원과 물 환경 개선을 위해 '환경 파괴, 예산 낭비형 하천 정비 사업'을 중단하고, 오수관거 설치를 우선으로 한다.
　■ 1인당 물 사용을 2020년 선진국의 70% 수준으로 줄이고, 물 재활용 비율을 확대한다.
　■ 친환경 하천 관리와 주민참여·자치형 하천 관리를 추진한다.
　■ 동천 복개 복원을 통한 서면권 도시환경 개선으로 도심권 에코문화 관광벨트를 구축한다.
　■ 가짜 생태도시 에코델타시티 사업을 중단하고 서낙동강권 에코르네상스 프로젝트를 추진한다.

4. 대안과 정책

① 국가가 앞장서서 부산 · 경남 시민의 건강과 생명을 위해 맑고 안전한 먹는물을 확보해야 함.

■ 부산과 서부경남 7백만 명은 유해 화학물질의 위험에 노출된 낙동강 물을 원수로 먹고 있음. 국민의 건강과 생명을 지키는 것은 국가의 의무이기에 국가가 앞장서서 '맑고 안전한 먹는물'을 확보해야 함.

■ 박근혜 정부와 부산시는 해결되기 불가능한 난제에 얽혀 있는 남강댐 조성을 통한 광역상수도 도수가 아니라, 낙동강 수질 오염의 주원인인 '낙동강 유해 화학물질' 제거를 위한 특별법을 제정하여, 1종 화학물질 처리 공장 무방류 시스템 또는 전량 위탁 특별 처리 사업 등을 우선적으로 시행 한 후 청정 상수원 확보를 위한 다양한 방안을 실천해야 함.

② 물 환경 개선을 위해 오수 관거 비율을 2023년 100%를 목표로 함.

목표년도	2013년	2018년	2023년
하수관거 목표율	26%	70%	100%

■ 하수관거 비율은 하수처리율 개념으로 비가 올 때 하수가 넘쳐 하천을 오염시키고, 물고기 떼죽음의 주원임. 근현대 도시에 있어 하수관거는 도로, 다리, 학교, 상수도 등과 같이 SOC 기반사업이기에 불필요하고, 예산 낭비적인 하천정비 사업을 축소하고 시급히 오수관거 사업을 우선적으로 확대 추진하여야 함.

③ 1인당 물 사용량을 2020년 선진국의 70% 수준으로 줄인다.

목표년도	2011년	2018년	2020년
1인당 물 사용량	306 ℓ	250 ℓ	200 ℓ

■ 2011년 12월 말 현재 부산시민 1인당 하루 물 사용량은 306 ℓ 로 우

리나라 대도시보다 적게 사용하고 있으나, 영국, 프랑스, 독일의 150~200ℓ 보다 2배 이상 물을 사용하고 있음. 2020년까지 선진국의 70% 수준으로 물 사용량을 줄임.

■ 이를 위해 부산시는 물 값을 원가 수준으로 현실화하고, 누수율 절감 사업, 각 가정 절수기 보급 조례 제정, 지원 예산을 확대함. 시민단체는 물 절약 홍보 캠페인, 절수기 보급 조사 및 평가 공동추진 등 다양한 운동을 펼침.

④ 물 재활용 비율을 확대함.

■ 부산시 환경백서(2012년)에 의하면 물 재활용에 대한 항목이 없을 정도로 물 재활용 비율은 거의 미미하다고 볼 수 있음. 현재 서면 롯데백화점 등 일부 중대형 건물에서 물 재활용을 하고 있으나, 빗물 자원 사업과 처리수 재활용 사업은 전무하다고 볼 수 있음.

■ 해양 오염 방지를 위해 정부가 부산지역 하수 종말 처리수를 1조 이상의 예산으로 고도 처리하는 사업이 추진되고 있음에 따라, 하수 종말 처리수 중 30%인 1일 30만㎥ 이상을 공업용수, 농업용수, 하천 유지 용수, 생활용수 등으로 사용하기 위한 '부산시 하수처리수 재활용 종합계획'을 수립하고, 중수도 비율 확대, 빗물 자원화 사업을 추진하여야 함.

⑤ 환경파괴, 예산 낭비형 하천정비 사업을 중단되어야 함.

■ 부산시가 44개소 지방하천에서 생태하천 복원 및 하천 정비 사업을 15년 전부터 시작하고 있으나, 수질 개선을 통한 생태하천 복원은 요원하다고 볼 수 있음. 2002년 이후 매년 1천억 원에 가까운 예산 중 부산시가 1:1 비율로 예산을 투여할 수밖에 없는 상황에서 '공사를 위한 공사, 생태

파괴형·예산 낭비형 하천 정비 사업'을 중단하고, 하수관거 정비 사업과 연계하여 생태하천 복원 사업을 추진하여야 함.

⑥ 친환경 하천 관리와 주민참여·자치형 하천 관리를 실시하여야 함.
■ 세계적인 사례 조사를 살펴보면, 바람직한 하천 관리, 저비용 고효율 하천 관리를 위해서는 친환경 하천 관리 방안이 수립되어야 하고, 주민참여를 통한 주민자치형 하천 관리가 핵심임.
■ 수영강과 대천천의 경우 기초지방자치단체의 자체 예산으로 하천 관리를 추진하고, 동천과 온천천의 경우 일부 시 예산 지원으로 하천 관리를 추진하고 있으나, 생태계 모니터링을 통한 친환경 하천관리 방안이 수립되어 있지 않거나, 주민참여 하천 관리가 이뤄지지 않아 고비용 저효율 하천 관리가 이뤄지지 않고 있음. 더구나 기타 대부분의 하천은 명목상 하천 관리 담당만 있지 하천 관리를 하지 않아 수백억 원을 들여 공사를 추진한 후 방치되어 있는 상황임.
■ 친환경 하천 관리, 주민참여형 하천 관리, 저비용 고효율 하천 관리를 위해서는 지역 풀뿌리 단체나 사회적 기업과 연계한 하천 관리 정책이 필요함.

⑦ 동천 복개 구간 복원을 추진해야 함.
■ 부산의 원도심권인 동천 수계 서면 일대는 동천, 부전천, 전포천, 호계천, 가야천 등 주요 하천 지류가 대부분 복개되어 수질이 개선되지 않고 있는 상태임.
■ 청계천 사업이 하천 환경 개선도 있지만 도시 환경 계획으로서의 의미가 더 크다고 볼 수 있다. 그런 의미에서 50년 이상 정체되고 있는 서면

상권 활성화, 서면권 도시 환경 개선, 동천 수생태계 복원을 위해서는 동천 복개만이 유일한 해답임.

　■ 동천 복개를 통한 자연형 하천 복원 사업은 백양산, 성지곡수원지 The Park, 부산시민공원, 동천 자연형 하천 복원, 북항 친수 구역 개발과 연계하여 부산 도심의 대표적인 에코문화관광벨트의 핵심 선형이 됨.

　⑧ 가짜 생태도시 에코델타시티 사업을 중단하고 서낙동강권 에코 르네상스 프로젝트를 추진함.

　■ 서낙동강권은 국가 하천임에도 불구하고 겨울철에는 농업용수로도 사용되지 못할 정도로 수질이 오염되어 있음. 더구나 서낙동강, 맥도강, 평강천은 김해공단의 폐수로 인해 중금속 오염 토양과 수변부 무허가 소규모 공장 및 야적장 난립, 비점오염원 산재 등으로 하천 환경이 악화되고 있음.

　■ 서낙동강 수질을 농업용수 수준을 넘어서, 아이들이 멱을 감을 수 있을 정도의 깨끗한 수질로 개선하기 위해서는 중금속 오염토 준설, 하천변 난립공장 철거, 하천변 에코벨트 확보, 낙동강 본류와 서낙동강 물 순환 확보, 서낙동강·맥도강·평강천·수로를 통합적으로 연계하여 생태적 물 순환 확보, 강·수로 에코투어, 친환경 친수 공간 확보 등 서낙동강 에코 르네상스 프로젝트 추진이 필요함.

　■ '서낙동강권 에코 르네상스 프로젝트'는 4대강 사업의 사생아로서 날치기로 통과된 '친수구역특별법'으로 추진되고 있는 가짜 생태도시 에코델타시티 사업을 중단하고, 서낙동강을 아이들이 멱을 감을 수 있을 정도의 깨끗한 수질로 개선하여, 생태도 복원하고 수변 친환경 토지 이용을 통해 자연과 원주민이 상생하는 '생명의 강 살리기' 프로젝트임.

■ 국가 하천인 서낙동강 생태 복원을 위해 부산시와 정치권, 시민사회단체, 전문가, 원주민이 힘을 합쳐 10년간 국비 5천억 원을 확보하여 서부산권 1천만 평 친환경 국토 개발 및 진정한 녹색 성장 프로젝트를 실현하여야 함.

〈작성자 : 이준경, 최대현, 최종태, 김양숙,
임진영, 김범수, 이연정, 윤연희〉

낙동강 하구 생태계 복원하기

1. 제안 배경

- 낙동강 하구 을숙도는 시베리아 철새가 호주, 필리핀, 일본 최남단으로 이동하는 동북아 철새 네트워크의 중간 기착지로서 한반도 및 동북아에서 가장 중요한 철새 도래지로서 자연이 공존하는 부산의 대표적인 자연·문화 자원(천연기념물 제179호)임.

- 2005년 아펙(APEC) 때 세계 정상들이 부산으로 들어올 때 300만 명 이상이 살고 있는 대도시에 낙동강 하구와 같이 1천만 평이 넘는 델타(삼각주) 지역이 있고, 낙동강 하구에 경이로운 미지형이 형성되어 있는 것을 보고 감탄했다는 이야기가 전해지고 있듯이, 대도시 20~30분 거리에 낙동강 하구가 있다는 것은 세계적인 자랑거리라 할 수 있음.

- 또한 낙동강 하굿둑 축조가 27년 경과하고 있는 상황에서 하굿둑

을 상시 개방 하더라도 기존 낙동강물 이용이 제한받지 않고, 기수 생태계가 복원될 수 있다는 목소리가 높아지고 있음. 또한 도시농업 생산량은 전세계적으로 27%에 달하고, 도시지역에서 도시농업의 주요 핵심 거점은 수변둔치로서 도시농업과 친환경 영농에 대한 사회적 공감대가 높아지고 있기에 낙동강 하구와 둔치, 기수생태계 복원이 부산의 미래에 핵심적 가치라는 인식의 공유, 확산이 필요한 시기라고 볼 수 있음.

2. 현황과 문제

■ 세계적인 철새 도래지, 동양 최대 철새 도래지인 낙동강 하구는 1980년대 초반까지 100만 마리의 철새가 찾아왔으나, 1987년 낙동강 하굿둑 건설, 90년대 을숙도 쓰레기 매립장, 신호 갯벌 매립, 장림공단 등으로 철새가 10만 마리로 격감하였다.

■ 환경 단체의 주장과 부산시민의 바램으로 부산시가 2004년부터 1천억 원 예산을 투여하여 낙동강하구 생태 복원 사업을 펼쳐 이제는 큰고니, 저어새 등 천연기념물 29종, 노랑부리백로, 재두루미 등 멸종위기종 1, 2급 40종 등 총 170종 20만 마리가 찾아오고 있는 세계적인 철새 도래지로 거듭나고 있다.

■ 부산시가 생태관광을 신성장 동력으로 내세우고 있음에도 불구하고, 부산지역에서 가장 아름답고 매력적인 낙동강 하구의 보전과 현명한 이용을 위한 가치와 철학은 거의 느끼기 어렵다.

■ 1987년 낙동강 하구는 하굿둑으로 막혀 기수역이 사라져 기수역 수생태계는 절멸되었다. 인제대 박재현 교수의 연구 결과에 의하면 수문 개

방 시 연중 250CMS(갈수량)에 못 미치는 열흘간만 수문을 닫으면 갈수기시 바닷물 역류로 인한 피해를 막을 수 있으며, 16개 수문 전면 개방 시 구포대교 인근에 수중보 설치하면 염분 침투로 인한 농업용수, 상수원수 취수에 장애는 없는 것으로 밝혀졌다.

■ 이에 환경부와 낙동강유역환경청은 낙동강 하구 기수생태계 복원을 위해 2012년부터 용역을 진행하고 있어, 용수 확보와 염분 위험도가 없다고 판단되면 기수생태계는 빠르게 회복될 것이다.

3. 방향과 원칙

■ 낙동강 하구는 세계적인 철새 도래지임을 인식하고 생태 보전과 현명한 이용을 위한 원칙을 세운다.

■ 낙동강 하구 세계적인 생태관광지 활성화를 위해 원주민과 어민, 전문가 중심의 원칙을 세운다.

■ 큰 강의 하굿둑 개방을 통한 기수생태계 복원이 세계적인 흐름임을 인식하고, 용수 이용 대안이 마련될 때에는 하굿둑 상시 개방 원칙을 세운다.

■ 도시농업의 핵심적 공간 중 하나는 수변둔치 이므로, 낙동강 둔치와 서부산권 델타지역에 1백만평 친환경 영농단지를 조성한다.

4. 대안과 정책

① 낙동강 하구 을숙도 · 일웅도 생태복원, 염막 · 삼락 · 대저 · 화명 등 둔치 및 수변 생태계 복원, 습지보호구역 확대 및 람사르지구 등록으로 세

계적인 생태공원을 조성함.

② 삼락 맹꽁이 생태공원 조성, 야생생물보호구역 지정, 둔치 철새 먹이터 복원, 무논 조성, 습지 복원 등을 통해 낙동강 하구, 을숙도, 일웅도, 4개 둔치의 에코벨트를 복원함.

③ 낙동강 기수생태계 복원을 위한 낙동강 하굿둑을 상시 개방함.
■ 개방을 통해 염분 상승으로 인한 용수 이용에 장애가 없거나, 용수 대안 마련을 전제로 하굿둑을 상시 개방함.
■ 하굿둑 개방을 통한 하구역에 기수대 생태계가 복원되면 부산의 명물이던 재첩과 회류성 어류인 은어, 연어, 뱀장어 복원이 가능하게 되고, 고니의 먹이인 염생식물인 새섬매자기(뿌리)가 하구에 우점하게 됨으로써 큰고니(백조류) 등 고니류(천년기념물 201호, 멸종위기종) 서식처가 복원되어 과거 철새도래지로서의 명성을 되찾게 되고, 수질도 개선되어 생태관광 활성화, 국제적인 생태도시 부산이라는 도시의 격을 높이게 될 것임.

④ 부산권 낙동강 수변둔치 친환경 영농단지 조성 및 동남권 유기농 특화단지 추진
■ 이명박 정부의 4대강 사업은 수질 오염을 유발한다는 이유로 수변 친환경 영농단지를 훼손하고 농민들을 쫓아냈음. 그러나 재판 과정에서 수변 친환경 영농은 수질 오염이 거의 없다는 것이 밝혀졌고, 오히려 부산시낙동강관리본부가 둔치 인공초화, 잔디 관리로 농약과 제초제를 사용하는 등 수질 오염을 더 유발하고 있는 것으로 나타났음.

■ 수변둔치 친환경 영농은 현재 곡물 자급률이 26%도 안 되는 한국의 상황에서 도시농업으로 식량주권 확대, 일자리 창출, 바른 먹을거리 확보, 도농경제 활성화, 논습지 생태 보전, 철새 도래지 벨트 기능, 시민 건강권 확보, 생태학습장, 재해 방지, 비점오염원 방지, 미기후 조절 등의 긍정적 기능을 할 수 있다. 이러한 기능은 전세계적으로 활성화되고 있음.

■ 영농단지가 농업기술센터, 농민회, 도시농업 사회적기업, 생협, 학교급식 센터 등과 연계하여 친환경 수변농업을 통한 친환경 먹을거리 유통단지를 조성할 경우, 동남권 친환경 먹을거리 녹색산업으로 발전할 가능성이 높은 미래 산업이다. 부산 염막둔치 77만 평 중 20만 평, 삼락둔치 140만 평 중 25만 평, 대저둔치 77만 평 중 15만 평, 에코델타 지역 40만 평 등 총 수변둔치 100만 평을 친환경 수변농업으로 복원해 동남권 유기농 특화 및 친환경 영농단지 조성을 할 것을 제안함.

〈작성자 : 이준경, 김양숙, 임진영, 김범수, 이연정〉

야생생물 보호구역 10개 소 지정하기

1. 제안 배경

- 부산광역시에는 야생생물 보호구역 지정 사례가 전무함 (서울시는 야생생물 보호구역 4개 소, 생태경관 보호구역 17개 소가 있음).
- 자연환경보전조례가 있으나 구체적 실천 계획이 없는 유명무실한 상황임.
- 부산광역시 도시 현황 지도 제작 등에서 꾸준히 예비 보호구역을 제시함.
- 야생생물 보호구역을 지정한다는 것은 생물 다양성에 대한 기본 개념과 인식이 바탕이 되었음을 대외적으로 발현할 수 있는 기회.

생물 다양성이란?
「자연환경보전법」에 의한 생물 다양성은 육상 생태계 및 수생 생태계(해양 생태계 제외)와 이들의 복합 생태계를 포함하는 모든 원천에서 발생한 생물체의 다양성을 말하며, 종내·종간 및 생태계의 다양성을 포함한다.

- 문화재구역, 습지보호지역 등 현재 지정만 하고 관리를 하지 않는 것은 문제점이기도 하지만, 우선적으로 보호구역을 지정해 보는 것은 향후 체계적이고 지속적인 관리의 시발점으로 인식.

2. 현황과 문제

① 지역별 자연환경 보호지역 현황

천연기념물과 자연생태계 등을 보호하기 위해 전국적으로 자연환경 보호지역이 지정, 관리되어 있다. 자연환경 보호지역은 근거법 및 보호구역을 지정하는 주체에 따라 생태계 보전지역, 습지보호지역, 천연기념물 보호구역(문화재보호구역), 야생생물 보호구역, 개발제한구역, 보전임지, 특정도서, 자연공원 등으로 나뉜다.

[표 1] 자연환경보호지역 현황

보호구역명	근거법	지정권자
생태 · 경관보전지역	자연환경보전법	환경부장관
습지보호지역	습지보전법	환경부장관
문화재보호구역(천연기념물 보호구역)	문화재보호법	문화재청장
야생동식물보호구	야생동식물보호법	환경부장관
특정도서	독도등도서지역의생태계보전에관한특별법	환경부장관
보전임지(산림보전지역)	산림법	산림청장
개발제한구역	도시계획법	국토교통부장관
자연공원	자연공원법	환경부장관

② 현재 부산의 자연환경 보전지역

■ 사하구 다대동 남형제섬, 북형제섬 ;

영도구 동삼동 주전자섬(생도) 지역의 - 특정도서(독도등도서지역의 생태계보전에관한특별법)

■ 을숙도를 중심으로 상하부의 낙동강 하구를 주대상 지역으로 지정한

– 자연환경보전지역(국토의계획및이용에관한법률)

– 습지보호지역(습지보전법)

– 생태 · 경관 보호지역(자연환경보전법)

　습지 보호지역과 중복되어, 3월 23일 지정 해제

– 문화재 구역(문화재보호법) – 천연기념물 제179호

■ 그리고 부산광역시 해수부의 거의 대부분을 차지하는 – 특별관리
해역(해양관리법)

③ 국가지정 보호구역은 여러 법으로 중복 지정하고 있으나 시 자체 지정의 생물 보호구역 전무함.

– 생태계 보전지역 중 *표시된 12개 소는 시 · 도지사 지정, 나머지는
정부(환경부 및 해양수산부) 지정

– 서울시 8개 소, 경기도 · 강원도 · 경상남도 · 전라남도 각 1개 소씩
지정하고 있으나, 부산시는 우수한 경관과 자연환경을 보유하고 있
으나 현재 생물 보호구역이 하나도 없음

자연환경보전법(부분 발췌)
시 · 도 생태 · 경관 보전지역은 생태적 특성, 자연경관 및 지형 여건 등을 고려하여
다음과 같이 구분하여 지정 · 관리할 수 있다.
① 시 · 도 생태 · 경관 핵심 보전구역(핵심구역) : 시 · 도의 생태계의 구조와 기능의
　훼손 방지를 위하여 특별한 보호가 필요하거나 자연경관이 수려하여 특별히 보호
　하고자 하는 지역
② 시 · 도 생태 · 경관 완충 보전구역(완충구역) : 시 · 도의 핵심구역의 연접지역으
　로서 핵심구역의 보호를 위하여 필요한 지역
③ 시 · 도 생태 · 경관 전이 보전구역(전이구역) : 시 · 도의 핵심구역 또는 완충구역
　에 둘러싸인 취락지역으로서 지속가능한 보전과 이용을 위하여 필요한 지역

[표 2] 전국 생태계 보전지역 현황

출처 : 문화재청, 환경부 환경통계연감(2004)

지역	생태계보전지역
서울특별시	• 한강 밤섬* – 철새 도래지 및 서식지, 영등포구 여의도동
	• 강동구 둔촌동 자연습지* • 송파구 방이동 습지*
	• 탄천 철새 도래지* – 송파구 가락동 및 강남구 수서동
	• 은평구 진관내동 습지* • 강동구 암사동 습지* • 고덕동 한강고수부지*
	• 청계산 원터골 낙엽활엽수군집* – 서초구 원지동
경기도	• 조종천 상류 명지산 · 청계산* – 다양한 희귀곤충상 및 식물상 존재, 가평군, 포천군
강원도	• 대암산 – 국내유일의 고층습원, 강원 인제군 서화면 대암산의 큰용늪 및 작은용늪 일원
	• 동강유역 – 희귀 야생동 · 식물, 영월군 영월읍, 정선군 정선 신동읍, 평창군 미탄면 일원
	• 대덕산 · 금대봉* – 희귀야생동 · 식물 집단 서식지, 태백시, 삼척군, 정선군
경남	• 우포늪 – 국내서 가장 오래된 원시적 자연늪, 창녕군 대합면, 유어면, 대지면, 이방면 일원
	• 거제시 고란초 서식지* – 고란초 집단 자생지, 거제시 하청면
부산광역시	• 낙동강 하구 – 철새 도래지, 사하구 신평, 장림, 다대동 일원 해면 및 강서구 명지동 하단 해면
울산광역시	• 무제치늪 – 희귀 야생동식물 서식하는 산지습지, 울주군 삼동면 조일리 일원
전남	• 지리산 – 극상원시림, 구례군 산동면 심원계곡 및 토지면 피아골 일원
	• 섬진강 – 수달 서식지 – 구례군 문척면, 간전면, 토지면 일원
	• 고산봉 – 붉은박쥐 서식지, 함평군 대동면 일원
	• 광양백운산* – 원시자연림, 광양군 옥룡면, 다압면, 진상면

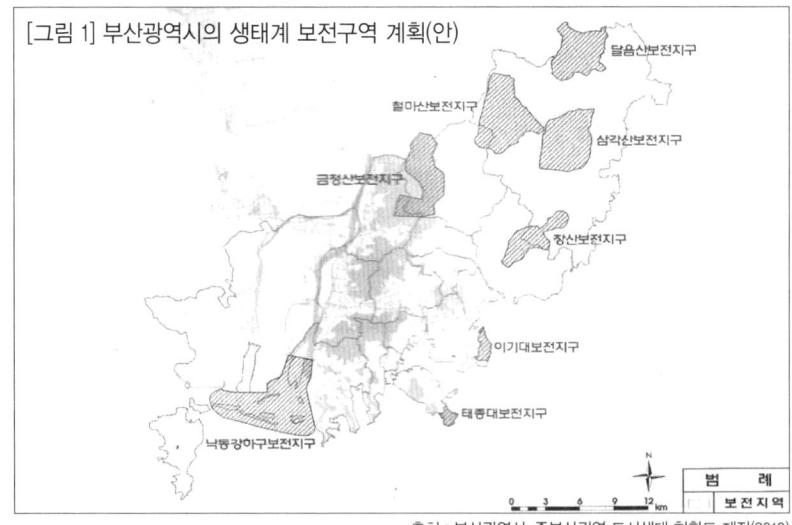

[그림 1] 부산광역시의 생태계 보전구역 계획(안)

출처 : 부산광역시, 중부산권역 도시생태 현황도 제작(2010)

④ 부산광역시 생태계 보전지구 계획

부산광역시는 〈중부산권역 도시생태 현황도 제작(2010)〉에서 생물 서식의 여건이 우수하며, 다양한 생물이 서식하고 있는 주요한 생물 서식처로서 부산의 생태계에 있어 생물 자원을 지속적으로 공급할 것으로 판단되는 주요 지점에 대하여 생태계 보전지구로 선정하여 관리하는 것이 필요하다고 밝히면서 아래 그림과 표의 8개 지점을 제시하고 있다.

[표 3] 부산광역시 생태 보전지구 대상지

보호구	주요 생물	주요 위협요소	면적(㎢)
낙동강하구 보전지구	하구습지생물, 철새 등	개발압력	37.63
삼각산 보전지구	우수 산림식생	산불, 개발압력	11.08
달음산 보전지구	우수 산림식생	산불, 개발압력	17.26
철마산 보전지구	우수 산림식생	산불, 개발압력	24.99
장산 보전지구	우수 산림식생	과도한 방문객	18.89
금정산 보전지구	우수 산림식생	과도한 방문객	21.63
태종대 보전지구	난대식생	과도한 방문객	1.55
이기대 보전지구	난대식생	과도한 방문객	2.47

3. 방향과 비전

① 수려한 경관과 자연환경을 보유한 부산광역시의 이름에 걸맞게 생태 보전지구를 지정하기 위한 지방정부의 적극적인 노력이 필요하다.

② 단순한 지정 위주의 정책은 지양하고 보전지구 지정을 위한 조사 단계부터 시민이 참여하도록 하고 지정 후 지속적인 관리와 모니터링을 일임할 수 있는 방안을 모색하여야 한다.

③ 이와 함께 아래와 같은 내용이 포함된 현명한 이용 방안에 대한 대안도 마련하여야 할 것으로 판단된다.

■ 기존의 자연을 보전하고 더 이상의 조성 공사(임도 확장, 데크 설치

등) 지양.

- 하루 정해진 인원을 정하여 그 인원 내에서 입장할 수 있도록 제한.
- 보호지역으로 지정만 해놓고 사후 대책이 없는 보여주기 식의 행정이 아닌 실질적인 행동이 따르는 보호 대책을 반드시 마련하고 실천.
- 단순한 보호지역이라는 개념보다는 자연과 인간이 공존하는 생태공원의 조성.

4. 대안과 정책

① 단계적 생태 보전지구의 선정

목표년도	2015년	2018년	2020년
보전지구 목표 수	2개소	5개소	10개소

- 성급한 선정 위주의 정책보다는 시민이 참여하며 지속적인 모니터링을 통한 철저한 준비 후에 선정
- 단계별로 철저한 환류와 검증을 거치며 최적의 방안을 도출
- 시민위원회를 구성하여 우선적으로 2곳을 선정하고
- 선정된 지역을 2018년까지 변화상을 모니터링을 하여 그 결과를 토대로
- 새로운 선정 및 관리 방안을 도출하고 추가적으로 선정할 필요가 있는 지역을 보전지구로 지정

국민휴양과 자연학습장인 광릉수목원
광릉수목원의 광릉숲은 세조와 정희왕후 윤씨가 잠들어 있는 광릉의 1,018ha의 부속림으로 500여 년 동안 자연생태가 잘 관리·보존되어 왔으며, 지난 2010년에 유네스코 생물권 보전지역으로 선정되어 그 가치를 인정받은 생태의 보고이다. 방문객은 방문에 앞서 반드시 사전 예약이 필요하며, 하루 5천 명(토요일과 공휴일은 3천 명)으로 입장을 제한하고 있다.

– 각 지역에 적정한 관리 방안이 수립되면 2020년까지 최종적으로 10개 소 지정을 목표로 함
– 보전지구의 생태적 건강성 평가지표를 개발하여 지속이며 현명한 보전이 될 수 있도록 노력

② 시민위원회의 구성 및 지속적 관리 단체 선정

■ 학계, 시민단체 생태 전문가, 공무원으로 구성된 10인 내외의 시민 위원회를 구성
■ 먼저 조사된 지역의 문건을 검토 후 시민단체 생태 전문가 위주의 현장 모니터링을 실시
■ 모니터링 결과를 토대로 보전지구 지정하고 관리 매뉴얼 작성
■ 지역에 기반을 둔 시민단체를 우선적으로 하는 관리 단체의 선정
■ 관리 단체의 모니터링 경비 지원 및 정기적인 보고서 발간
■ 모니터링 결과 및 보고서를 평가하여 새로운 관리 방안 및 관리 단체 지정

〈작성자 : 김범수, 이연정, 김양숙, 최대현,
손미숙, 이준경, 우지원〉

자동차가 불편한 녹색교통

1. 제안 배경

- 급격한 자동차 증가에 따른 자동차 중심, 도로 시설 확충 위주 등 환경과 생명을 파괴시키는 지속 불가능한 도시교통 정책이 악순환을 되풀이 하고 있어, 대중교통 체계의 근본적인 개선을 통한 녹색 교통 시스템을 정착시킬 필요성이 그 어느 때보다 높음.

- 자동차에게 발목 잡힌 현대인들은 자동차와 이별하고 이제는 사람 중심의 녹색 교통 혁명으로 에너지를 사용하지 않는 도보와 자전거, 대중교통 중심의 녹색 교통으로 개인의 건강과 쾌적하고 정온한 도시 환경 조성, 지구를 살리는 정책으로 바꾸어야 함.

- 특히 급속한 고령화 시대를 맞이하는 사회 환경 변화 속에서는 보행권 보장, 보행 환경 개선 등 교통 보행 기본권은 더욱더 중요한 사항이 되고 있음.

2. 현황과 문제

■ 국토해양부 자료에 따르면 2011년 말 현재 우리나라의 자동차 등록 대수는 1천843만 대이며 이 가운데 자가용 차량이 1천735만 대로 90%를 넘고 있다.

■ 2011년 말 현재 부산의 자동차 등록 대수는 1,159,178대로, 1998년 719,862대의 약 1.6배이며, 우리나라 전체 차량 대수의 6.3%에 이른다.

■ 우리사회는 자동차 중심의 교통 정책으로 교통 체증, 불필요한 과잉 도로 건설, 예산 낭비, 에너지 낭비, 대기 질 악화, 생태계 파괴로 환경과 생명을 파괴시키는 지속 불가능한 도시 교통 정책이 고착되었다.

■ 또한 매년 6천 명 이상이 교통 사고로 사망하여 생명과 사회적 비용이 확대되고 있으며, 불필요한 도로 건설에 SOC 예산이 집중되어 예산 낭비, 복지 예산 축소, 도시 대기의 질 악화 등은 생태복지국가라는 시대적 흐름에 걸림돌이 되고 있다.

3. 방향과 원칙

■ 자동차를 느리게, 더 불편하게 한다.
■ 대중교통 지향형 도시 개발, 녹색 대중교통 체계를 구축한다.
■ 보행자 권리 확립 및 자전거, 도보 활성화 한다.
■ 교통 사고 없는 안전한 도시 환경을 조성한다.
■ 국가 단위 녹색 교통 제도, 정책을 수립한다.

4. 대안과 정책

① 자동차를 느리게, 더 불편하게 하기.

■ 도시 혼잡세, 경차 우선 제도, 도심권 주차장 축소, 높은 주차비, 대형 건물 주차장 제한 등으로 승용차 도심권 유입 제한 정책을 시행하여 에너지 낭비를 줄이기.

■ 승용차 보유 수와 배기량에 따른 자동차세 누진 적용 및 환경세(탄소세)를 부과함.

■ 자가용 구매 시 1가구 1주차장 확보, 등록제를 실시함.

■ 자가용 공유 경제 활성화를 지원함.

② 대중교통 지향형 도시 개발(TOD : Transit Oriented Development), 녹색 대중교통 체계 구축하기.

■ 자동차 위주에서 BMW(버스, 지하철, 걷기) 중심의 녹색 대중교통 시스템으로의 정책을 전환함.

■ 버스 전용차로 확대, BRT(Bus Rapid Transit : 도심과 외곽 사이의 급행버스 교통 체계 구축) 도입 및 도시 환승 터미널 확대, 환승 시스템 구축으로 대중교통 중심의 대도시 문화 만들기.

■ 대중교통 이용 활성화를 위한 대중교통 마일리지 제도, 대중교통 환승 할인 전국 확대, 시외버스 · 철도 연계 단계적 확대 등 다양한 제도 마련함.

■ 도로 교통 효율성 확대를 위해 주간 도로 공사 금지(단, 야간 소음 시민 피해 경우 제외) 및 강력한 간선 도로 주차 금지, 주택 가변 공영 주차장을 확대함.

■ 부산교통공사가 버스와 지하철 모두 관장하여 버스와 지하철간의 효율적 연계와 공공성을 확보함.

③ 보행자 권리 확립 및 자전거, 도보 활성화.

■ 마을마다 무인 자전거 대여 시스템 설치

– 지하철 자전거 공영 주차장, 직장 내 자전거 출퇴근자 교통비 환급
금 지급 등 자전거 이용을 활성화하고, 자전거가 대중교통보다 빠른
시스템을 만들어 자전거 이동 분담률 30%를 10년 안에 달성하기.

■ 보행권을 중심 권리로 만들고, 보행자 중심의 차 없는 거리를 확대
순환 실시하기.

■ 획기적인 도로 다이어트를 통해 확보된 차선을 자전거, 녹도에게 내
어주어 보행자 전용 도로 확대하기.

■ 부산 갈맷길을 광장 · 공원 · 도서관 · 시장 · 주택가 등과 연결하는
그린웨이 네트워크를 구축하고, 체계적 관리와 홍보를 위한 갈맷길 관리
센터 설립하기.

■ 보행 약자(장애인, 어르신, 어린이, 임산부 등)를 위한 종합 계획 수
립 및 부산 보행자권리조례를 제정함.

④ 맑은 공기, 교통사고 없는 안전한 도시 환경 조성.

■ 교통 사고 없는 안전한 도시 환경을 만들기 위해 주택가, 학교
30km 이하 속도 제한 등 강력한 자동차 통행 제한 제도 실시.

■ 교통 사고 사각 지대인 '인도 없는 도로'에 인도를 설치.

■ 자동차 공해 저감 대책으로 시 외곽에 공영 주차장 확보

– 환승 터미널 확대, LPG(액화석유가스), CNG(압축천연가스)로 연
료 개선, 바이오 에너지 비율 확대 추진.

■ 수송 시 화석 연료 0%를 2030년까지 달성하도록 목표 수립.

⑤ 국가 단위 녹색 교통 제도, 정책을 수립.

■ 녹색교통 기본법 및 종합 계획 수립으로 국가 단위 도로 정책 전면 재검토, 단계적 예산 축소, 엄격한 타당성 조사 등으로 예산 낭비를 방지하고, 철도 교통에 우선 순위를 부여함.

■ 교통 관련 예산 10%를 걷기와 자전거 타기와 대체 에너지 교통 수단 개발에 지원하고, 도보와 자전거와 대중교통 이용 분담률 목표를 설정함.

■ 공항 확장을 중단하고 단거리 항공 여행을 철도 이용으로 전환.

■ 시민단체 및 운수노조 등이 참가하는 국가교통위원회 구성.

■ 준공영제의 문제점을 근본적으로 해결하기 위한 보편적 이동권 확립, 공공교통, 완정 공영제 추진을 적극적으로 검토함.

〈작성자 : 이준경, 최대현, 최종태, 김양숙,
임진영, 김범수, 이연정, 윤연희〉

시민의제 42

기초지방선거 정당공천제 폐지

1. 제안 배경

- 지방자치 발전의 핵심 과제는 중앙집권적 정치 구조로부터 지역정
  치와 지방자치의 자율성을 확보하는 것임.
- 1991년 지방자치가 재개되면서부터 지방의회에 대한 정당의 관여를
  배제하기 위하여 기초의회의원의 선거에서는 정당 공천을 배제하여
  왔음.
- 1995년 통합 선거에서는 기초단체장에 대한 정당 공천이 바람직하
  지 못하다는 여론에도 불구하고 정당 공천이 이루어졌으며, 그 후
  지속적으로 기초단체장 정당 공천제의 문제점이 제기되어 왔음.
- 2006년 지방선거에서 다수의 민의에 역행하여 기초자치단체의 장
  과 함께 기초의회의원에게도 정당공천이 허용됨으로써 지방선거가
  중앙정치에 완전히 지배되었고 지방자치가 크게 후퇴하게 되었음.

– 따라서 지방자치의 본래의 취지를 살리고 민의에 부합되는 지방정
치 체계의 구축이 요청됨

2. 현황과 문제

① 지방선거 정당공천제의 연혁
■ 1991년 지방의회의원 선거
광역의회의원 선거에는 정당 공천이 허용되었으나, 기초의회의원 선
거에서는 정당 공천이 배제되었으며, 선거 과정에서 정당 표방이 허용되
었다(지방의회선거법 제31조 및 제41조; 동법제정 1988.4.6, 폐지
1994.3.16).
■ 1995년 통합 선거
1995년의 자치단체장 선거를 포함하는 통합 선거를 앞두고 1994년에
제정된 통합선거법인 공직선거및선거부정방지법 제47조에서는 기초자치
단체와 광역자치단체의 모든 선거에서 정당 공천이 허용되었다. 그러나
1995년 4월의 개정 법률 제47조 1항에서는 기초의회의원 선거에서의 정
당 공천을 배제하였다.
■ 1998년 및 2002년 통합 선거
1995년의 통합 선거에서와 마찬가지로 기초의회의원 선거에서 정당
공천이 배제되었다.
■ 2006년 통합 선거
2005년 8월의 개정에서는 종래의 공직선거및선거부정방지법이 공직
선거법으로 명칭이 바뀜과 동시에 기초의회의원 선거에서도 정당의 후보
자 공천을 허용하였으며, 정당 비례대표제가 도입되었다.

■ 2010년 통합 선거

2006년 통합 선거에서와 마찬가지로 기초자치단체의 장과 기초의회 의원 선거에서 정당 공천이 허용되었다.

　■ 지난 2012년 대선에서 기초지방선거 정당 공천제를 폐지하라는 국민 여론과 '정당 공천제 폐지' 공약을 채택하라는 각계의 끈질긴 요구에 따라, 새누리당 박근혜 후보와 민주당 문재인 후보 모두 기초지방선거에서 정당 공천제 폐지를 공약으로 제시했다.

② 기초지방선거 정당 공천제의 문제점

2006년 지방선거에서 기초자치단체의 장과 의원에게도 정당 공천이 전면적으로 허용된 이후, 후보자들은 사실상 당선이 유력한 지역패권주의 정당의 공천을 받기 위하여 실질적인 정당 공천권을 가지고 있는 지역구 국회의원들에게 거액의 공천 헌금을 제공하는 등 지방정치 발전에 걸림돌로 작용하고 있다. 또 기초자치단체장의 경우는 정치적 중립의 의무로 인하여 선거 기간에 공식적으로 표방하지는 않지만, 기초의원의 경우

주민보다 정당(국회의원)에 충성

4년 전인 2006년 5·31 지방선거를 불과 일주일 여 앞둔 그해 5월 24일 김문곤 당시 부산 금정구청장 무소속 후보는 한나라당 박승환 전 의원 측이 한나라당 공천의 대가로 '충성서약서'와 '10억 원 현금차용증'의 작성을 요구했다고 폭로했다.

▷의원님의 차기총선을 확실하게 제가 전부 책임지고 맡겠습니다 ▷향후 4년간 의원님 사무실 운영을 재정 포함, 전부 책임지고 맡겠습니다 ▷구정에 대해 주 1회 보고하겠습니다 ▷여성단체연합회는 확실히 의원님 휘하에 두겠습니다 ▷의원님 허락 없이 조직화 사업을 하지 않겠습니다 ▷상기 약속을 어길 시 어떤 조처도 감수하겠으며 그 증표로 차용증을 드립니다 등의 내용이었다.

이는 국회의원과 기초단체장의 '특수한 관계'를 드러낸 것으로, 임기 내내 지역 국회의원에 의해 지방자치가 좌우되는 추악한 이면을 단적으로 보여준 사례다. 특히 특정 정당의 공천이 당선을 '보장'하는 후진적 정치 토양인 영호남에서 정당 공천은 곧 '임명제'라는 시각이 지배적이다.

자료 : 국제신문 2009년 8월 31일자 8면 부분 발췌

사실상 국회의원 선거 때 실질적인 선거운동 조직원으로 활동하는 등 지방정치의 중앙 예속화가 일어나고 있다.

특히 정당 공천은 진정한 의미의 주민 선택권을 제한하고 있다. 1차적으로 후보자를 걸러주는 역할을 하기보다, 공천 과정에서 능력 있는 사람보다는 제사람 심기 혹은 충성심이 강한 사람을 후보로 내세워 주민의 선택권을 원천적으로 제한하는 역할을 한다.

3. 방향과 원칙

① 지방정치의 자율성 회복

정당 공천제의 본래의 목적은 정당이 지방정치에 있어서도 책임을 진다는 책임정치 구현을 위한 것이나, 현실은 지역구 국회의원이 공천권을 통해 지역의 기초자치단체장과 기초의원에 대해 통제권을 행사하는 것에 불과하다. 지역구 국회의원에 의해 정당 공천이 좌우됨으로써 당선된 정당 소속 지방 정치인은 재선을 고려해 주민의 이익보다 공천에 절대적인 영향력을 행사하는 지역구 국회의원의 이익에 봉사하게 된다. 지방정치의 자율성을 회복하여 지역과 주민을 위한 지방정치를 실현하기 위해서는 정당 공천제가 폐지되어야 한다.

② 부패 정치 차단

정당의 정상적인 공천 시스템에 의해서 공천되는 것이 아니라 지역구 국회의원이나 정당의 소수 실력자들에 의해서 공천이 진행됨으로써 공천 과정에서 금품 거래가 공공연히 나타나고 있다. 공천 과정에서의 금품 수수 등 부패 문제는 당선된 지방 정치인이 업무를 수행하는 과정에서 부패 문제로 이어지기 쉽다. 부패의 원인이 되는 정당 공천제를 폐지하여 부패의 고리를 원천부터 차단해야 한다.

③ 여성의 지방정치 참여 확대

정당 공천제의 폐해를 극복하면서도 여성의 지방정치 참여를 확대할 수 있는 방향으로 공직선거법이 개정되어야 할 것이다.

4. 대안과 정책

■ **2014년 지방선거부터 기초단위의 선거에서는 정당 공천제 폐지**

- 지금과 같이 비민주적인 우리의 정당 문화와 정치적 풍토 아래서는 상당 기간 기초자치단체와 기초의회는 정당 공천제의 폐해로부터 보호되어야 할 필요가 있음. 따라서 풀뿌리민주주의의 현장인 기초단위에서는 2014년 지방선거부터 정당 공천을 배제해야 할 것임. 이를 위해 광범위한 여론을 결집하여 2013년 내에 기초지방선거의 정당 공천을 배제하는 방향으로 공직선거법을 개정하도록 해야 할 것임.

■ **'여성명부자치구 · 시 · 군의회의원'제 도입**

- 여성의 지방정치 참여를 확대해야 한다는 당위성에 대해서는 이론이 있을 수 없음. 하지만 여성의 지방정치 참여를 확대하기 위한 방안이 정당 공천제만 있는 것이 아니다. 정당 공천제의 폐해를 극복하면서도 여성의 지방정치 진출을 보장하는 방법은 있음. 그 좋은 방안으로 '여성명부자치구 · 시 · 군의회의원'제가 있음.

- '여성명부자치구 · 시 · 군의회의원'제는 여성만을 후보자로 관할 선거관리위원회의 후보자 명부에 등록하고 유권자가 명부에 등록된 후보자

에 대한 투표로 당선자를 결정하도록 하는 제도로서, 여성명부자치구 · 시 · 군의회의원의 정수를 자치구 · 시 · 군의회의원의 100분의 30으로 하면 기초의회의 여성 의원 점유 비율이 최소 30%가 됨.

■ 투표제의 개선
- 저조한 지방선거 투표율을 높이고 생활정치, 주민자치에 밀착한 신진 세력들이 투표 방식으로 인해 불이익을 받지 않도록 투표제를 개선해야 함.
- 투표 용지에 기호를 없애고 투표 용지를 원형으로 제작함으로써 후보자 간에 기호에 따른 유 · 불리를 없애고 모든 후보자가 동등한 조건 하에서 유권자의 선택을 받도록 함.
- '의무 투표제' 도입 검토 필요.

〈작성자 : 이인규〉

주민 참여 예산제도의 활성화

1. 제안 배경

 - 주민참여 예산제도는 예산 편성을 포함한 예산 과정에 주민의 참여
와 의견 투입이 보장되는 제도적 장치임. 예산이 정책의 주요 산출
물이고, 지방정부의 예산이 지방정부의 사업과 정책을 반영하고 있
다는 점에서, 지방정부 예산 과정에 주민의 참여는 곧 지방정부의
주요 정책에 대한 참여를 의미하므로, 주민자치의 관점에서 대단히
의의가 큰 제도임.
 - 특히 우리나라에서 지방행정과 예산에 대한 전문성이 부족한 지방
의회가 예산 심의 기관으로서의 역할 수행에 한계를 보임에 따라,
지역주민들이 직접 지방정부의 예산에 대해 통제권을 행사함으로
써 지방의회의 예산 심의권의 한계를 보완할 수 있는 제도로 볼 수
있음.

– 주민참여 예산제도의 활성화는 우리나라 지방자치에서 직접민주제의 요소를 가미함으로써, 지방정부의 예산과 정책을 주민의 편익을 위한 방향으로 통제해나가는 데에 큰 역할을 담당할 수 있을 것임.

2. 현황과 문제

① 현황

■ 주민참여 예산제도는 지방재정법에 근거하고 있는 제도로서, 애초에 지방정부가 실시 여부를 선택할 수 있는 자유가 있었으나, 2011년 8월 지방재정법 개정으로 현재는 지방자치단체의 주민참여예산제의 실시가 의무화되었다.

■ 주민참여 예산제도의 실시가 의무화되기 이전까지의 제도 채택 현황은 기초지방정부를 중심으로 볼 때 [표 1]과 같다. 2004년 3월 광주광역시 북구에서 처음으로 시행된 이후 2006~2008년 사이에 채택 자치단체 수에서 증가 추세를 보이다 이후 하락 추세를 보이고 있다.

[표 1] 년도별 주민참여 예산제 채택 자치단체 수 추이(기초지방정부)

년도	2004	2005	2006	2007	2008	2009	2010	2011
채택 수	2	3	18	38	16	7	7	5(18,2)*

* 2011년은 4월 10일까지 3.3개월만 계산에 포함됨. 따라서 1년(12개월) 단위로 환산하면 18.2개임.

제39조(지방예산 편성 과정의 주민 참여)
① 지방자치단체의 장은 대통령령으로 정하는 바에 따라 지방예산 편성 과정에 주민이 참여할 수 있는 절차를 마련하여 시행하여야 한다.
② 지방자치단체의 장은 제1항에 따라 예산 편성 과정에 참여한 주민의 의견을 수렴하여 그 의견서를 지방의회에 제출하는 예산안에 첨부할 수 있다.

[표 2] 정치적 환경(시기)/이념별 주민참여 예산제도의 채택 현황(기초지방정부)

시·도 (기초지방 정부 수)	제1기: 2004.3-2006.6 (참여정부, 3대지방)	제2기: 2006.7-2008.2 (참여정부, 4대지방)	제3기: 2008.3-2010.6 (MB정부, 4대지방)	제4기: 2010.7-2011.4* (MB정부, 5대지방)	계	채택율 (%)
서울(25)	0	0	0	0	0	0.0
부산(16)	0	1 (보수1)	1 (보수1)	0	2	12.5
대구(8)	0	2 (보수2)	4 (보수4)	0	6	75.0
인천(10)	0	0	0	3 (진보3)	3	30.0
광주(5)	1 (무소속1)	4 (진보4)	0	0	5	100.0
대전(5)	1 (보수1)	1 (보수1)	0	2 (보수2)	4	80.0
울산(5)	2 (진보2)	0	0	0	2	40.0
경기(31)	0	6 (보수4, 무소속2)	2 (보수2)	1 (무소속1)	9	29.0
강원(18)	0	5 (보수5)	2 (보수2)	0	7	38.9
충북(12)	0	7 (진보2, 보수4, 무소속1,)	1 (진보1)	1 (진보1)	9	75.0
충남(16)	0	4 (진보1, 보수3)	0	0	4	25.0
전북(14)	0	5 (진보4, 무소속1)	3 (진보2, 무소속1)	1 (진보1)	9	64.3
전남(22)	1 (진보1)	17 (진보11, 무소속6)	4 (진보3, 무소속1)	0	22	100.0
경북(23)	0	5 (보수4, 무소속1)	2 (무소속2)	0	7	30.4
경남(18)**	0	4 (진보1, 보수2, 무소속1)	1 (무소속1)	2 (보수2)	7	38.9
계(228)***	5 (진보3, 보수1, 무소속1)	61 (진보23, 보수26, 무소속12)	20 (진보6, 보수9, 무소속5)	10 (진보5, 보수4, 무소속1)	96	42.1
채택율(%)	2.2	26.5	8.7	4.4	42.1	

* 제5대 지방정부는 2011년 4월 10일까지를 기준으로 함.

** 경남의 기초지방정부는 제4대까지는 20개였으나, 제5대 지방정부부터 마산, 창원, 진해의 통합으로 18개임. 채택율은 18을 활용하여 계산함

*** 제4대부터 제주는 제주특별자치도로 전향되어 기초지방정부가 없으므로 제외, 제3대 때도 제주특별자치도 출범 이전의 준비 기간 등을 고려할 때, 출범 이전부터 기초지방정부 네 개는 폐지되기로 되어 있었으므로 참여 예산제도의 채택 대상에서 열외임. 따라서 제3대 때도 제주의 기초지방정부 네 개는 연구 대상에서 제외하여 228개로 함. 제4대에는 제주의 기초지방정부 네 개가 폐지되고 충청남·북도에서 각각 기초지방정부가 한 개씩 증가하여 230개로 됨. 마산, 창원, 진해의 통합으로 제5대부터 228개임. 따라서 시기별 채택율은 제3대는 228, 제4대는 230, 제5대는 228을 활용하여 계산함. 계(전체)의 채택율은 228을 활용하여 계산함.

■ 2011년 4월 10일 기준 총 96개의 기초지방정부가 주민참여 예산제도를 시행하고 있었다. 제도 실시 현황을 시기별·정치 이념별로 살펴보면 [표 2]와 같다. [표 2]에서 살펴볼 수 있듯이 주민참여 예산제도의 실시 여부는 지방자치단체장의 소속 정당이 보수냐 진보냐에 따라 큰 차이를 보이고 있는데, 자치단체장의 당적이 진보정당인 지방자치단체에서 주민참여 예산제도를 많이 채택하였다.

■ 그러나 현재는 주민참여 예산제 실시의 의무화로 인해 거의 모든 지방자치단체가 제도를 채택하여 실시 중이다.

② 문제

■ 주민참여 예산제도가 제도적으로는 도입되어 있으나, 실제 운영은 형식화되고 있다. 즉, 주민들의 관심과 필요에 의해서가 아니라 지방정부가 조례로 제정하거나 혹은 2011년 8월 이후에는 중앙정부가 법률로 시행을 의무화하는 방식으로 제도가 시행됨으로써, 주민들의 참여가 대단히 저조한 실정이다. 2011년 이전 자발적으로 제도를 채택·시행하였던 지방정부의 경우도 형식적 운영으로 인한 문제점이 지적되었었는데, 2011년 이후 제도가 법률로써 의무화됨에 따라 어쩔 수 없이 제도를 채택·시행하는 지방정부는 제도의 운영이 더욱 형식화되고 있어, 제도가 의도된 기능을 하는 데에 큰 한계를 보이고 있다.

■ 자발적으로 제도를 채택하여 시행하고 있으며, 비교적 우수 사례로 평가받고 있는 부산광역시 해운대구의 경우도 제도 운영의 활성화에 문제가 있다.

- 해운대구는 주민참여예산제연구회(전문가 참여), 각 동별 예산참여

지역회의(주민자치위원회가 대행), 예산참여주민위원회, 주민참여 예산학교, 주민참여 예산제 홈페이지 운영 등을 통해 제도를 활성화하고자 노력하고 있다.

- 예산 편성 절차는 예산참여지역회의 → 담당 부서별 검토 → 예산참여주민위원회의 우선 순위 선정 → 예산 반영의 순으로 이루어지고 있어, 비교적 제도적으로는 절차가 합리화 되어 있다.
- 그러나 예산참여지역회의와 예산참여주민위원회, 그리고 예산학교 등에 주민의 참여가 저조하여 해운대 구청에서 활성화 방안을 놓고 고민이 심각한 상태이다.

3. 방향과 비전

■ 법률과 조례로 규정하고 운영은 형식적으로 이루어지고 있는 제도의 형식화에서 탈피하여 진정한 참여민주주의를 구현할 수 있는 방향으로 제도의 운영을 유도하는 것이 중요하다.

■ 이를 위해 지방정부, 시민사회단체, 주민의 3자가 주민참여 예산제도에 대한 관심을 갖고 서로 협조하여, 주민참여 예산제도를 풀뿌리 민주주의 구현을 위한 가장 중요한 장치로 활용해 나가야 할 것이다.

4. 대안과 정책

■ 시민의 관심과 참여를 유도할 수 있는 장치가 필요
- 언론의 홍보, 공익광고, SNS 활용 등
■ 예산학교를 활성화하여 시민의 예산에 대한 이해를 증진시킬 필요

가 있음

　- 시민사회단체 및 대학 등에서 교육 담당

　■ 지방정부도 법률의 의무화에 따라 어쩔 수 없이 하는 형식적 운영보다는 제도의 취지를 잘 살릴 수 있는 방향으로 자세를 전환하고, 제도 개선을 할 필요가 있음

　- 참여예산위원회의 주민 등 외부 위원의 수 확대 등

〈작성자 : 강윤호〉

주민 밀착 서비스 행정 강화

1. 제안 배경

– 행정구역의 통폐합 혹은 분리는 주민들에게 질 높은 행정 서비스를
  제공하고 공동체를 활성화시키며, 행정 효율을 개선하는 방안 중의
  하나로 논의되어야 함.

– 그럼에도 불구하고 본질적 의미는 퇴색되고 정치적 논리와 유/불리
  에 의해 좌지우지 되는 것이 현실임. 주민 밀착 서비스 행정을 더욱
  강화하기 위한 방향에서 지방정부 수준의 바람직한 논의가 필요함.

2. 현황과 문제

① 현재의 '중앙정부–광역자치단체–기초자치단체–읍면동'으로 이어
지는 지방자치 구조를 실제 인구 규모와 생활권에 맞게 조정해야 한다는

주장이 계속되고 있다.

■ 부산 중구의 경우 인구 5만 명 이하로 떨어져 구 통폐합 반대의 마지노 선인 5만 명이 무너진 지 오래되었다. 인구 40만 명을 상회하는 해운대구와 비교하면 조직, 인력, 예산 낭비의 사례로 지적될 만하다

② 이명박 정부 때 이러한 논의를 받아들여 2009년 국회특위를 만들고, 2010년 10월 '지방행정체제 개편에 관한 특별법'을 제정하였다.

■ 이 법에 따라 지방행정체제개편위원회가 신설되어 2012년 6월 30일까지 보고서를 대통령에게 제출하기로 했지만, 시기가 늦춰져 2013년 5월까지 '도의 지위 및 기능 재정립', '읍면동 주민자치 강화', '지방분권 강화'에 관한 개편안을 마련하여 보고하였다.

문제는 행정구역 개편과 함께 이명박 정부에서 자치구 의회 폐지론이 등장하여 겉으로는 그럴싸해 보이지만 실제 내용은 지방의회 부활 이전으로 시대를 되돌리겠다는 의도가 보인다.

③ 박근혜 정부도 행정구역 개편 문제를 추진 중에 있다.

■ 하지만 중앙정부의 적극적인 움직임과 달리 지방자치단체들은 이런 흐름에 냉소적이다. 현실적으로 단체장들 또는 국회의원들은 행정 구역이 조정될 경우 자기 지역이 사라지고 선거구가 변할 것이라고 우려한다. 그래서 1994년에도 시, 군 경계를 조정하려는 시도가 있었고, 부산지역의 경우도 중구와 동구의 통폐합 문제가 거론되고 있지만 번번히 무산되고 말았다.

④ 2012년부터 지방자치단체는 지방자치법 제4조의 2항(자치구가 아닌

구와 읍면동 등의 명칭과 구역)과 안전행정부의 소규모 동, 통합 추진 지침에 의거하여 IT 기술과 행정 전산화 확대 등으로 인한 동 주민의 주민센터 이용율이 감소되고 있는 추세이므로, 소규모 행정동의 통폐합을 통한 행정의 효율성 제고 및 도시 경쟁력 강화를 위하여 '소규모 행정동 통폐합 추진 계획'을 진행하고 있다.

3. 방향과 비전

■ 주민들에게 질 높은 행정 서비스를 제공하고 공동체를 활성화 시키는 방향.

■ 주민자치의 관점을 명확히 한 지방행정 체제 개편이 이루어져야 하며, 지역 주민들이 명실상부한 주체가 되는 방식으로.

■ 지방자치제도의 취지를 살려 중앙정부가 지방행정 체계를 일방적으로 개편하는 것이 아니라 각 자치체의 특성이 반영되도록 구성.

■ 지방자치에서 지방 주권을 회복하는 내용이 담겨있어야 한다. 재정 분권 등을 통한 지방분권과 주민참여와 동네자치의 활성화를 통한 거버넌스 형성이라는 지방자치 본래의 성격을 회복.

4. 대안과 정책

① 행정 효율성을 떨어뜨리는 광역시의 구 단위 통폐합은 과감하게 진행.

■ 통합으로 인한 주민의 행정 서비스에 큰 문제점이 없다면 불필요한 행정 비용을 절감하기 위해서라도 소규모의 구 단위 통폐합은 진행되어야 함. 통합에 따른 비용 절감 부분은 오히려 주민들을 위한 서비스를 강

화할 수 있을 것임. 다만 통합으로 인한 주민 갈등을 최소화하기 위해서는 주민투표 방식에 대한 검토가 필요함.

② 동 통합의 경우 인구 수에 따른 통합보다는 생활권 중심의 통합이 필요함.

■ 동 통합의 경우 주민들에 대한 1차적 생활과 복지 서비스가 발생하는 곳이기 때문에 신중하게 접근해야 함.

■ 현재 이루어지고 있는 지방자치단체의 동 통합은 주민의 자유의사에 의해 이루어지기 보다는 인구수에 따른 통합이 많음. 그러다 보니 주민간의 통합, 동 내 각 단체간의 통합이 원활하게 이루어지기 보다는 갈등과 문제점들이 발생하고 있는 것이 사실임.

따라서 동 통합은 단순히 인구수에 따른 통합보다는 동간 불합리한 생활권의 경계조정등을 통해 오히려 더 꼼꼼한 행정서비스가 이루어질 수 있는 방향으로 진행되어야 함.

③ 주민 밀착 서비스 강화 방안

■ 동 주민센터의 역할이 현재와 같은 방식에서 벗어나 좀더 종합적인 주민 서비스가 이루어져야 함. 민원·복지·건강 등 칸막이 없는 통합 주민 복지 서비스가 이루어져야 하며 이를 위해 더욱 편리한 생활권 중심의 조정과 통합은 필요함.

〈작성자 : 서은숙〉

공공기관 인사청문회제도 도입

1. 제안 배경

- 안전행정부의 공기업 설립 운영 기준에는 지방자치단체의 장이 공무원 출신 인사를 지방 공기업 임원으로 선임하려면 퇴임한지 6개월이 경과해야 한다고 규정해놓고 있음. 이는 공기업 임원의 전문성 확보를 위해 지자체 장들이 퇴직하는 고위 공무원을 공기업의 임원으로 보내는 관행을 차단하기 위한 조치임. 하지만 공개 모집 절차를 밟으면 퇴직 공무원이라도 6개월 경과 규정이 적용되지 않는 것이 문제임.

- 지방 공기업들이 공익성과 함께 수익성을 추구해야 하는 특성 때문에 해당 공기업에 적합한 전문성을 갖춘 인사가 임원급으로 선임돼야 함. 하지만 안행부의 지침과 공모 절차, 임원추천위원회 등 낙하산 인사 방지를 위한 제도적 장치들이 지방자치단체장의 편의대로

활용되고 있어 문제가 많음.

- 지방자치단체의 공공기관도 인사청문제도를 도입하여 사전 점검과 경영 평가를 통한 사후 평가를 병행하여 이러한 문제점을 제도적으로 보완할 필요가 있음.

2. 현황과 문제

■ 자치단체 공무원이 지방 공기업 임원으로 선임되려면 퇴직 후 6개월이 지나야 한다. 하지만 공모 절차를 거칠 경우 퇴직 공무원을 퇴임 기간과 관계없이 지방 공기업 임원에 선임할 수 있는 허점을 이용해 사실상 낙하산 인사를 하고 있다.

인사청문회를 실질적으로 강화하는 제도적 대안

국회 인사청문회 구조는 대통령중심제이면서도 국회 권한을 확대시킨 1987년 헌법 구조와도 닮아 있다. 대법원장, 헌법재판소장, 국무총리, 감사원장, 대법관, 국회에서 선출하는 헌법재판소 재판관과 중앙선거관리위원회 위원 등 통상 정치적 중립성을 중시하는 고위공무원(인사청문 특별위원회 담당)에 대해서는 국회 동의가 헌법에 명시되어 있지만, 국무위원이나 검찰총장, 국정원장 등 대통령이나 대법원장이 임명권을 가진 후보(소관 상임위원회 담당)에 대해서는 국회가 심각한 문제를 제기하더라도 별다른 통제 권한이 없다.

따라서 의회가 국무위원 등의 인사에 반대하더라도, 법적으로는 강제할 수 있는 수단이 없다. 현재의 법률은 자치단체장에게 각종 지방 공기업 임원의 임명권을 부여하고 있기 때문에 지방의회에서 인사청문회가 도입되더라도 비슷한 문제가 불거질 가능성이 크다.

헌법재판소 역시 2004년 "(행정부 구성원의) 임명 행위는 대통령의 고유 권한으로서 법적으로 국회 인사청문회의 견해를 수용해야 할 의무를 지지는 않는다"며 대통령의 권한을 인정하는 판결을 내렸다.

이런 점에서 국회 인사청문회를 통해 일부 후보가 사퇴한 것은 제도적 제재에 의한 것이라기보다 국민여론을 감안한 대통령의 정치적 선택이었다고 할 수 있다. 그렇다면, 청문회에서 부적격자로 판단된 행정부 고위 공무원에 대해 대통령의 정치적 선택을 기대하는 것 말고는 다른 통제 수단을 마련할 수 없는 것일까? 물론 자치단체장이나 대통령의 고유 권한이 어디까지냐는 논쟁에 들어가지 않고서도 인사청문회를 실질적으로 강화하는 제도적 대안을 찾아볼 수 있다.

자료-오마이뉴스 기사

■ 지방 공기업, 지방 정무직의 낙하산 인사와 낮은 경영 효율에 대한 지적이 계속되고 있다.

■ 지방자치제 이후 단체장들의 선심성 인사와 보은 인사로 인한 문제점이 도출되고 이를 검증하거나 저지할 수 있는 시스템이 부재하다 .

■ 국회의 인사청문회 제도와 같은 사전 점검 시스템이 필요하다는 주장과 경영 성과에 대한 투명한 공개 및 검증 과정을 통한 사후 평가를 통해 인사권자가 그 정치적 책임을 공유하도록 하자는 의견 등 상반되는 의견들이 있다.

3. 방향과 비전

■ 엄정하고 공정한 평가 시스템을 갖추는 것이 필요하며, 문제가 되는 인사는 임기 여부와 상과 없이 해임되도록 해야 한다.

■ 임명 과정에서 인사청문회를 실시하는 것이 선행되어야 한다.

■ 인사청문회의 구성과 실시는 국회의 인사청문회를 반면교사로 삼아 제도적 보완을 통한 도입이 필요하다.

4. 대안과 정책

■ 지방 공기업 사장추천위원회 구성 방식의 개선이 필요함. 예를 들어 시장 2인, 시의회 2인, 공기업 이사회 2인, 그리고 시민사회단체 2인 등으로 사장추천위원회를 구성하는 것이 바람직함.

■ 사장추천위원회 운영 방식의 개선이 필요함.

– 유능한 전문 경영인을 공기업 사장으로 선출하기 위해서는 사장추

천위원회의 역할을 다양화 시킬 필요가 있음. 즉 사장추천위원회가 심사만 할 것이 아니라 사장 선출 절차를 밟고 있는 지방 공기업의 성격에 걸맞은 유능한 시장후 보를 널리 공모하고 발굴하는 역할이 필요함.

- 또한 유능한 사장 후보 추천을 위해 공모 기간을 늘리고 공모 방법도 다양화 할 필요가 있음.

■ 퇴직 공무원의 낙하산 인사를 차단하기 위한 방법 모색 필요.

- 퇴직 공무원의 낙하산 인사를 차단하고 사장 선임의 공정한 기회 부여를 위해 공직 퇴임 후 일정기간 동안 지방 공기업 사장 임명을 제한하는 방안이 필요함.

■ 지방 공기업 사장 후보의 자격 법제화 필요.

〈참고자료〉
현재의 법률상 공직 후보가 청문회에서 허위 진술할 경우에도 마땅한 처벌 규정이 없다는 점이다. 「국회에서의증언·감정등에관한법률」에 따라 선서한 증인이나 감정인이 허위 진술이나 감정을 한 경우에는 처벌을 받지만, 정작 청문회 당사자인 후보자는 허위 진술에 대한 어떤 처벌도 받지 않는다. 기껏해야 모호한 어록을 남기고 후보직에서 사퇴하는 것뿐이다. 고위 공직자와 그 후보들이라면 일반들보다 더욱 엄격한 잣대가 적용되어야 한다는 것은 상식이다. 따라서 인사청문 후보자가 허위 진술을 할 경우 법적 처벌을 가할 수 있는 조치가 마련되어야 하며, 이미 공직에 임명된 뒤라도 허위 진술 여부가 파악된다면 임명 취소와 함께 법적 책임을 물을 수 있도록 해야 한다. 아울러 그동안 많은 공직 후보자들이 자료 제출 요구에 대해 사생활이나 비밀 보장 등의 이유로 거부해 왔는데, 비밀 보장이나 사생활 보호의 범위를 명확하게 제한하거나 상임위원에게라도 비공개를 전제로 관련 정보를 열람케 하는 방법 등을 고려할 수 있다. 앞에서 제안한 것들은 임명권을 명시한 헌법을 개정하지 않더라도 법률로써 충분히 실현될 수 있는 조치들이다. 또 지방의회에서 청문회를 도입하더라도 반드시 보완되어야 하는 조치들이다. 도덕성과 깨끗함은 정치적 견해에 따라 다른 잣대가 적용될 수 없는 공직자의 기본적인 자격이다. 이런 점에서 왜 한국 인사청문회는 미국과 달리 능력과 자질을 검증하지 않고 도덕성만 들이대느냐는 비판은 초점을 벗어나 있다. 정확하게는 기본적인 도덕성조차 부재한 우리 공직사회의 현실을 한탄해야 옳다. 정부와 여당이 인사청문회 무용론을 제기하기에 앞서 최소한의 도덕성이라도 검증할 수 있는 인사청문회 개선책을 적극 추진해 나갈 때만이 공정사회의 근처라도 갈 수 있을 것이다. 지방의회 청문회이건 국회 청문회이건. 청문회가 청문회답게 이루어질 수 있도록 제도 개선을 서둘러야 할 것이다.

- 현재 지방 공기업 사장은 지방공기업법에 따라 사장추천위원회를 구성해 선출하도록 규정하고 있지만 사장 후보의 자격은 사장추천위원회가 정하도록 규정되어 있음. 이로 인해 지방 공기업 사장 임기가 만료되거나 중도 사퇴 할 때마다 구성되는 사장추천위원회가 지방 공기업 사장의 자격을 정하다 보니 추천위원들의 성향과 정치적 환경에 따라 사장의 자격이 달라지는 문제가 있음. 따라서 지방 공기업 사장 선출 과정에서의 자격 시비를 없애기 위해 사장 후보의 자격을 대통령령이나 조례로 규정할 필요가 있음.
- 지방 공기업 사장 후보 심사 과정을 공개해 사장추천위원회가 정실에 의해 사장 후보를 추천할 수 있다는 우려를 불식시킬 필요가 있음.

■ **지방 공기업 인사청문회 제도의 도입 적극 검토.**

- 현재 상위법에 근거하지 않아 향후 위헌 논란 등에 휩싸일 가능성을 배제할 수 없지만, 이제는 이미 국회에서 준용 중이고 제주도에서도 이미 조례로 운용한 사례가 있는 만큼, 이 제도의 도입을 적극 검토할 필요가 있음.
- 인사청문회 기간은 자료 검토와 검증이 보장될 수 있도록 최소 60일은 보장되어야 함.
- 허위 진술 후보에 대한 법적 책임을 물을 수 있도록 법적, 제도적 정비를 해야 함.

〈작성자 : 서은숙〉

지방의회의 권한 강화

1. 제안 배경

- 대한민국의 지방자치는 제9차 개정헌법(제8장 117 · 118조)에 따라 1989년 지방자치법이 제정되면서 본격 출발하여 그 역사가 24년에 접어들고 있으나, 재정과 권한의 분권 · 분산의 측면에서 중앙집권적 문제점을 여전히 안고 있음.

- 2006년 지방의원 유급화 및 정당공천제와 더불어 점차 지방의원의 자질 향상, 역할 증대의 긍정적 변화를 보이고 있는 지방의회가 명실상부한 주민들의 대의기관으로 자리 잡을 수 있도록 권한과 지원 제도를 개선할 필요가 있음.

2. 현황과 문제

대한민국 지방자치단체의 기관 구성은 단체장과 지방의회 두 기관의 견제와 균형 하에서 운영되는 기관 대립형을 채택하고 있으나, '강한 단체장 – 약한 의회'의 불균형의 문제 또한 심각한 지경이다. 지방의회는 주요한 권한에서 여전히 중앙집권적 제도와 강한 단체장이라는 이중의 핸디캡을 안고 있는 실정인 것이다. 지방자치제도를 규정하고 있는 지방자치법은 2011년 몇 가지 개정되었으나, 여전히 중앙정부 예속적이고, '강한 집행부 – 약한 의회'의 핵심적 사항들은 여전히 남아있는 실정이다.

3. 방향과 비전

우선 기본 방향은 중앙정부 – 지방정부의 수직적 균형에 기초한 지방자치제도를 수평적 균형의 방향으로 전환해 나가야 한다는 것이다. 우리나라가 채택하고 있는 기관 대립형 기관 구성에 걸맞도록 '강한 단체장 – 약한 의회'의 핵심 요소인 인사권 독립, 서류 제출 요구의 자율화가 보장되어야 하고, 중앙정부에 예속적인 조례제정권을 강화하고 행정사무감사 기간 등을 자율적으로 정하도록 지방자치법을 개정해야 한다.

4. 대안과 정책

지방자치법 현황
① 본회의나 위원회는 그 의결로 안건의 심의와 직접 관련된 서류의 제출을 해당 지방자치단체의 장에게 요구할 수 있다.
② 위원회가 제1항의 요구를 할 때에는 의장에게 이를 보고하여야 한다. 〈개정 2011.7.14〉
③ 제1항에도 불구하고 폐회 중에 의원으로부터 서류제출요구가 있을 때에는 의장은 이를 요구할 수 있다. 〈신설 2011.7.14〉

■ 개정 이유 및 방향

개별 입법기관인 지방의원이 기본적인 의정활동을 위해 자료 제출을 요구할 수 있어야 하는데도 반드시 본회의나, 위원회의 의결을 거쳐 요구하도록 정하고 있다.

의원이 자료 요구만을 위해 본회의나 위원회의 회의를 소집하기는 불가능하므로 의원들의 자료요구권을 위축시키고 있으며, 현질적으로는 상시적인 요구를 하고 있기 때문에 늘 법이 저촉되고 있는 형편이다. 또한, 여당과 야당이 나뉘어져 있고 부산처럼 야당이 숫적으로 열세인 경우, 야당의원들의 자료 요구를 묵살하는 용도로도 악용된다

② 조례제정권 강화

> **지방자치법 현황**
> 제22조(조례) 지방자치단체는 법령의 범위 안에서 그 사무에 관하여 조례를 제정할 수 있다. 다만, 주민의 권리 제한 또는 의무 부과에 관한 사항이나 벌칙을 정할 때에는 법률의 위임이 있어야 한다.
> 제24조(조례와 규칙의 입법한계) 시·군 및 자치구의 조례나 규칙은 시·도의 조례나 규칙을 위반하여서는 아니 된다.
> 제132조(재정부담을 수반하는 조례제정 등) 지방의회는 새로운 재정부담을 수반하는 조례나 안건을 의결하려면 미리 지방자치단체의 장의 의견을 들어야 한다.

■ 개정 이유 및 방향

지방자치의 본래적 의미가 주민들이 스스로 지역 특색을 살려 자치를 구현하는데 있다고 한다면, '법'과 '시행령'의 범위 안에서만 조례 제정이 가능하다고 하는 것은 모순이다. 이는 지방자치의 다양성과 자율성을 부정하는 법 조항이라 할 수 있다.

아울러 기초자치단체의 특성이 다 다른데도 광역자치단체의 조례나 규칙을 위반해서는 안 된다고 규정하는 것도 과도한 통제이다.

또한 지방의회에서 조례를 제정할 때, 예산이 수반되는 경우 조례 의결 전에 미리 지방자치단체의 의견을 들어야 하는 조항은, 심하게 말하면 조례제정권이 의회에 있지만 예산이 수반되는 조례는 제정권이 없다고 봐야 한다. 지방의회에서 아무리 좋은 조례를 만들어도 자치단체장이 반대하는 경우에는 조례 제정 자체가 어렵다는 뜻이므로 시급한 개정이 요구된다.

③ 의회 인사권 독립

> **지방자치법 현황**
>
> 제59조(전문위원) ① 위원회에는 위원장과 위원의 자치입법활동을 지원하기 위하여 의원이 아닌 전문지식을 가진 위원(이하 "전문위원"이라 한다)을 둔다.
> ② 전문위원은 위원회에서 의안과 청원 등의 심사, 행정사무감사 및 조사, 그 밖의 소관 사항과 관련하여 검토보고 및 관련 자료의 수집·조사·연구를 한다.
> ③ 위원회에 두는 전문위원의 직급과 정수 등에 관하여 필요한 사항은 대통령령으로 정한다.

■ 개정 이유 및 방향

지방의원은 보좌관이 없다. 다만, 각 상임위원회별로 전문위원(지방직 5급 또는 6급)이 있을 뿐이다. 그러나 전문위원 한 사람이 5-6명의 의원을 보좌한다는 것은 사실상 불가능하고, 의안 검토 등 기본적 행정 업무로 인해 의원을 보좌하는 기능은 없다.

또한 전문위원이 대부분 행정직이어서 단체장 눈치를 볼 수밖에 없고, 구청에서는 의회 전문위원을 승진하기 전 한직으로 생각하는 경향이 있어 적극적인 보좌 활동이 어렵다.

따라서 지방의회의 전문위원은 지방자치법에서 '별정직'으로 명시하고 채용 권한을 의장에게 부여해야 할 것이다. 이는 의회 사무국의 경우도 마찬가지이다.

■ 개정 이유 및 방향

지방공무원에 대한 인사권을 가진 자치단체장의 권한은 실로 '무소불위'이다. 현행 지방자치법상 주민의 대표 기관인 '지방의회'의 자치단체장의 인사권에 대한 법적인 견제 권한은 아무 것도 없다. 이런 이유로 자치단체장의 승진 인사 등에 다른 뇌물 수수 사건 등이 끊이지 않고 있는 실정이다.

따라서 자치단체장의 인사 전횡과 부정을 막기 위해서라도 선진국처럼 특정직급 이상에 대해서는 임명 동의권을 지방의회에 부여해야 한다. 한편, 국회는 탄핵소추권과 국무총리, 대법원장, 헌법재판소장, 감사원장에 대한 임명동의권과 국무총리, 국무위원에 대한 해임건의권과 장관, 국가정보원장, 국세청장, 검찰총장, 경찰청장에 대한 인사청문회 권한을 가지고 있다.

〈작성자 : 박인영〉

지방의회 정책 활동 지원 및 시민사회 협력 강화

1. 제안 배경

- 지방의원들이 정책을 중심으로 활동할 수 있도록 예산, 인력 지원
  시스템을 마련하여 지방의원들이 정책 활동을 중심으로 평가받을
  수 있도록 함.
- 지방의회와 시민사회단체 사이의 정보, 인력, 활동에 대한 이해와
  소통의 창구를 적극적으로 만들어 주요 이슈에 대한 대응, 대책 마
  련에 대한 시너지를 높임.

2. 현황과 문제

지방의회는 풀뿌리 민주주의의 장이 되어야 함에도 불구하고, 지방의
원이 주민들의 의견을 수렴하고 정책 방향을 함께 나누는 활동 등을 의원

의 개인기에 의존하고 있으며 제도적인 지원이 전무한 실정이다. 또한 의원들의 의정 활동, 정책 역량을 알리고 검증할 제도적 장치 또한 없으므로, 지방의회는 특정 정당이 독점하거나 연고주의 또는 몇몇 관변 단체의 영향력으로 선출되는 폐해가 반복되고 있다. 의정 활동에서 전문적 지식이 필요한 분야(건축, 조경, 법률, 복지 등)의 경우 개인 인맥에 의존할 수밖에 없어, 개인 인맥으로 충족되지 않는 경우에는 전문성이 떨어지는 주먹구구식 지적 또는 대책을 내놓게 되는 경우가 허다하다. 또한 시민사회(시민단체)의 주요 이슈들과 의원들의 의정 활동의 주제와 지향이 같지만, 서로간의 정보와 이해의 부족으로 '각개 전투'로 추진되고 있는 경우도 많다.

3. 방향과 비전

지방의원의 정책 개발, 주민 의견 수렴 활동에 대한 예산 지원을 확충해 나가야 한다. 다만, 열악한 지방자치단체의 예산 상황 때문에 추가적인 예산 편성이 어려울 경우, 기존 예산의 활용 방법을 개선하는 방향으로 추진하는 것이 좋겠다. 또한 지방의원들의 정책 개발을 보좌할 수 있는 인력이 확충되어야 하는데, 보좌관 제도 도입은 예산 확보의 어려움과 여론 수렴의 과정 등을 거쳐서 단계적으로 준비해가야 하므로, 우선 대안으로 공동 인력 풀을 구성하여 활용할 수 있도록 지원하는 방향을 모색한다. 마지막으로 지방의원과 시민사회단체 상호간의 정보 공유와 이해를 위한 장치를 마련하여 상호 활동의 시너지 효과를 유도한다.

4. 대안과 정책

① 의정 운영 공통 경비의 활용 다각화

- 의정 운영 공통 경비는 의원 1인당 연간 480여만 원에 달함

- 그러나 개별 집행이 되지 않으므로 대부분 식대로 지출되어 소모됨.

- 따라서 이 경비를 의원들의 의정 활동 홍보, 정책 개발 등에 집행할 수 있게 자율권을 주되 투명한 집행을 위해 지출의 기준을 명확히 하고, 집행 내역을 공개하는 방법 등으로 감시하면 됨.

② 공청회, 토론회, 주민간담회 등을 개별 의원이 할 수 있도록 지원 제도를 마련

- 현재는 상임위원회 및 특별위원회 등의 공청회, 토론회 등은 의회 사무국의 지원이나, 예산 지원이 가능하나 개별 의원의 공청회, 토론회 등은 의회 사무국의 인적지원조차 받을 수 없음.

- 의원 1인당 의무적으로 공청회, 토론회, 주민간담회를 개최하도록 하고 의회 사무국에서 진행 과정을 관리하면서 공정성 유지토록 규정.

〈현행 규정〉 −지방자치단체 예산 편성 운영 기준 및 기금 운용 계획 수립 기준
1. 의회 또는 상임위원회 명의의 공적인 의정 활동을 수행하는데 소요되는 경비로서 [지방자치단체 예산 편성 기준경비]
2. 의정활동 수행에 필요한 경우, 위로금, 격려금 및 소액 경비는 관련 증빙 서류 첨부 현금 집행 가능
3. 특별위원회의 원활한 활동과 전문 분야별 연구 활동 지원 경비
4. 집행할 수 없는 경비
가. 의원 개인 명의의 의정 활동 홍보물 제작비 등은 지급하지 않음.
나. 의원 개인별 월간 또는 연간 집행 상한액을 정하여 월정액으로 집행할 수 없음
다. 지방의회 운영과 관련한 경비는 지방자치법 제33조 및 관계 조례로 정한 경비와 지방자치단체 예산 편성 기준 경비로 정하는 의정 운영 공통 경비 범위 내에서 편성, 집행하여야 되므로 지방자치단체 예산 편성 기준 경비에서 정하지 않는 의원 연구 활동비 등을 별도로 편성, 집행할 수 없음. (단, 의정 운영 공통 경비 범위 내에서 의장이 인정한 경우는 가능)

③ 의원 정책 개발을 위한 공통 인력 풀 구성
- 의정 활동에 있어 전문성이 필요한 분야에 대해 지방의회 공동자문
  단(가)을 구성
- 공동자문단의 책임성을 높이기 위해서 필요성에 동의하는 의원들
  사이의 펀딩 또는 정당 사이의 출자 등으로 기금 조성, 자문료 지급
  등 검토
- 자문 내용을 다른 의원들도 의정 활동에 참고하도록 공유

④ 지방의원 및 시민사회단체를 소개하는 공동 자료 제작
- 가칭 〈구/시의원 100배 활용하기〉, 〈우리지역을 바꿀 의제 보물창
  고, 시민단체를 소개합니다〉 등.
- 동의하는 지방의원들의 관심 분야, 전문 분야, 연락처, 주요 경력 등
  을 소개하는 자료집 제작하여 시민사회단체에 회람.
- 시민사회(단체)의 활동 내역, 주요 이슈, 이슈별 담당자 등을 소개
  하는 자료집 제작.
- 각 자료들은 하나의 웹 페이지에 취합하여 아카이브 구축 등.

〈작성자 : 박인영〉

줄줄 새는 지방재정 잡기
—지방정부 투융자사업 타당성 사전 심사제도 보완

1. 제안 배경

- 부산시 지방정부 일방의 무분별한 대형 토목 건설 사업이 시민사회의 저항에 부딪혀 왔으나 제어되지 않음.
- 이벤트성 사업, 시장 후보 공약 사업 등 예산의 가용 범위를 넘어 충분한 타당성 검토 없이 추진되는 예가 꾸준히 지적되어 왔음.
- 부산시 사업 예산의 40% 가까운 돈이 원금과 이자 비용으로 지출되는 등 재정 건정성을 위협받고 있음.
- 예산의 건전한 운용을 위해 대형 사업의 투자 적격성을 판단하는 부산시 투융자심사제도의 보완이 요구됨

2. 현황과 문제점

■ 부산시는 그간 견제 받지 않는 권력으로서 토목 건설 성장주의 노

선을 통해 무분별한 난개발과 시장 당선자의 공약 사업이라는 명목 아래 각종 대형 개발 사업을 추진해 왔다. 그 결과 부산시의 재정위기가 급증해 현재 부채 7조 원으로 재정 건전성이 전국 최악의 상황으로 치달았다.

■ 지난 2008년 글로벌 경제 위기의 여파로 지방 재정은 날로 악화되었고, 부동산 시장을 비롯한 실물 경제 침체의 지속으로 지방세의 근간인 취득세 징수율이 떨어진데다 중앙정부의 부자 감세 정책과 4대강 사업과 같은 무분별한 대형 토목 사업으로 인해 지방 재정 부담은 더더욱 늘어났다. 반면에 고용 시장의 악화와 저출산 및 고령화에 따른 복지 수요 팽창, 지역 경제 활성화와 관련된 지출은 늘어나는 진퇴양란의 상황을 맞고 있다.

■ 시 정부의 재정 부담을 회피하면서 사회간접자본 투자를 활성화하기 위한 방안으로 민자 사업과 시 산하 공사 및 공기업을 통한 투자라는 우회로를 거쳤지만, 그 또한 고스란히 최종 대부자인 지방정부가 부담을 감수해야 하는 상황인 것이다.

■ 타당성이 입증되지 않은 각종 지역 개발 사업, 민자 유치 사업 등이 지방 재정에 부담을 주고, 부산도시공사가 추진한 동부산관광단지 공영개발사업이나 경륜공단과 같은 레저사업의 부실도 여러 번 도마에 올랐다. 이와 같은 지방 투자 사업의 부실화는 사업에 대한 타당성 조사와 지방재정 투융자심사제도 등과 같은 사전 심사 제도의 부실과 밀접한 관련이 있다.

■ 투융자심사제도는 부산시 정부의 무분별한 투자 관행을 제어해 가뜩이나 부족한 지방 재원의 합리적 배분을 유도해야 하는데, 오히려 시

정부의 부실 사업에 면죄부를 주는 행정 절차의 하나로 인식되어 왔다.

■ 부실 지방 투자 사업을 일차적으로 검증하고 제어해야 할 타당성 조사가 부실하게 운영된다. 조사 기관의 선정이 자치단체 자율에 맡겨져서 일정한 자격 요건만 갖춘 전문 기관이면 타당성 조사를 수행할 수 있게 했는데, 표준화된 조사 항목과 방법 없이 조사 기관마다 저마다 다른 기준을 동원함으로써 조사의 신뢰성이 떨어진다. 무엇보다 자치단체와 조사 기관이 '갑 — 을 관계' 하의 용역 방식으로 수행되기 때문에 자치단체의 입김이 강하게 작용한다. 이 때문에 비용을 과소 추정하고 편익을 과대 추계하는 관행이 생긴다.

■ 민자 사업은 투융자 심사의 대상에서 제외되어 있다. 기획재정부의 민간투자심의위원회 심의를 받아야 하는 총사업비 2천억 원 미만(BTL 사업은 1천억 원 미만) 민간투자사업은 투융자 심사에서 제외된다. 지방공사와 공단의 투융자 사업도 독립채산 원칙을 존중한다는 이유로 제외된다. 그러나 잘못된 수요 예측으로 사업이 표류하거나 부실화될 경우 그 모든 부담은 결국 부산시가 떠맡는 악순환이 계속된다.

■ 투융자 심사를 통과한 이후엔 사후 관리가 안 된다. 이런 사후 관리의 맹점을 이용해 심사 통과 후에 사업비를 확대하거나 설계를 변경하는 일이 왕왕 일어난다. 이렇게 사후 관리가 안 되면 성과 평가의 결과를 토대로 투융자 심사의 기준을 개선하는 '정책 환류 기능'이 작동될 수가 없다.

3. 방향과 원칙

■ 지방재정의 건전한 운영을 기하기 위해 중기 지방재정계획과 지방채 심사 등 지방재정 관리제도와 긴밀히 연계시켜야 한다. 시 재정이 부도 수준인데 무리한 투자 계획을 집행할 수는 없다. 당장 시민들의 최소 복지조차 해결하지 못하는 상황에서 대형 개발 사업을 남발하지 않도록 종합적인 재정 계획 속에서 투융자 심사가 이루어져야 한다.

■ 투융자 심사의 객관성과 전문성이 담보되어야 한다. 토건 개발 연합 세력의 요구에 의해 사업이 집행되지 않도록 자치단체의 입김이 배제된 독립적인 타당성 조사 기구를 설치해야 한다. 타당성 조사 기구의 객관성과 전문성을 보장하기 위해 인선을 위한 전문가 데이터베이스를 구축하고 이 조사 기구에 참여하는 공무원의 비중은 1/3 이하로 제한해야 한다. 아울러 조사 기구 구성을 위한 인선위원회에는 시 의회 산하에 설치하고 시민사회단체의 공익적 의사를 대변할 수 있는 창구가 확보되어야 한다.

■ 민자 사업과 시 산하 공사, 공단 등 지방 공기업의 투자 사업에 대한 투자 타당성 심사와 사후 평가가 있어야 한다.

■ 부산시에 전담 조직을 설치하고 전담 인력을 늘려야 한다.
서울시의 경우 민자 사업을 포함한 공공 투자 사업의 효율적 관리를 목적으로 전담 조직을 설치했다. 그리고 이를 지원하는 기관으로 서울시정개발연구원 부설 공공투자관리센터를 운영하고 있다. 충북도 투자 심사 및 타당성 조사의 체계적 지원을 목적으로 충북개발연구원 부설로 공공투자분석센터를 설치했다. 부산시도 이러한 방식을 준용할 수 있다.

4. 대안

① 심사의 독립성과 전문성 확보
- 민간 심사위원 데이터베이스 구축
- 심사에 참여하는 공무원 수는 1/3 이하로 제한
- 현장 방문 의무화, 서면심사 금지

② 지방재정 관리제도와의 연계성 확보
- 투융자 심사를 분기별로 실시(중기 지방재정계획과의 연계성 강화)
- 적정 사업에 한해 지방채 발행 계획 명시
- 국고보조금 사업 사전 협의 절차 이행

③ 자치단체의 도덕적 해이 방지
- 지방 투자 사업 평가 결과 공개

④ 투융자 심사 사업 대상 재편
- 민자 사업 총사업비 2천억 원 미만(BTL 사업은 1천억 원 미만)도 심사 대상에 포함.
- 지방 공기업 투자도 투융자 심사에 포함
- 지방재정 영향 평가에 따른 심사 항목 제시: 경제적 타당성, 재정 여건, 비용 충당 가능성을 단순한 참고에서 위상을 끌어 올려야.

⑤ 투융자 심사 기준 정비
- 타당성 조사 미실시 사업과 중기 지방재정계획 미반영 사업은 반려

– 환경영향평가, 교통영향평가 등 각종 영향평가 저촉 사업은 재검토

– 예산 부서와 협의 없는 국고보조 사업은 재검토

⑥ 투융자 심사 전담 조직 설치

– 부산시에 제도 개선과 정책 개발, 심사 대상 사업의 현지 조사, 사후 관리 업무를 담당하는 3명 내외의 '계' 단위 전담 조직 설치

⑦ 투자 사업 이력 관리 시스템 도입으로 사업 평가 관리 시스템 구축

– 투자 사업의 생성부터 완료까지의 이력(관리 시트) 공개

– 투자 사업 성과에 대한 사후 평가 공개

〈작성자 : 이창우〉

연말 보도블록 공사 근절과 보행 환경 개선

1. 제안 배경

- 매년 연말마다 불용예산 처리를 위한 보도블록 공사로 시민들의 혈
  세를 낭비한다는 원성이 자자함.
- 이런 관행에 제동을 걸겠다고는 했지만, 행정력이 미치지도 못했고 강
  력한 정책 집행 의지도 보여주지 못해 아직까지 근절되지 않고 있음.
- 보도블록 공사는 보행 환경을 개선하고 도시 미관 및 집중호우기의
  도심 홍수 예방 등을 종합적으로 고려해 중장기적 계획을 갖고 추진
  되어야 함.

2. 현황과 문제점

- 해마다 연말이 되면 무분별하게 보도블록 공사가 이루어져 시민들

이 체감하는 예산 낭비 사례로 지적되어 왔으나 그동안 개선이 이루어지지 않고 있다.

■ 특히 동절기에 집중적으로 공사가 이루어져 불량 보도를 근본적으로 개선하지 못하고 곧바로 보도블록이 파손되거나 울퉁불퉁해지는 등 날림 공사가 다반사.

■ 이러한 문제를 해결하겠다는 취지로 2013년 7월부터 부산시 부산지역 보도 환경 개선을 진두지휘 할 '보도환경개선팀'을 건설정책과 내에 신설했다.*

■ 보도 환경 개선 전담 팀은 현재 부산시 보도 관리가 자치구.군에 위임돼 자치구ㆍ군별로 다른 재질과 디자인 및 색상이 서로 달라 통일성이 떨어지는 등 문제점이 노출돼 이런 문제점을 해결하겠다는 방침이다.

■ 이처럼 별도의 보도 환경 개선 전담 팀이 만들어져 고질적인 예산 낭비적인 보도블록 날림 공사를 막을 수 있을 것으로 기대할 수 있으나 아직은 시행 성과를 검증할 수 있는 단계가 아니다.

부산시는 보도의 요철, 침하, 파손 등에 대한 관리 부서의 신속한 복구로 시민 편의를 제공하고 개인이 스마트폰을 활용, 불량한 보도 시설을 신고하면 즉시 시정할 수 있는 시스템을 개발. 운영함으로써 신속한 행정 서비스를 실천할 수 있는 체계를 갖출 예정이다. 이와 함께 전체 보도블록 설치 기본 계획(마스트플랜)을 수립, 재질과 디자인, 색상 등을 주변 환경과 조화가 되도록 공사함으로써 공사 시기와 발주 기관이 다르더라도 통일된 이미지 연출이 가능하도록 할 방침이다. 마스터플랜에는 권역별 개성을 갖춘 다양한 시각 이미지를 연출하기 위해 △역세권 등 도심권역 △서부산 및 동부산개발권역 △해수욕장 주변의 해안권역 △공원 및 유원지권역 △보행 인구가 집중되는 대학권역 △도심 재생에 따른 재개발 및 재건축 등 산복도로지역 등으로 분류, 특화된 분위기를 연출할 계획이다. 특히,역사성이 있는 건물, 유원지, 공원 주변은 스토리텔링이 있는 테마 보도를 조성하는 한편 도심지 침수 예방을 위해 디자인, 도로 ,교통, 녹지 전문가 및 일반 시민과 시민단체의 자문을 통해 적절한 자재와 시공 방법을 개발. 발굴할 예정이다. [CBS노컷뉴스] 2013.07.23

3. 방향과 원칙

■ 부산의 보행 환경을 개선하기 위한 사업은 중장기적인 계획을 갖고 단계적으로 추진해야 한다. 보행 장애가 있는 곳, 보도와 차도 경계가 없는 곳, 보행 동선의 연속성이 없는 곳 등 불량 보도를 중점적으로 정비하는데 일차적으로 예산을 투입해야 한다.

■ 보도의 파손이나 불법 노상 적치물에 대한 단속을 강화함으로써 보도를 관리하고 쾌적한 보행 환경을 유지할 수 있도록 해야 한다.

■ 새롭게 보도블록 공사를 하는 곳에 대해서는 빗물 투수율이 높은 신소재 보도블록을 채용하도록 한다. 기후 변화로 여름철 집중호우에 의한 도심 홍수가 잦아지고 있다. 이로 인한 인적 물적 피해가 점차 커지고 있는데, 도심 홍수의 여러 원인 중 도심이 콘크리트로 덮여 집중호우가 오면 많은 빗물이 지표수로 흘러 홍수를 유발하고 있는 것이다. 빗물 투수율이 높은 보도블록을 채용하면 도심의 빗물 저류 시설과 더불어 도심 홍수도 예방하고 지하 수위를 안정적으로 유지시켜 지반 침하를 방지할 수도 있을 뿐 아니라 장차 신소재 산업 분야를 활성화시키는 효과까지 기대할 수 있다.

■ 국제적인 관광도시로 도시의 표정을 만드는데 보도블록도 중요한 구실을 한다. 보도블록의 통일성과 지구별 특색을 살리는 계획을 세워야 한다.

■ 연말 보도블록 공사는 불용예산 처리라는 고질적인 관행 때문이므로 불용예산을 근거로 차기 예산을 차감하는 문제에 대한 별도의 대책이 필요하다.

■ 특히 막대한 예산이 들어가는 과거의 '거리환경 개선사업'에서 벗어

나 정비가 필요한 부분만 국부적·일상적으로 정비해 적은 예산으로 시
행이 가능하다.

4. 대안과 정책

(서울을 행복한 보행자의 도시로 만들기 위한 '서울시 보도블록 10계
명'을 벤치마킹)

① 보도공사 실명제 도입으로 공사 관계자의 책임감 고취 및 긍지 부여

보도포장 공사 구간의 시작점과 종점에 공사 명, 공사 구간, 공사 기
간, 시공사, 감리·감독자 등을 기록한 표지판을 설치해 공사 관계자에게
강력한 책임감을 부여. 단, 폭이 좁고 짧은 구간에 이뤄지는 보도블록 공
사는 제외.

② '원 스트라이크 아웃제' 도입, 부실 공사 시 최대 2년간 입찰 제한

부실 공사로 한 번이라도 전면 재시공 조치를 받는 경우, 해당 건설업
체와 이에 소속된 건설기술자(현장대리인, 감리자, 기능공 포함)는 규모
에 상관없이 시가 발주하는 모든 공사에서 배제

③ 공사 현장에 '임시 보행로' 설치 철저 및 '보행안전 도우미' 배치 의무화

보도공사 구간 내 보행자 안전을 꼼꼼히 챙긴 '임시 보행로'를 설치하
고 '보행안전 도우미' 배치를 의무화해 공사가 진행 중인 기간에도 시민
불편이 없도록 최대한 배려.

④ 겨울철 보도 공사 관행 없애고 부실 시공 방지

겨울철 보도블록 부실 시공을 방지하고 시민 불편을 최소화하기 위해
일정한 온도 이하의 기온일 때는 공사를 못하도록 하는 〈보도공사 Clos-
ing〉을 도입. 부득이하게 겨울철 공사를 진행할 경우 가능한 구역을 설정

해 공사를 시행하고, 시민들의 이해를 구하는 홍보 강화.

⑤ 보도블록 파손 시 세금 낭비 없도록 파손자가 보수 비용 부담

■ 불법 차량 진입 시설 전수 조사로 불법 점용 시설 건물주와 점포주에 대해 점용료와 변상금을 부과.

■ 보도 상 차량 진출입로로 점용 허가를 받았더라도 주정차로 인해 보도블록을 파손한 경우엔 그 구간에 대한 보수 비용 부담.

■ 보도 위 차량 진출입로의 경우 차량에 의한 파손이 적은 재료와 공법을 도입

⑥ 시민이 제보하고 살피는 '거리 모니터링단'

보도 불편 사항을 수시로 모니터링 하고 개선이 필요한 경우엔 현장에서 스마트폰으로 신고해 개선을 유도하는 시민 자원 단체 253명(동·리마다 1명)의 '거리 모니터링단' 운영.

⑦ 보도 위 불법 주정차·적치물·오토바이 주행 철저히 단속해 보행권 보장

⑨ 납품 물량 3% 남겨두는 '보도블록 은행' 운영으로 파손 블록 신속 교체

⑩ 빗물 투수율이 높은 신소재의 보도블록 채용

〈작성자 : 이창우〉

부산시 정보공개제도의 개선

1. 제안 배경

- 부산시민이 뽑은 의원들을 중심으로 한 정치권은 부산시를 살리기 위한 노력보다는 자신의 재선을 위한 도구로서 시민을 이용하고, 또한 온갖 토건 자본들은 개발 이권에 촉각을 곤두세우고 시민들이 낸 세금을 빨아먹고 있다.
- 무분별한 개발 계획으로 재정자립도는 전국 꼴지에 머물고 몇몇 구청은 공무원의 월급 지불이 어려워 공채를 발행해서 지불해야 하는 지경에 처하고 있다.
- 물론 시민의 정치의식이 낮아 이러한 현실의 개혁이 제대로 이루어질 수 없는 상황이 만들어 진 부분도 있다.
- 정확하고 바른 정보공개는 투명한 행정을 통해서 사업을 시작하기 전 문제점을 발견하고, 최소의 비용으로 최적의 결과를 얻어 낼 수

있는 비용 절감을 이룰 수 있으며, 사업 진행 과정에서의 부패 근절과 문제점이 발생할 때에는 토론과 협의를 거쳐 바른 방향으로 나아가고, 사업을 마친 후 다음 사업에 있어 바른 모범과 원칙을 제시하는 아주 중요한 사항이다.

2. 현황과 문제(에코델타시티의 경우)

■ 현재 부산시의 정보공개는 일상적인 사안에 대해 인터넷으로 21개 실국별로 사전 정보공개가 이루어지고 있다. 각 정보는 발생 시간별로 목록이 정리되고, 부족한 부분은 각 개인이나 단체별로 정보공개 청구 서비스를 통해 추가 정보를 개별적으로 알 수 있다.

■ 여기에는 각 기관장의 업무추진비 및 기관의 업무 사용 내역도 포함하고 있다. 그리고 정책의 책임성과 투명성을 목적으로 정책 실명제를 도입하여 시행하고 있다.

■ 그러나 대규모 국책사업이나 부산시 사업의 경우는 전혀 다른 형태의 정보공개를 행하고 있다.

■ 예를 들어 국제산업 물류도시(에코델타시티) 조성 사업 하나의 경우를 보아도 정보공개 일반에 있어서의 여러 가지 문제점이 드러나고 있다.

■ 법률적이고 형식적인 일반적 정보공개는 잘 이루어지고 있으나, 시민과 밀접한 대형 과제 사업의 경우 그에 따른 올바른 정보 공개는 미흡하다.

① 에코델타시티의 경우
■ 사업의 시작이 부산의 경제발전과 미래지향적인 개발 방향에 의해

서 선정된 것이 아니라 4대강 사업에서 수공의 적자를 메우기 위한 목적으로 졸속으로 중앙정부에 의해서 결정되었다. 그러면서 지역지정을 위한 토론 내용이 일반에 전혀 공개되지 않고 있다.

■ 전체적으로 정보의 관리에 있어 일목요연하게 사안별 정리가 거의 이루어지지 않아서 정보를 찾고자 하는 시민에게는 제대로 된 정보를 접하기가 상당히 어렵다.

■ 조성 사업의 공고, 환경영향평가, 토론회, 사업 타당성 조사, 사업 설명회 등 일련의 자료들을 국제도시 물류도시 한 목록에서 찾을 수 없어 여러 언론 기사를 통해 자료를 찾아야 될 정도로 분산되어 있고 일반에 공개하지 않고 있다.

■ 대규모 사업의 경우 절차적인 부분에 있어 투명하지 않게 진행하고 있었음을 볼 수 있다.

■ 사업의 타당성 조사는 입지 상황이 전혀 다른 미음지구 산업단지 조성 공사에서의 자료를 토대로 만들어졌고, 타당성 조사에서 실질적 수요조사인 기업의 선호도, 추정 분양 가격, 입주 희망 기업의 지불 의사 등의 조사가 전혀 이루어지지 않은 채 진행되었고, 기획재정부로부터 예비 타당성 조사를 불법으로 면제 받았으며 (1. 국고지원 적합성 2. 소요 예산 3. 사업추진상 위험 요인과 대응 방안에 대해 서류 공란 처리), 문화재 보호법에 따른 면밀한 사전 현장 점검이 필요했으나 서류로 처리했음이 밝혀졌고, 환경영향 평가 항목 결정에 있어 평가가 부실했으며 현장 실사 또한 서류 심사로 대체하여 형식적인 요식 행위만 갖추었고, 타당성과 기본조사 용역에 4대강 책임 용역 감리를 맡았던 유신코퍼레이션에 30억 원을 들여 소요 용역을 맡겼으나 용역을 중단하고 그 결과물에 대한 접근은 차단된 상태로 세금을 특정 업체에 쏟아 부은 결과만 나타나고 있다.

다음으론 추후 공사 예정인 부산·마산 복선전철에 따른 고가 철도 장애물의 지하화에 대한 공사비의 책정이 없었을 정도로 미래에 이루어지고 준비해야 하는 것도 반영하지 않고 졸속으로 진행하였고, 예산의 편성에 있어 부산시의 재정과 사업자의 수익성에 대한 검토가 제대로 이루어지지 않아 착공 후 토지 수용 및 사업 진행에 대한 재정적 어려움이 많을 것으로 보인다.

■ 찬성과 반대의 목소리가 공존하는 사업의 경우 찬성의 입장 뿐 아니라 반대의 입장에 대한 공청회 자료는 근거로 남기지 않았다(반대의 경우는 주로 신문기사로 파악).

■ 먼저 사업 결정에 대한 사회적 논의와 합의가 없었고, 지역주민과 전문 연구자들의 기본계획 반대에 따른 다양한 의견의 토론회가 시 차원에서 없었다. 결국 전문가와 시민사회단체가 기자회견이나 각 단체 개별로 부당성에 대한 토론회를 주관하는 것으로 발전하였고, 이러한 의견은 전체 공사의 진행에 있어 전혀 고려 대상이 되지 않고 있다는 점입니다.

■ 정보의 공개 형태가 사업의 긍정적 측면만 부각하여 집중적으로 홍보하는 경향이 있다.

■ 자치단체장의 선심성 공약이나 치적의 일환으로 이용되는 경향이 강하게 나타났고, 정책의 잘못에 대해 책임지는 구조가 없다(단체장은 바뀌면 그만, 나머지 부담은 시민의 몫).

3. 대안과 정책

① 사업별 정보의 사안별 정리

일반적인 행정정보를 시간별로 누구나 쉽게 찾아 볼 수 있도록 사업별 정보의 사안별 정리와 공개.

② 찬성과 반대의 자료 모두 필요

사업을 진행함에 있어 찬성과 반대의 다양한 목소리에 귀 기울이며 여기에 따른 자료를 같이 정리하고 공개.

③ 절차적인 투명성이 절대적으로 필요

토론회나 전문가 회의 시 결정 사항에 대한 구체적인 토론 내용이 없

〈박원순 서울시장의 누드 프로젝트〉

서울시가 아주 벗습니다. 실오라기 남기지 않고 벗습니다. 파이시티, 파인트리, 세빛둥둥섬, 서해뱃길, 양화대교 구조개선, 우면산 산사태, 지하철 9호선 – – –. 그동안 사회적 이슈가 되었던 7대 사업에 대해 사업의 선정·추진 중에 생산된 문서 1000여 개를 지난 6일 모조리 공개했습니다. 제가 이름붙인 '누드 프로젝트'입니다. 곰팡이는 늘 햇빛이 없는 곳에서 자랍니다. 부패와 부조리는 결국 비공개와 비밀주의의 온상에서 자라는 것이지요. 그래서 모든 것을 공개하고 밝히면 맑고 깨끗해질 수 밖에 없다는 것이 제 신념입니다. 저는 과거 Transparency International 총회나 세계 반부패대회에도 참여하면서, 또한 참여연대 사무처장으로서 부패방지법 제정을 주도하면서 투명성 확보가 얼마나 중요한지...뼈저리게 깨달았습니다. 알면 실천해야지요. 제가 서울특별시장이 되었는데 당연히 서울특별시만이라도 '특별'하게 투명해져야지요. 그래서 서울시에서 작성되는 모든 문서와 데이터베이스, 심지어 회의조차도 공개하거나 생중계함으로써 모든 것을 시민 앞에 제공하고 있는 것입니다. 그동안 시민단체나 일반 시민들이 정보공개청구를 하더라도 내부 검토과정을 이유로 비공개했던 것이 하나의 관행이었습니다. 사실 이번 문서공개도 내부적으로 반대가 적지 않았습니다. 워낙 예민한 문서도 많았습니다. 그러나 저는 공개되는 것이 공개되지 않는 것보다 시민들의 관점에서 더 큰 이익이라고 생각했습니다. 뉴욕타임즈지의 베트남전쟁에 관한 미국방성 문서 공개에 대한 미국대법원 판결의 다수의견에 저는 동조합니다. 이번에 공개되는 문서 규모는 결재·보고 문서를 비롯 1090개 문서로 총 1만 2000여 페이지에 육박합니다. 과거의 정보공개청구에 의한 단편적 공개와 달리 △도시계획위원회 심의 결과 △안전점검 결과 △위원회 녹취록에 이르기까지 사업별 추진과정을 한 눈에 모두 알 수 있게 했습니다. 서는 시민들이 보기 편하도록 전자책(e-book) 형태로 제작해 시 인터넷 정보공개 홈페이지 '정보소통 광장(gov20.seoul.go.kr)에 6일 공개되 누구든지 손쉽게 살필 수 있습니다.

이것 뿐만이 아닙니다. 주요 행정정보에 대해 미리 공개하는 정보공개 사전공표 목록 항목을 64종에서 150종으로 확대했구요. 내년에는 국장결재문서, 2014년에는 과장결재문서까지 공개하기로 했습니다. 세상에서 가장 투명한 정부, 그럼으로써 가장 깨끗하고 청렴한 정부, 또한 가장 신뢰받고 존경받는 정부 – 그것이 저의 꿈이고 열망입니다.

어 정당성과 투명성에 의문을 표시하게 함.

④ 정보공개의 의무화

결국 중요한 이해관계나 대규모 사업의 경우 사업이 진행 중이거나 완료 후라도 전체적 사업의 진행 사항을 공개하는 것을 법제화 ; 도시 시설 변경 결정 사항, 도시계획위원회 심의 결과, 현장 조사 검토 결과 보고서, 각종 회의결과 보고서, 사업 추진 계획, 사후 영향 평가, 우선 협상자 선정 과장과 결과, 설계 변경 및 최초 협약서 등 일체의 문서.

〈작성자 : 황재섭〉

〈7대 사업 공개 내용〉
① 파이시티(양재동 유통업무 설비) 사업 : 도시계획시설 변경결정사항, 도시계획위원회 심의결과, 각종 회의결과 등 2002년부터 2009년에 생산한 164개 문서 589페이지 분량 ② 파인트리(북한산 우이동 유원지) 사업 : 도시관리계획안 변경결정사항, 현장조사 및 검토결과 보고서, 도시계획위원회 심의결과 등 2008년에 생산한 20개 문서, 872페이지 분량 ③ 서해뱃길(서해연결 한강주운 기반조성) 사업 : 사업추진 계획, 환경영향평가 공청회 개최결과, 설계변경 보고서, 사후환경영향조사 등 2008년부터 2010년까지 생산한 24개 문서, 453페이지 분량 ④ 세빛둥둥섬(플로팅아일랜드) 사업 : 사업추진 계획, 자문회의 결과, 우선협상대상자 선정결과, 최초 협약서 및 변경 협약서 등 2007년부터 2011년까지 생산한 21개 문서, 187페이지 분량 ⑤ 양화대교 구조개선공사 사업 : 공사 발주계획, 공사중단 및 준공기한 연기검토보고서, 설계변경, 예비비 확보 추진 및 승인사항 등 2009년부터 2012년까지 생산된 439개 문서, 845페이지 분량 ⑥ 우면산 산사태 : 원인조사 및 대책수립 계획, 수해 응급복구 재원대책 및 예비비 사용계획, 원인조사 및 복구대책수립 학술용역계획, 취약지역 정비계획, 민관합동 T/F회의자료 및 회의결과, 복구사업 추진계획, 긴급현안회의 결과 보고서, 위험사면 정비사업 세부 추진계획, 공정회의 결과보고서 등 2011년부터 2012년까지 생산된 354개 문서 8,382 페이지 분량 ⑦ 지하철 9호선(1단계) : 9호선 건설 기본계획, 민자유치 관련 기본계획(안), 민간투자 시설사업 기본계획, 회의결과 보고서, 협상단 자문회의 결과 등 1999년부터 2009년까지 생산된 67개문서 736페이지 분량　　　　　　　　　　http://gov20.seoul.go.kr/archives/category/pub–issue